U0366702

本书为福建省习近平新时代中国特色社会主义思想研究中心项目
“习近平文化思想下国际传播能力与文明交流互鉴路径研究”（项目号：FJ2024XZB054）成果之一，
由福建农林大学国际学院“培育学科经费”资助。

中华经典耕读诗文品读

主　编　傅晓翎
副主编　张　宁　陈　然
参　编　林文华　李　达

内容提要

本书由农业农村部与福建省人民政府共建高校、国家林业和草原局与福建省人民政府共建高校——福建农林大学的五位教师，结合课堂一线教学实践共同完成。全书包括总论及六章内容，以中国文学史为脉络，选取历代经典耕读诗文，从耕读文化的视角鉴赏品读作品，在这些经典篇章中探寻作者的人生轨迹，追寻字里行间蕴藏的精神内核，思考历史文化长河中一脉相承的耕读思想。本书适合农林类高校作为教材使用，也适合对中国传统文化感兴趣的人员阅读参考。

图书在版编目(CIP)数据

稻里有道：中华经典耕读诗文品读/傅晓翎主编.
上海：上海交通大学出版社，2025.3. —ISBN 978-7-313-32278-4
Ⅰ. K826.3；I207.22
中国国家版本馆 CIP 数据核字第 20254MD447 号

稻里有道——中华经典耕读诗文品读
DAO LI YOU DAO——ZHONGHUA JINGDIAN GENGDU SHIWEN PINDU

主　　编：傅晓翎
出版发行：上海交通大学出版社　　地　　址：上海市番禺路 951 号
邮政编码：200030　　电　　话：021-64071208
印　　制：常熟市文化印刷有限公司　　经　　销：全国新华书店
开　　本：710mm×1000mm　1/16　　印　　张：12.5
字　　数：263 千字
版　　次：2025 年 3 月第 1 版　　印　　次：2025 年 3 月第 1 次印刷
书　　号：ISBN 978-7-313-32278-4
定　　价：59.00 元

前　言

习近平总书记曾强调:“农村是我国文明的发源地,耕读文明是我们的软实力。”教育部也在《加强和改进涉农高校耕读教育工作方案》中提到:“耕读教育不仅是亦耕亦读的教育方式,也是情怀使命、价值追求、生命与人文艺术教育的重要途径。”这是对耕读文化基本内涵的精准总结。在城乡一体化建设推进的今天,已没有多少人能真正回归自然、躬耕田间,因此我们谈耕读文化,并不是一定要亲自下田劳作,而是从中寻求知识分子的使命,培养学生踏实勤恳的良好品德。

千百年来,耕读生活在中国古代文人墨客的人生中始终占有一席之地,诗词歌赋中也常有对耕读生活的描述。耕读传家、晴耕雨读、昼耕夜读、亦耕亦读,是中国文人墨客们喜爱和歌咏的一种生活方式,也是历朝历代名人逸士推崇和秉持的家风遗训。传统的耕读精神发展到今天,已经不再是下地种田这么简单,它还包含着勤劳、吃苦、拼搏、立志、修身、养德等优秀品质。

与现有屈指可数的耕读文化书籍不同,本书选取具体的诗歌、文章,从个体微观的角度引导读者品读体味传统的耕读文化,旨在从耕读角度鉴赏历代经典诗文,探求“稻田”里的“大道”,传递农耕文化中蕴含的中华优秀思想观念、人文精神和道德规范。通过本书的阅读学习,耕读文化不再是高高在上的纯粹理论,也不是曲高和寡的冷门学科,更不是脱离当代的过时谈资,而是一个个具体形象的文人、一篇篇生动可感的作品。以文人和作品引发读者的共鸣,在宣传传统耕读文化的同时,增强“大国三农”的情怀,进而养成良好品德、树立正确价值观、形成远大抱负,从而引导读者找回初心,以一腔赤诚投入一方热土。

本教材由农业农村部与福建省人民政府共建高校、国家林业和草原局与福建省人民政府共建高校——福建农林大学的五位教师,结合课堂一线教学实践共同完成。本书包括总论及六章内容,以中国文学史为脉络,选取历代经典耕读诗文,从耕读文化的视角鉴赏品读作品,在这些经典篇章中探寻作者的人生轨迹,追寻字里行间蕴藏的精神内核,思考历史文化长河中一脉相承的耕读思想。本书执笔情况如下:张宁、傅晓翎编写总论,傅晓翎编写第一章、第二章,张宁编写第三章,林文华编写第四章,陈然编写第五章,李达编写第六章,傅晓翎负责本书的统编工作。

编者希冀通过本书的编写，能为丰富高校耕读课程、加强高校耕读教育、推动耕读文化的创造性转化和创新性发展尽一份绵薄之力。但是，由于编者能力所限，本书必然还存在不足，希望读者提出宝贵意见，我们将悉听指教，以便不断完善。在本书编写过程中，我们参考了很多相关书籍与资料，篇幅所限，未能一一体现，在此表示诚挚谢意。

目　　录

总　论

中国作为农业大国，有着极其悠久的农耕文明历史。在漫长的农耕历史中，一部分文人因为种种原因进入乡野，或是边耕边读，或是以读促耕，创作出大量的耕读诗文，成为我国耕读文化的重要组成部分。“耕读”的“耕”并不局限于耕田，诸如打渔、砍柴、放牧、种植等一切与农业生产相关的体力活动，均可归于“耕”的范畴；“读”也不仅局限于读书，包括教书育人、著书立说、祭祀典仪等与诗书相关的文化活动，均可视为“读”。耕读文化对中国的农业、宗法制度，乃至整个中国社会，都产生了广泛而深远的影响。至今中国乡间一些人家门前还贴着“耕读传家久，诗书继世长”这样的对联，古徽州宏村仍存留着“耕为本务，读可荣身”的楹联。在“耕”中培养勤劳吃苦、求真务实的品质，在“读”中修身立德，激发知识分子的担当与责任，耕读精神是先祖长辈对后代的谆谆教诲，也是深深期许。

一、古代创作耕读诗文的文人类型

耕读诗文是中国古代文学的重要组成部分，也是耕读文化的直接载体。阅读耕读诗文能够切实了解历代百姓的生活状态和劳动场景，也能够切身感受随社会发展带来的耕读内涵的演变丰富。文人在耕读诗文的创作中发挥了不可替代的作用。大体说来，参与耕读诗文创作的文人可以粗略分为三个类别。

(1) 受过良好教育，主动选择在乡村生活，亲自参加农业生产实践。

清代陕西兴平的农学家杨屾（shēn）是此类文人的典型代表。虽然处于大部分知识分子都热衷于走科举之路的“康乾盛世”，杨屾却喜爱“经世致用”的学说，“自髫年即抛时文，矢志经济，博学好问。凡天文音律，医农政治，靡不备览”。他主动拒绝了科举，回乡设馆教学，致力农桑。杨屾办学不分门第，均免交学费。经过研究，他认为西北有养蚕的可能性，便从南方买来蚕种，在西北尝试种桑养蚕，获得成功。对古书上记载的种植技巧，杨屾也常亲自实践。

为了更好进行农业科学实验和研究，杨屾在兴平桑镇西建立了占地十余亩的“养素园”，园内有藏书亭、供浇灌用的水井、果树、蔬菜和药材。养素园既是杨屾的树艺、园圃和畜牧的研究和实践基地，也是他著书立说的重要场所。杨屾在养素园中“身亲其事，验证成

说，弃虚华之词，求落实之处，获得实效，即笔文於书”，著有《豳风广义》4卷、《经国王政纲目》8卷、《修齐直指》1卷、《知本提纲》和《论蚕桑要法》各10卷。书中除了详细叙述园林、畜牧、养蚕等，也讨论儒家修身、齐家的理论。耕作、读书、著书、育人，杨屾身体力行地践行着耕读生活。

(2) 仕途失意，被迫回归田园，意外获得抚慰。

无论是否从事农业劳动，此类文人的耕读诗文更多是情怀的抒发：或描写宁静的乡间生活，或借对田园的向往表达对社会的不满，倾吐人生不得志的愤懑，历史上的隐士多属于此类。

魏晋的陶渊明，不愿为五斗米向乡里小儿折腰，辞官归田。陶渊明的归隐，不是消极避世，他的家世及从小接受的儒学熏陶，让他对尘世的功名还是有向往的。个性上陶渊明也有着热血的一面，梁启超在《陶渊明之文艺及其品格》中说道：“第一，须知他是一位极热烈、极有豪气的人。”这位极有豪气的人受困时局，归于乡野。他也参与农业劳动，然而“种豆南山下，草盛豆苗稀”。

退居乡间，或许一开始不是陶渊明的本意，但是居陋巷、远功名，恬淡的田园生活在一定程度上抚慰了他。与诸多“素心人”数着晨夕，心无挂碍，随遇而安。这样的生活与官场的名利争斗形成了鲜明对比。自陶渊明后，越来越多仕途失意者走进田园，在乡野耕种中找寻自我价值。这些在乡村生活的文人，他们笔下的田园，既是对农耕生活的直接抒写，更是对命运起伏的自我慰藉。

(3) 政府官员，身处官场、心系田园。

有的从旁观者角度写乡村，有的则亲自俯首农桑。中国古代的农业科学家贾思勰，曾任高阳(今山东临淄西北)太守，先后到过山西、河南、河北等地考察农业生产情况，也参加过生产实践。约在公元533至544年间，他以前人农业经验为基础，加上自身多年的积累，整理总结出完整系统的农业科学著作——《齐民要术》。

在这部世界农学史上最早的著作中，贾思勰在播种、耕种等方面都提出许多精辟的见解，他介绍的播种方法，包括选种、晒种、浸种、药物或肥料拌种等种子处理方法，一直沿用到现在。

贾思勰非常重视前人的研究成果，在完成《齐民要术》的过程中，他收集了不少农谚和农谣。这些来自民间的歌谣，艺术成就不如文人写作的诗歌，但它们篇幅短小、识记简单，读来琅琅上口、便于传唱，丰富了我国农耕诗文的宝库。

二、耕读诗文的类型

大体说来，耕读诗文可粗略分为三大类：一类记述农业实践经验，一类抒发对田园的向往、对现实的不满等情绪，一类在记述农业实践经验的同时，也抒发表达了丰富的情感。前者重实用，次者重情感，后者实用情感兼备，各具特色。

(1) 直接记述农业生活实践的诗文较为写实，大都是一些科学的表述。

如《齐民要术》中的农谚："触露不掐葵，日中不剪韭。"清晨有露水的时候不要采收冬葵，大中午太阳高挂的时候不能去剪韭菜。露水多的时候采冬葵，露水掉落在冬葵的茎叶上，容易导致断裂并腐烂，既不利于已采收冬葵的保存，也不利于母株的生长。韭菜则相反，最好在有露水、清凉的清晨割取，此时的叶片富含水分，吃起来鲜香，凉爽的温度也能保证被收割韭菜后期的成活。

又如东汉后期崔寔撰写的《四民月令》，风格同样是实录式记载，全书以时间为序记载世族地主庄园一年例行的农事活动，书中涉及耕作、养殖、手工、纺织、制造等众多门类，虽散佚不全，仍为研究当时的农业提供了重要的参考。

(2) 抒发情感类的诗文多具浓厚的文学成分。

这类诗文数量较多，题材也多种多样：描写自然风光，抒写农民疾苦，向往隐逸生活，讽刺黑暗现实，劝人读书求学……其中描写自然风光、农村景物以及安逸恬淡的隐居生活的诗文占有很大的比重，因为数量众多、有独特的艺术价值，诗歌方面甚至形成了一个完整的"山水田园诗派"。

如苏轼的《浣溪沙·簌簌衣巾落枣花》："簌簌衣巾落枣花，村南村北响缫车。牛衣古柳卖黄瓜。酒困路长惟欲睡，日高人渴漫思茶。敲门试问野人家。"上片以农村常见的枣花、缫车、蓑衣、黄瓜，寥寥几笔展现出一幅富有生活气息的初夏乡村画卷。下片转写诗人自己，酒意上头，困意袭来，太阳高悬，口渴难耐，只能试着敲门讨水解渴。全诗清新宁静，意趣盎然。

当然，文人笔下的乡村，并不总是一味的优美恬静。文人们虽然远离庙堂，却始终秉持"先天下之忧而忧"的信念，农人的艰辛也常受到文人们的关注。如唐代张籍的《野老歌·山农词》："老农家贫在山住，耕种山田三四亩。苗疏税多不得食，输入官仓化为土。岁暮锄犁傍空室，呼儿登山收橡实。西江贾客珠百斛，船中养犬长食肉。"住在山中的老农在苛捐杂税的重压之下，只能过着拾橡实填饱肚皮的生活，而富商的狗却能常常吃着肉。简单质朴的诗句中饱含了诗人对老农的深切同情，更揭露出社会的黑暗不公。

(3) 还有一些诗文兼具文学和科学双重色彩。

《诗经·豳风·七月》便是其中很好的代表，全诗完整地记录了周人一年的生产生活：春耕、秋收、冬藏、采桑、狩猎、凿冰、制衣、建房、酿酒、宴饮……从各个方面展示了周代的农业生产，其间有不少农业生产的经验总结，如"四月秀葽，五月鸣蜩。八月其获，十月陨萚"，以动植物的活动来对照相应的季节，也是以通俗易懂的方式"敬授民时"。远志结子的时候是四月，听到知了叫是五月，八月是收获的季节，叶子落下即是十月。将自然规律以明白晓畅的方式记录，通过传唱来推广，既是对农谚的吸收，又是对农谚的传播。

更为可贵的是，《豳风·七月》不仅是简单地记述科学经验，它对农人的生活和情感也都有细腻精准的描述，农人生活的艰辛时刻与欢愉时光都被诗歌记录下来，通过各个角度展现，做到了文学与科学的完美融合。诗中有农人从年头到岁末无休止的艰苦劳作："嗟我农夫，我稼既同，上入执宫功"，收拾好庄稼，又要为官家筑宫室；也有丰收时节、年终岁末的欢庆："四之日其蚤，献羔祭韭，九月肃霜，十月涤场。朋酒斯飨，曰杀羔羊。跻彼公堂，称彼兕觥，万寿无疆”，年初献上韭菜羊羔祭祖，年底烹羊喝酒欢乐。正如方玉润在《诗经原始》中评价《豳风·七月》：“有朴拙处，有疏落处，有风华处，有典核处，有萧散处，有精致处，有凄婉处，有山野处，有真诚处，有华贵处，有悠扬处，有庄重处。无体不备，有美必臻。”

三、耕读诗文中的思想

（1）感悟人生，厌倦官场，向往自由。

出世与入世的生活差别不小，回归乡村的文人们，他们笔下的田园生活，恬静美好，与尔虞我诈的官场形成鲜明的对比。如王维的《渭川田家》：“斜阳照墟落，穷巷牛羊归。野老念牧童，倚杖候荆扉。雉雊麦苗秀，蚕眠桑叶稀。田夫荷锄至，相见语依依。即此羡闲逸，怅然吟式微。”傍晚夕照，牛羊归栏，老人记挂在外放牧的孙子，野鸡鸣叫、麦苗开花、蚕食桑叶，晚归农人倚着锄头闲聊着，一片宁静祥和的气氛跃然纸上，仿佛世外桃源，令人向往。

对大部分受到儒家思想浸染的文人来说，放弃仕途，心存不甘，身陷这样的矛盾纠结，由此对人生也不免产生种种感悟。陶渊明的《饮酒·其五》在描绘了归隐生活的美好后，感叹“此中有真意，欲辨已忘言”，此句初读仿佛是直接赞叹隐居生活的：归隐中才有人生的真谛。仔细读来，除了赞叹，还有安慰与对自我的说服：田园生活着实美好，人生的真义尽在其间，无须留恋污浊的官场，还是继续归隐吧。

（2）天人合一，回归自然，和谐共处。

中国传统的生态观是“天人合一”，人与宇宙一样，都是一个天地，本质上人与自然相通，人与自然间的关系不是对立的、相互斗争的，而是和平共处、相和融洽的，这一理念在我国的耕读诗文中得到充分的体现。如唐代张志和的《渔歌子》：“西塞山前白鹭飞，桃花流水鳜鱼肥。青箬笠，绿蓑衣，斜风细雨不须归。”人与自然共同组成一幅和谐的画面，在这里，没有人类战胜自然，也没有自然战胜人类。

人与自然相互扶持、互利互惠，人与自然是平等的，因此人类在从事农业活动时，无论种田打渔还是砍柴，都应该顺应农时、节制索取：“不违农时，谷不可胜食也；数罟不入洿池，鱼鳖不可胜食也；斧斤以时入山林，材木不可胜用也。谷与鱼鳖不可胜食，材木不可胜用，是使民养生丧死无憾也。”《孟子·梁惠王上》中的这句话体现了朴素的生态保护意识，这个观点也在历代耕读诗文中一脉相承。

不仅如此，自然界的景物还是人类情感外化的载体。苍苍的蒹葭、夏日的红莲、吐丝的春蚕、深巷的鸡鸣、烟雨里的子规，古代诗文中的这些景物，无不染上了诗人的“私有”情感，自然与人类的情感相融合，情中有景，景中见情。

（3）耕读传家，亦耕亦读，寻找出路。

耕读文化虽然在我国有着悠久的历史，但真正确立当在宋代，“在文化普及、科举制发展的背景下，宋代社会中耕读已成为普遍现象”。① 宋之前，已有人提出“耕读传家”的理念：

① 程民生.论“耕读文化”在宋代的确立[J].社会科学战线，2020，(6)：93－102.

“传家两字，曰耕与读；兴家两字，曰俭与勤。”（[五代]章仔钧《章氏家训》），但这一理念得到社会广泛认可，还是从宋代开始。

宋仁宗时期颁布的劝耕读书政策，极大激发了农人通过读书做官、改变命运的希望，由“朝为田舍郎，暮登天子堂”中可知，耕田的农夫通过读书，也有可能登堂为官。因此，自宋到明清的家训中，“耕读传家”成为不断被书写的重要追求。明末清初理学名儒张履祥在《训子语》中说：“耕与读又不可偏废，读而废耕，饥寒交至；耕而废读，礼义遂亡。”晚清名臣左宗棠则写下“要大门闾，积德累善；是好子弟，耕田读书”的楹联。退可耕田，进可为官，半耕半读，耕读轮替，以耕养读，以读促耕，耕读互补……耕读传家的思想在很长一段时间内都极具影响力。

四、耕读诗文的发展

各个历史时期的政治经济文化背景，对耕读诗文的兴盛程度及风格特点，都有不小的影响，一般说来，耕读诗文的发展与社会对“耕”和“读”的态度联系紧密。

西周时期的耕读还仅限于王室贵族，普通百姓只有“耕”的机会，基本没可能接触到“读”，此时的耕读诗文主要依靠贵族的记录才得以流传至今。而且这一时期的耕读诗文更多是集体情感与记忆，私人化的情感成分相对单薄。

春秋时期，社会动荡，周王室衰微，官学下移，百家争鸣，底层百姓开始有机会接受教育。对耕读的理解，不同学派持不同观点，耕读诗文也呈现出多种样态。孔子是第一个将贵族专有的知识向普通民众开放的教育家，他同时也将“耕”与“读”区分开，认为一心不可二用，无论“耕”还是“读”都需要专注，从事管理工作的人不必要费心在耕田上，同时进行，势必两边都不讨好。孟子继承了他的这一思想，“然则天下独可耕且为与？有大人之事，有小人之事……故曰，或劳心，或劳力；劳心者治人，劳力者治于人；治于人者食人，治人者食于人。天下之通义也”（《孟子·滕文公上》）。

与孔孟不同，诸子百家中农家学派的代表人物许行，则是耕读文化的践行者，许行主张“贤者与民并耕而食”，他带领自己的门徒，衣食简朴，边耕边读：“有为神农之言者许行，自楚之滕……其徒数十人，皆衣褐，捆屦织席以为食。”（《孟子·滕文公上》）农家学派是战国时唯一一个从事生产实践的学派，他们与农业紧密联系，反对剥削农民阶级，保护农民的利益。

耕读并举的社会条件虽然已经具备，但社会阶层森严的界限仍在一定程度上制约着耕读诗文的发展。始于东汉后期的门阀制度，在魏晋南北朝达到鼎盛，这一制度断绝了农人改变阶层的可能。因此，先秦两汉到魏晋南北朝时期，虽然文人参与耕读诗文创作的比重在日益提升，耕读诗文的数量、类型也在不断丰富，但是真正来自底层农人的耕读诗文仍然鲜见。

到隋唐，科举制的实行，门阀制度有所动摇，寒门子弟也有了出头之日，农耕出身的读书人越来越多，“耕”与“读”的关系越来越紧密，耕读诗文的创作也渐入佳境。宋代“耕读文

化”真正确立，耕读诗文的创作也到了黄金时期，这一阶段的耕读诗文不仅数量众多，质量也很高。唐宋两朝，诗词是盛行的文学体裁，此时耕读文化更多通过诗词来表现。

随着科举制和宗族制度的完善，耕读思想在明清盛极一时，与此前集中于“诗”所不同的是，明清时的耕读诗文更多集中在“文”中，集大成者也多以“文”体现。

近代科举制被废除，现代教育兴起，接受新式教育的知识分子逐渐与乡村疏离，耕读文化的衰微也导致耕读诗文创作的式微。

纵观中国的耕读诗文发展历史，“耕”与“读”之间相辅相成、相互促进。文人由“读”到“耕”，由“耕”转“读”，始终在“耕”与“读”之间找寻某种平衡，而耕读诗文则成为理解这种平衡关系的重要载体，由古至今，传唱千年。知识分子参加耕作，开拓了读书人的视野，让农业劳动更加科学。文人们回归田园，创作的耕读诗文在一定程度上也提高了整个社会的文化水准，对社会产生了深远的影响。作为新时代的青年，品读这些承载着耕读传家传统文化的经典耕读诗文，既是把握中华优秀传统文化的根本，又是赓续乡土中国独特文化基因的基石。正如习近平总书记指出的，“耕读文明是我们的软实力”，中华经典耕读诗文如同耕读文明皇冠上的明珠，历经历史长河冲刷依然熠熠生辉。这些不朽的作品，就像一座巨大的宝库，能引导我们体悟耕读文明的内涵与精髓，汲取精神养料，实现中国优秀传统文化创造性转化和创新性发展。下面，就让我们一起推开这座宝库的大门共同感受中华经典耕读诗文的魅力吧！

第一章　先秦耕读诗文品读

在“耕读”二字的排序中，“耕”是放在“读”前面的。这个原因很好理解，因为“耕”代表物质保障，“读”则是精神需求，没有基本的物质，哪有精神追求可言？中国历来就是农业社会，耕种是人们日常生活中最主要的内容，正是在日复一日、年复一年的耕种中，产生了中国文学的最早形式——诗歌。本章所选《蜡辞》《击壤歌》，就体现了“耕”对“读”的影响，让我们感受到农业生产劳动与早期文学的萌发是密不可分的。可见，“读”是在“耕”的哺育下出现的，没有“耕”亦没有“读”，“读”的内容也必然是对“耕”的反映。本章所选《载芟》《硕人》，就用诗歌记录了他们的农耕生活，让数千年后的读者，依然能被先民们壮观浩大的耕种场面震撼，被农耕民族朴实无华的自然审美打动。

随着社会生产力的提高与发展，“读”与“耕”逐渐分离开来，“读”成为王室、贵族的专属，普通平民很少有受教育的机会，直至孔子开创私学，普通平民才有了“读”的可能，也为耕读文化的初期发展提供了基本条件。尽管如此，春秋战国时期，“耕”与“读”仍然处于分离状态。一方面，能够上私学的人在社会上仍然只占少数；另一方面，上私学的人“读”的初衷，大多是为了脱离“耕”，“学而优则仕”就是对此的形象概括。但是，当时社会秩序的混乱，以及诸侯混战的复杂局势，又让很多饱读诗书之士丧失了入世热忱，退而选择耕田隐居的生活。这样一来，又使“耕”与“读”在分离状态之外形成了某种矛盾冲突，士人仕与不仕的问题在诸子百家的论辩中时常可见。本章所选《长沮桀溺耦而耕》《樊迟请学稼》，就是这种矛盾冲突的社会现实折射，孔子儒学积极的入世情怀，看似与“耕”存在分歧，但从强调实践意义与责任担当的层面来看，“读”与“耕”的价值观又有很多共同点，这也是后世能“耕读并举”的原因之所在。

战国时期，引领“读”登顶精神高峰，发现“耕”人文内涵价值的，恰是同一个人，他就是我国第一位真正意义上的诗人——屈原。屈原出身楚国贵族，身份高贵，有着美好崇高的治国理想和赤诚坚定的家国信念，“读”是他的权利，更是他的义务。因此，当楚国灭亡的消息传来，屈原在汨罗江边以孤傲决绝的纵身一跃，奏响文人气节的最高音，也为后世立下了难以超越的精神标杆。但这种牺牲，又自带某种高处不胜寒的压迫感，世人在钦佩赞赏的同时，也在寻找思考另一种相对缓和的坚守之道。有意思的是，在这个层面，给出答案的还是屈原。因为曾数次被流放民间，屈原有丰富的底层生活经历，对“耕”的切身体验非同一般。屈原以其天才诗人的浪漫想象与非凡笔触，将这种体验融入“楚辞”的华美章句，赋予“耕”特殊的文化内涵与象征意义。正是屈原的作品，扩大了“耕”的内涵与外延，超越其耕种的本义，为后世“耕”与“读”并行并举，相处相融做好了铺垫。本章所选《湘夫人》《渔父》，正是屈原复杂人生经历与纯粹精神内核的典型代表，阅读时可以从这个角度展开理解思考，能有更多新的收获。

总之，先秦时期是中国传统耕读文化的萌发期，在“耕”的孕育滋养下，“读”得以产生，并与“耕”保持着密切的关联。西周末年，周天子势微，官学衰弱，私学兴起，各家思想风起云涌，带来了先秦文化学术的繁荣局面——百家争鸣。士阶层的出现，也同时造成了“耕”与“读”的分离，士人仕与不仕的问题体现的正是“耕”与“读”的矛盾冲突。解决这一冲突，为后世指明“耕读并举”这一发展方向的，是伟大爱国诗人屈原。他滋兰九畹，树蕙百亩，他的诗行中，芳香四溢，他的笔下，“耕”被赋予新的象征意义，刻在中国人的文化基因里，为后世“耕”与“读”的有机融合写下了序章。

蜡　辞[1]

提示

本篇出自《礼记》第十一章《郊特牲》第五节，相传是远古伊耆氏（一说神农氏，一说帝尧）时代的歌谣。《蜡辞》即蜡祭上的祝辞，祝祷者从与农业生产密切相关的土、水、昆虫、草木四个方面呼号祈愿，既是感谢四方神灵一年的庇护保佑，更是希望来年农事活动一切顺利。这首歌谣以四言为主，语言朴素有力，表意简单直接，句式结构相近，韵律节奏明快，带有明显咒语性质与强烈巫术色彩，全诗仅有四个短句，应该只是整首祝辞的片段。作为最古老的农业祭歌，《蜡辞》展示出农耕时代早期祭祀农业诸神的原始面貌，反映了先民们的信仰、生活和情感，是极其珍贵的上古歌谣。

正文

土反其宅[2]，水归其壑[3]，昆虫毋作[4]，草木归其泽[5]！

注释

[1] 蜡(zhà)：通“腊”，上古时期祭礼之一，古人于每年十二月举行农业大祭，称“蜡祭”。西周继承这一祭礼，与之相关的“蜡礼”便被收录在《礼记》中，据说腊八节便源于腊祭仪式。蜡辞：举行蜡祭时的祝辞。

[2] 反：通“返”，归。宅：本位，原处。

[3] 水：洪水。壑：深沟，坑谷。

[4] 毋(wú)：不要。作：兴起。

[5] 泽：水汇集的洼地。

品读

远古时期，文字未诞生以前，就已经有了文学创作，原始歌谣便是最早的文学样式。中国自古以来就是农业大国，农业文明发源较早，农业生产在先民们的日常生活中占据首要位置。先民们需要长时间从事农耕劳作，为了协调动作、提高效率，开始在劳动中发出带有一定节奏韵律的呼号，这就是中国诗歌的发端，也是中国文学的源头。由于年代漫长久远，远古文学的大部分作品都已失传，仅有极少数通过口耳相传的形式保留下来，零星见于古代典籍中，但作者不知其名，内容也难辨真伪。但是纵观古籍中散见的原始歌谣，不难发现，它们的内容都与农业劳动有着密切关联，无论是《淮南子》记载的“邪许”之声，还是《弹歌》里的“断竹、续竹、飞土，逐宍”，都是如此，这也充分印证了文学起源于劳动的观点。

《蜡辞》是一首原始歌谣，相传为神农氏时代的作品，它是在“蜡祭”这一上古岁终大祭中使用的祝辞，虽然只留存四句，却真实反映了原始先民举行农业祭祀活动的场景。按照《礼记・郊特牲》所记，“蜡祭”起源于氏族社会时期，是一种历史悠久的祭典。“蜡祭”在每年年终举行，它的祭祀对象是与农业生产息息相关的诸多神灵，意在答谢自然百神，祝祷来年丰收。作为“蜡祭”中的祝祷之辞，《蜡辞》必然带有鲜明的宗教色彩，也让我们意识到，文学的起源除了与农业劳作密切相关，也与宗教祭祀有关。但有趣的是，宗教祭祀的动机还是源自农业生产，由此可见，从远古时期开始，农耕与文学就已经密不可分了。

翻译成现代文，《蜡辞》是这样向农业诸神祝祷的：“土神请返回你的宅地，水神请回归你的沟壑，昆虫之神请安分不要兴起，草木之神请回到你的沼泽。”这四句诗句式结构相近，表意朴素直接，均以农业相关的对象开头，并提出对他们的祈愿，希望他们各安其位，各司其职。土、水、昆虫、草木，全部都是与农事活动密切相关的，自然不可抗力的代表，与土地相关的灾害最多，比如地震、火山、滑坡、泥石流，与雨水相关的有旱灾、洪灾，与害虫相关的农田虫害，与野草杂木相关的农田草害，更是不可胜数……从祝辞的内容，不难体会原始先民从事农业生产的艰辛。由于生产力低下，他们难以面对大自然的严峻考验，先民们恐惧大自然的威力，从而想象出土神、水神、虫神、草木神等众多与农业相关的神灵，并在年终举行盛大的祭典慰劳、娱乐农业诸神，希望得到他们的庇佑，来年能够风调雨顺。由此可见，《蜡辞》与农业生产的关系异常紧密，也正是农业祭歌的特殊属性，使其能历经千百年口耳相传而不被遗忘，并最终以文字的形式记录在册。

虽然《蜡辞》是一首农业祭歌，但是我们在诵读时不太能感受到强烈的请求情感。四句诗句式相近，节奏急促，连贯而下，极具气势和压迫感，与其说是人们在请求农业诸神，不如说是人们在命令农业诸神。读到这里，大家不禁会产生疑问，为什么原始先民们会在祭祀典礼上对农业诸神使用这种命令式的口吻呢?

从巫术宗教背景分析,《蜡辞》读起来的感觉不像诗歌,反而更像是一段咒语。咒语和祝语,因表达内容和语气态度的区别,感觉上去是朴素对立的。但细加分析,不难发现,无论咒语还是祝语,根本目的都是为了实现先民们的美好愿望,二者其实是同源的。因此,在《蜡辞》中出现这种请求性弱、命令性强的咒语性质的表达,是完全合乎情理的。表面看来,是巫术咒语帮助原始先民消除自然灾害,实现获得丰收的愿望。孰不知隐匿在咒语背后,真正发挥作用的其实是他们在长期艰苦的农耕劳作中淬炼出的勤劳朴实、任劳任怨、积极乐观的伟大品格。

从“蜡祭”祭祀制度分析,根据《礼记·郊特牲》所载,只有农作物获得丰收的年份,才会在年终举行“蜡祭”,类似于丰年祭。也就是说,如果这一年收成欠佳,为节约民财,年终的“蜡祭”就会取消。在生产力极低的远古时期,先民们虽然畏惧农业诸神,但是对农业诸神的态度却不是一味软弱屈服,因年成不好就取消“蜡祭”的作法,也可视作对农业诸神未尽其职的某种“惩罚”。因此,在《蜡辞》中农业诸神并非高高在上,饱受自然灾害之苦的先民们总结出了与农业诸神们和谐共处的经验。丰年时举行年终祭典,既感恩神灵又犒劳自己,更“督促”农业神灵继续各居其位护佑万民;灾年时取消年终祭典,既威慑神灵又警醒自身。

《蜡辞》虽只由四句诗组成,但真实反映了原始先民农耕生活的不易,更表现出在面对自然灾害苦难时他们积极乐观的心态。四句诗里,句句是祈愿,又句句是阻遏,句句陈情,又句句生威。农耕生活虽然艰辛,却极能锻炼农耕者的心态,无怪乎后世文人在政治失意时会选择田园重塑身心,在耕读并举中收获不同的人生价值。

读后小思

(1) 你觉得原始歌谣具有哪些特点?这些特点与农业生产活动之间有什么联系?

(2) 作为最早的农业祭歌,《蜡辞》有何特色?谈谈你的阅读感受。

击壤歌[1]

提示

本诗被清代沈德潜收录《古诗源》中,并置于首篇的位置,称其为古诗之始。《击壤歌》在历代典籍中均有记载,可信度较高,大约创作于原始社会的尧帝时代,被视作上古歌谣的代表作。《击壤歌》是一位老者在劳作之余,玩击壤游戏时随意哼唱的歌谣,语言浅白通俗,节奏简单明快,感情质朴直接,具有口传文学自然随性的特点。整首歌谣共二十三字,传神概括了农耕时代上古先民顺时而为的生活作息，生动展现了百姓们恬淡自足的生活状态与自由富足的精神世界，巧妙映衬出尧帝管理下太平盛世的景象。在后人不断的书写和想象下，“击壤”一词被赋予特殊的文化内涵，成为太平盛世的象征，既寄寓了后世文人对圣明政治的向往，也开启了他们对田园乌托邦的想象。

正文

日出而作[2]，日入而息[3]。
凿井而饮[4]，耕田而食。
帝力于我何有哉[5]！

注释

[1] 击壤：一说是拿木棍敲击土壤，一说是一种古老游戏。壤，游戏道具，用木头做成前大后小的样子，约一尺多长。玩的时候，先将一壤立于地面，再站到远处，用另一壤击打，击中者获胜。

[2] 作：劳作，劳动。

[3] 息：休息。

[4] 凿：挖掘，开凿。

[5] 帝：一说尧帝，一说天帝。于我何有哉：对我有什么呢？表示对自己没有什么作用。有版本此处为“帝何德于我哉”。

品读

提到关于农耕生活图景的描绘，大多数人脱口而出的一定是“日出而作，日落而息”，这句话正是出自大约创作于四千多年前的《击壤歌》。中国文化之所以伟大，最突出之处在于它是世界上唯一一个从未中断过的文化形态，“日出而作，日落而息”这八个字便是最鲜活的例证，四千多年前上古歌谣里的片段，时至今日依然是中国人口中常用的经典表达。农耕是一种生活，农耕是一种文化，农耕是一种传承，这种传承甚至在我们不自觉中产生，在我们的餐桌上，在我们的节日里，在我们的交谈中……

《击壤歌》开篇，“日出而作，日入而息”精炼概括了原始先民将农耕劳作与自然规律相结合的生活作息，太阳升起就去田地耕作，太阳落山就回家休息。这八个字虽然简短，但是内涵却非常丰富。首先，体现了原始先民吃苦耐劳、任劳任怨的精神品质。天刚亮，他们就要下田干活，其间一直不间断地劳作，直至天黑才返回家中休息。众所周知，农耕劳作是异常辛苦的，但是字里行间并未流露任何抱怨的情绪，相反还在客观描述的基础上，侧面烘托出劳动生活的简单美好。其次，体现了原始先民脚踏实地、行稳致远的处世之道。从句中可以看出，原始先民一天的生活很简单，主要由两个部分组成：一是白天的劳动，二是晚上的休息。劳动是为了在土地上收获粮食，保障生活，休息则是为了保障第二天能够更好地劳动。在生产力低下的原始社会，没有什么比获得收成更紧要，在农耕劳作中形成的规律作息，转化为务实肯干的作风，成为先民们直面大自然严峻考验最直接有效的手段。最后，体现了原始先民顺应自然、有序生活的生存智慧。华夏民族以农业生产为主要经济来源，农耕生活又与自然休戚与共，年成的好坏与季节、天气、温度、雨水、土壤密切相关，不误天时，不违农时，是农业生产的首要法则。太阳的升和落是最易观察到的自然现象，原始先民们的生活秩序就建立在遵循这一自然规律的基础之上。诗中所呈现的顺天奉时的生活作息，与我们常说的春耕、夏耘、秋收、冬藏一样，是先民们在和大自然长期相处较量中总结出的伟大经验，并在其基础上创造出灿烂辉煌的农耕文明。

接下来，“凿井而饮，耕田而食”真实再现了原始先民通过农耕劳作能够定居安邦的生存状况，凿井就有水喝，耕田就有饭吃。上句诗是原因，下句诗是结果，正因为遵循了自然规律，并不断勤勉辛劳地付出，才过上了有水喝、有饭吃的幸福生活。在今天看来，有水喝、有饭吃实在是太低的生活要求了，但是要知道这可是在四千多年前的原始社会时期，能从喝江河里的水，采摘野果野菜的居无定所，发展到自食其力、自给自足的定居生活，这是多么伟大的进步！原始先民顺应了自然，与自然和谐相处，从而得到自然的馈赠，通过自己的劳动，换取三餐所需的饮食，通过辛勤的付出，获得安定温饱的生活，农耕劳作带来的快乐，就是这么简单纯粹，但又确实令人心满意足。诗句虽浅白如话，以叙事为主要表达方式，但读来亲切自然，难掩歌者内心的喜悦与自豪，一种自食其力的欢悦之情跃然纸上。或许正是这种喜悦与自豪，让后世文人关注到农耕之乐，从而使农耕劳作走进他们的视野，为耕读的结合埋下伏笔。

《击壤歌》结尾，“帝力于我何有哉”是整首歌谣的高潮，以抒情的表达方式，传神勾勒出原始先民通过农耕劳作获得的富足精神世界，有这样的生活，帝王的力量对我有什么意义呢？原始先民们清晨下田劳作，挥汗如雨，夜晚回家休息，睡梦香甜，这样规律的农耕劳动带给他们强烈的充实感和满足感。更重要的是，顺应自然，仰仗土地，辛勤劳作，可以保证家庭的一日三餐，虽然饮食简单清淡，但安稳无忧的定居生活，已经能够带给他们巨大的安全感与幸福感。在前面文字的铺垫下，产生了最后的情感爆发，表达了原始先民对当下生活的自豪和满足，抒发了他们内心自得其乐、快活悠哉之情。

《击壤歌》以平白如话的叙事、自然直接的抒情，勾勒出农耕生活的美好图景，烘托出太平盛世的怡然自得。因此，歌谣中涉及的相关意象、情景，如击壤、耕田、凿井、壤父等都成为太平盛世的象征符号，同时也开启了后世文人对农耕生活的美好想象。这种自由旷达的躬耕之乐，延续到了陶渊明的笔下，无论是“晨兴理荒秽，带月荷锄归”的经典诗句，还是“阡陌交通，鸡犬相闻，其中往来种作”的桃花源生活，都依稀可见《击壤歌》的影子。这种传承既是有形的，又是无形的，有形处在于农耕劳作本身是真实具体的，无形处在于农耕劳作带来的充实满足只有亲历者才可感可知。《击壤歌》为后世文人提供了走向农田、耕种的路径选择，当他们遭遇苦难需要寻求庇护时，能在农耕劳作中找到跨越苦难的伟大力量。后世文人又为《击壤歌》注入了新的生机与活力，更将他们的政治理想报负融入锦绣诗篇中，为重现那个“击壤而歌”的太平盛世，隐匿于乡间田园，以另一种方式默默耕耘。

读后小思

(1)“帝力于我何有哉”一句中，你对“帝力”如何理解？请谈谈你的想法。

(2) 请查查后世与击壤有关的诗句，结合此篇，体会它在后世诗文中的象征寓义。

载　芟[1]

提示

本篇见《诗经·周颂》，共三十一句，原不分章节，一贯到底，是《周颂》中最长的一篇。本诗虽然以祭祀为背景，但是也充分展示了周代农业社会的面貌，反映了西周时期农业生产的整体情况，是《诗经》中极具代表性的农事诗之一。全篇以铺陈直叙为主，虽未分段，但层次清晰，叙事自成段落，过渡衔接自然，在叙述中多用描写、咏叹，行文生动活泼。全诗可分为两个部分，第一部分由前二十一句组成，铺叙一年的农事活动，记录从开垦、播种、育苗到收获的全过程；第二部分由后十句组成，描述年终的祭祀活动，表达了酿制美酒、举办祭礼的欢庆喜悦。全诗采用赋的表现手法，灵活运用叠字、排比、对偶，语言富于表现力，句式变化多姿，形象再现了两千多年前周代先民宏大热烈的农耕场景和祭祀场面。

正文

载芟载柞[2]，其耕泽泽[3]。千耦其耘[4]，徂隰徂畛[5]。侯主侯伯[6]，侯亚侯旅[7]，侯强侯以[8]。有嗿其馌[9]，思媚其妇[10]，有依其士[11]。有略其耜[12]，俶载南亩[13]，播厥百谷[14]。实函斯活[15]，驿驿其达[16]。有厌其杰[17]，厌厌其苗[18]，绵绵其麃[19]。载获济济[20]，有实其积[21]，万亿及秭[22]。为酒为醴[23]，烝畀祖妣[24]，以洽百礼[25]。有飶其香[26]，邦家之光[27]；有椒其馨[28]，胡考之宁[29]。匪且有且[30]，匪今斯今[31]，振古如兹[32]。

注释

[1] 载(zài)：开始。芟(shān)：铲除杂草。

[2] 柞(zuò)：砍除树木。

[3] 泽泽(shì):通“释释”,土地疏松的样子。

[4] 耦(ǒu):耕种法,两人并排耕种。千:虚指,表示很多。耘:除田间杂草。

[5] 徂(cú):往,去。隰(xí):地势低且潮湿的地方。畛(zhěn):田边小路,指田界。

[6] 侯:发语词,无意义。主:家长,古代一国之长称主,一家之长也称主。伯:长子。

[7] 亚:次,指叔、仲诸子。旅:众,指幼小的晚辈。

[8] 强:强壮有余力来助耕的人。以:雇佣的劳动力。

[9] 有:发语词,无意义。嗿(tǎn):众人吃饭的声音。馌(yè):送给田间耕作者的饮食。

[10] 思:发语词,无意义。媚:美。妇:送饭的人。

[11] 依:通“殷”,强壮的样子。士:送饭的人。

[12] 略:锋利。耜(sì):用于耕作翻土的农具。

[13] 俶(chù):开始。载:用农具把草翻埋到地下。南亩:向阳的田地。

[14] 播厥(jué):播种。百谷:谷物的总称。

[15] 实:种子。函:通“含”。斯:语气词。活:有生气的样子。

[16] 驿驿:也作“绎绎”,连绵不断的样子。达:长出地面。

[17] 厌:美好的样子。杰:生长特别突出,可理解为苗中之杰。

[18] 厌厌(yān):茂盛整齐的样子。苗:禾苗。

[19] 绵绵:连绵不断的样子。麃(biāo):谷物的穗。

[20] 载获:开始收获。济济:众多的样子。

[21] 实:粮食。积:堆积。

[22] 亿:周代十万为亿。秭(zǐ):数量单位,十亿为秭。

[23] 为:酿制。醴(lǐ):甜酒。

[24] 烝(zhēng):进献。畀(bì),给予。祖妣:旧时以男祖宗为“祖”,以女祖宗为“妣”。

[25] 洽:齐备。百礼:汇聚各种祭礼,表达祭祀礼仪的隆重。

[26] 飶(bì):通“苾”,形容黍稷的香气盛大。

[27] 邦:诸侯国。家:大夫的封地。意思是,国家的光荣。

[28] 椒:以椒浸制的酒。馨:传播很远的香气。

[29] 胡考:寿考,指老年人。宁:安宁健康。

[30] 匪:非。且:代词,此处指丰收。意思是,不敢期待这样的丰收竟然能有这样的丰收。

[31] 今:现在。意思是,没想到有今天却拥有了今天。

[32] 振古:自古。兹:这样。

品读

作为中国第一部诗歌总集,《诗经》收录了西周初至春秋中叶五百多年的诗歌,它不仅是我国文学艺术的典范,也是周代农耕文化的缩影,更是中华民族精神的渊薮。周代以农耕文化立国,《诗经》中的很多诗篇都可以看到农业生产、农耕活动的影子,其中直接描述农事劳动以及与农事有关的政治、宗教活动的诗歌被称为农事诗,也被视为研究周代农业发展的重要史料。《周颂·载芟》就是一首典型的农事诗,讲述了周代先民开垦农田、播种百谷、获得丰收、酿酒祭祖的过程,诗中描绘的开荒耕种规模之大,全民劳动场面之盛,粮食丰收产量之多,祭祀典礼规格之隆,无不令读者印象深刻。

诗歌开头的二十一句,是全诗的重点部分,也是对周代先民集体参加农业劳动的真实记录,我们可以根据诗歌描述的具体内容,绘制出三幅形象生动的农耕画卷。

前七句,呈现的是"千夫拓荒"图。首幅画卷一展开,就让读者置身于荒草丛生、灌木林立的旷野,面对大自然的恶劣条件,先民们并不畏惧,他们齐心协力砍草伐木,将荒原变为沃土,并运用"耦耕"的先进技术,进行大规模的耕作劳动。"千耦其耘"这四个字看似简单,但其呈现的劳动场面却是极为壮观浩大的。"侯主侯伯"以下三句,更是让我们明确了耕作者的身份,所有家庭的男丁,上至家主,中至叔伯,下至晚辈,全部参与其中。虽然无法确知具体历史事件,但这场举全民之力的耕种背后,一定有着非同一般的意义。

接下来三句,呈现的是"田间野餐"图。如果说首幅画卷展现的是一种壮阔劳动之美,那么次幅画卷则给人以生活情趣之美。"有嗿其馌",先声夺人,众人咀嚼饭菜的声音,取代了此前劳动的喧嚣,这其实算得上是一种以声衬静的手法,让人们在重体力劳动之后大快朵颐的畅爽跃然纸上。俗话说,"人是铁,饭是钢,一顿不吃饿得慌"。先民们也是如此,对劳动最大的犒赏,还有什么比得上饱餐一顿呢。当然,此处描写绝非冗余,而是透过此句告诉读者,劳动者们的休息是很短暂的,甚至连午饭都要在田间地头完成。由此可知周代先民的劳动强度之大、耕作生产之苦、意志品质之坚。但"思媚其妇,有依其士"一笔却精妙绝伦,巧借送饭少妇的柔美娇媚,饱餐饭菜后男子的气盛劲足,将所有的辛劳通过这样温馨的场面消解。这正是农耕文明的伟大之处,农耕劳动虽然繁重,却是为了家人过上安定生活,农耕者对土地永远充满热忱,他们淳朴乐观的生活态度,具有抵御一切苦难的神奇力量。

后十一句,呈现的是"百谷丰收"图。在短暂的家庭温情后,诗句又迅速转回热闹欢腾的劳动场景。饱餐后的劳动者们干劲十足,他们挥动手中锋利的农具,在南方的田地上耕种,播撒各种作物的种子。周代农业发展与农业生产工具的改进密不可分,金属农具的出现,极大提高了农业生产效率,"有略其耜"一句便强调突出了农具的锋利,并充分表达了周代先民对使用金属农具的骄傲之情。此后,诗歌主角便转换为农作物,"实函斯活,驿驿其达",生动形象地写出了种子持续破土而出的动感与活力,"厌厌其苗,绵绵其麃",则具体描写了禾苗喜人的长势,对壮苗与普通苗的区分呈现,显示周代先民在农耕方面已经有了育苗选种的意识。所有人的辛勤劳作,就是为了迎接秋天的丰收,"载获济济,有实其积,万亿及秭"三句,以夸张的笔法极力渲染丰收的盛大景象,强烈烘托出先民们对丰收的期待之情。

从"千夫拓荒"图到"田间野餐"图,再到"百谷丰收"图,三幅画卷生动鲜活地展现了周代先民积极参与农耕的面貌,也全面反映出西周社会农业生产状况与农业发展水平。诗歌前半部分所呈现的农耕场景热烈而欢腾，字里行间洋溢着对开荒、耕地、播种、育苗等农事活动的热爱和赞美，同时通过对丰收场景的夸张式想象，逐渐将笔法由实写转向虚写，为接下来的结尾作好铺垫。

最后十句，是诗歌的第二部分，也是诗歌的尾声，以祭祀与祝祷为主要内容，也是全诗的中心思想所在。“为酒为醴”承接上文的丰收场景，介绍多余的新谷将会酿制成美酒；“烝畀祖妣”进而强调美酒的用途，是作为祭礼来感谢祖先的庇佑；“以洽百礼”则通过祭品种类的丰富，突出祭祀活动的隆重盛大。“有飶其香”“有椒其馨”，借祭品、美酒浓郁绵长的馨香，比喻农业生产对个人、宗族、国家的重要意义，能够实现“邦家之光”“胡考之宁”的理想。全诗的最后三句，歌者，也是就祭祀的主祭人，唱出了“匪且匪且，匪今斯今，振古如兹”的祝祷之辞，也带领读者进入了诗歌寓意的顶峰。三句祝辞，站在历史时空的宏大视角，基于周部落以农业立国的根本，歌颂其凭借农耕劳作从弱到强的发展壮举，更抒发了期盼能够年年喜获丰收，国家日益昌盛的美好愿望。

《载芟》一诗出自《周颂》，“颂”即祭祀乐歌，是王室在进行宗庙祭祀或举办重大典礼时演唱的乐歌，祭祀性质与歌功颂德的用意较为突出。但《载芟》在祭祀之外，还有大量直接描写西周农业生产生活的内容，忠实记录了周代先民集体开荒、耕田、播种、育苗、田间管理的劳动场景，展现了西周农民勤劳朴实、积极乐观的精神风貌。前半部分对农耕生活真实具体的描绘，也令后半部分的祭祀内容增色，读者更能理解百姓们为什么会对农耕生产如此积极投入。《载芟》记录了周代先民从劳作、丰收到祭祀的全过程，对他们而言，农耕劳动不仅能够提供物质生活保障，具有重要的现实意义，也能够满足精神生活需要，具有伟大的超现实意义。物质生活与精神生活，在农耕劳作这里结合起来，小到个体，大到家国，都打上了农耕文明的鲜明烙印。

读后小思

（1）你觉得此诗的文学性更强，还是历史社会性更强？谈谈你的看法。

（2）“有略其耜”一句中出现的“耜”是怎样一种农具？请查阅资料，具体了解一下。

硕　人

提示

本篇见《诗经·卫风》，是一首赞美卫庄公的夫人庄姜的诗，全诗共四章。第一章介绍了庄姜与众不同的高贵出身，第二章描绘了庄姜明艳动人的美丽容貌，第三章描写了庄姜婚礼的盛大隆重，第四章叙述了护送庄姜的随行人员众多而健美。本诗的第二章历来备受推崇，旧有“美人图”之誉。此章前五句连用六个形象生动的比喻，以铺陈的手法细致摹写了庄姜的身体细部，展现其静态之美。诗人并未就此搁笔，而是以“巧笑倩兮，美目盼兮”勾勒出庄姜的神韵气质，呈现其动态之美。后二句如画龙点睛之笔，传庄姜之神，令人叫绝。清人姚际恒极为推赏此诗，在《诗经通论》中称言：“千古颂美人者，无出其右，是为绝唱。”

正文

硕人其颀[1]，衣锦褧衣[2]。
齐侯之子[3]，卫侯之妻[4]。东宫之妹[5]，邢侯之姨[6]，谭公维私[7]。

手如柔荑[8]，肤如凝脂。
领如蝤蛴[9]，齿如瓠犀[10]。螓首蛾眉[11]，巧笑倩兮[12]，美目盼兮[13]。

硕人敖敖[14]，说于农郊[15]。
四牡有骄[16]，朱幩镳镳[17]，翟茀以朝[18]。大夫夙退[19]，无使君劳。

河水洋洋[20]，北流活活[21]。
施罛濊濊[22]，鳣鲔发发[23]，葭菼揭揭[24]。庶姜孽孽[25]，庶士有朅[26]。

注释

[1] 硕人：高大的人，此处指卫庄公的夫人庄姜。颀：长(qí)。古人以身材高大为美。

[2] 衣(yì)：作动词，穿。锦：锦衣。褧(jiǒng)：罩衫，披风。

[3] 齐侯：齐庄公。子：女儿。

[4] 卫侯：卫庄公。

[5] 东宫：齐国太子，名得臣。东宫指太子居住之所。

[6] 邢：春秋诸侯国名，在今河北省邢台县。姨：妻子的姊妹。

[7] 谭：春秋诸侯国名，在今山东省历城县。维：语助词，无义。私：姊妹的丈夫。

[8] 荑(tí)：白茅初生的嫩芽，用来比喻女性的手。

[9] 领：脖子。蝤蛴(qiú qí)：天牛的幼虫，身长而白。

[10] 瓠犀(hù xī)：葫芦的籽粒，洁白小巧，排列整齐。

[11] 螓(qín)：虫名，似蝉而小，形容额头方正宽广。蛾：虫名，以其触须形容眉毛的细长弯曲。

[12] 倩：笑时脸颊现出酒窝的样子。

[13] 盼：眼睛黑白分明，顾盼有神。

[14] 敖敖：高大的样子。

[15] 说(shuì)：通“税”，停息。农郊：近郊。

[16] 四牡：驾车的四匹雄马。有：语助词，无义。有骄：强壮的样子。

[17] 朱：红色。幩(fén)：马嚼铁外挂的绸子。镳镳(biāo)：迎风猎猎的声音。

[18] 翟(dí)：长尾野鸡。茀(fú)：竹制或芦草编的车帘。翟茀：以野鸡羽毛装饰的车帘。

[19] 夙退：早早退朝。

[20] 河：黄河。洋洋：河水汪洋盛大的样子。

[21] 北流：河水向北流。活活(guō)：拟声词，水流的声音。

[22] 施：张、设。罛(gū)：大的鱼网。濊濊(huò)：撒网入水的声音。

[23] 鳣(zhān)：鳇鱼。鲔(wěi)：鲟鱼。发发(bō)：拟声词，鱼尾击水的声音。

[24] 葭(jiā)：初生的芦苇。菼(tǎn)：初生的荻草。揭揭(jiē)：高且长的样子。

[25] 庶：众多。庶姜：齐国随嫁的众多姜姓女子。孽孽：装饰华丽的样子。

[26] 庶士：护送庄姜出嫁的众多齐国臣仆。有朅(qiè)：勇武强壮的样子。

品读

《卫风·硕人》一诗在《诗经》中有很高的知名度，尤其是诗歌第二章对庄姜容貌的传神描写，不仅开启了后世写美人的先河，更以博喻铺陈、动静结合的高妙手法，备受人们的推崇青睐。后世对此诗的评析虽不可胜数，但大多限于文学鉴赏一隅，如果我们尝试从农耕文化着眼，以春秋时期一位卫国农人的视角来品读这首诗，思考诗中的语言表达与写作技巧，也许会有不一样的感受。

齐国的嫡出公主庄姜将要远嫁卫国，这对当时的卫国人而言，绝对是能上头条、霸热搜的爆炸性新闻。首先，庄姜公主的身份高贵显赫；其次，庄姜公主的容貌倾国倾城；再次，庄姜公主的车队奢华浩荡；最后，齐卫两国的联姻意义重大。但是，以如此盛大的婚礼为题材的诗歌，却被收录在以民歌为主的“国风”中，这又是何故呢？原来，春秋时期各诸侯国均以发展农业为主，土地是国家最珍贵的资源，拥有成片宽广土地的农郊，自然备受重视，成为举办各类庆典、仪式的重要场所。因此，当远嫁而来的庄姜公主到达卫国农郊时，要在此处停留，举行盛大的迎亲仪式，以示对天地自然的敬畏尊重。也正是这个原因，让普通的农人得以在自己耕作的田间地头，围观卫侯迎亲的盛况，一睹庄姜公主的芳容。

可想而知，那一天的卫国农郊，一定是热闹非凡的，“吃瓜”群众从四面八方赶来，簇拥在田间地头，翘首以盼庄姜公主出场。所以我们在推测这首诗的创作场景时，不妨大胆一些，会不会就是农人们在围观时的八卦闲聊，庄姜的亲戚都是谁谁谁，庄姜美得像啥啥啥，婚礼的车马装饰多豪华，他们结婚后生几个孩子……这样一来，理解这首诗好像就没那么复杂了，它不再是艰深高雅的古典文学，而是普通常见的生活画面。当我们从先秦时期一个卫国农人的身份出发，重新阅读这首诗时，仿佛被打通了任督二脉，顿悟诗歌第二章刻画庄姜美貌时，频频出现植物昆虫的原因。先民们以农耕为主业，与他们的生活朝夕相伴的，不就是农田里的百谷、草木间的鸣虫吗？先民们与自然的相处是那么和谐，在他们眼中，植物和昆虫是熟悉亲切的，是可敬可爱的，不仅是他们生活的重要一员，更是大自然造物之美的体现。所以，形容庄姜双手纤细柔嫩，他们以刚长出的茅草为喻；形容庄姜牙齿洁白整齐，他们以饱满的瓠瓜籽为喻……反观今天的我们，与自然渐行渐远，对农耕知之甚微，不识草木昆虫之名，更不以草木昆虫为美。所以，我们读《诗经》，总是如此艰难。

要读懂《硕人》，品出诗歌之美，还存在另一个障碍，那便是诗歌中大量出现的叠词。这些叠词，有的构字简单，有的构字复杂，但无论字形难易，其词意均让人费解。查看注释，细加分析后，不难发现，这些叠词较多是拟声词，即对自然界各种声音的模拟描摹。比如“活活”，就是比拟河水奔流不息的声音；“濊濊”，就是比拟撒网入水的声音；“发发”，就是比拟鱼在网中扑腾的声音。与《硕人》一样，先秦时期的诗文中存在着丰富的拟声词，但是在现代汉语中，这些拟声词却鲜少运用，甚至已经消亡。人与自然界对话的声音曾经那么鲜活，曾经在人们的日常语言中占据重要的位置，重要到会有专门的词语来形容自然界中某一个特殊的声音。但是，这个重要性却随着人类社会的快速发展被悄然遗忘，鲜活的拟声词成为艰深的古汉语，隐匿在古书中，成为专业学者论文中的研究对象。这些叠词，仿佛是在提醒读者，今天的我们不仅在视觉上遗忘了自然万物的形态，更在听觉上忽略了自然万物的天籁。

但是《硕人》第二章中对庄姜公主美貌的描写，却定格下来，成为后世文人描写美女的模本，奠定了三千年来文人笔下的美女标准。无论是司马相如的《美人赋》、蔡邕的《青衣赋》、还是曹植的《洛神赋》、陈琳的《神女赋》，无论是《长恨歌》里杨玉环的“回眸一笑百媚生”，还是《西厢记》里崔莺莺的“临去秋波那一转”，几乎都能看到庄姜公主的影子。三千年前，农人们在围观一场“世纪婚礼”后田间地头的吟唱，穿越历史的长河，借历代文人的传世妙笔延续。对美的理解，在朝代的更迭中虽有变换，但先民们在农耕文明中形成的对自然的崇拜，却在不自觉中成为永恒。

读后小思

(1) 先秦时期的审美标准是怎么样的？与我们现在的审美有何异同？是什么带来了这种变化？美，究竟是什么？

(2) 这首诗中出现了很多生字生词，给我们阅读赏析带来了一定困难。在你看来，这些生字生词为何曾经多用，而在当下较少使用？

长沮桀溺耦而耕[1]

提示

本篇见《论语·微子》，记载的是孔子及其弟子在周游列国的途中向两位隐士问路的故事。这是《论语》中的经典篇章，成语“指点迷津”就出自此文。“问津”是全文的线索，在文中有两层意思：一是字面意义上的渡口，二是象征意义上的人生道路的选择。孔子所处时代，诸侯割据，社会动荡，天下无道。面对这样的社会现实，一些流派倡导消极性避世，隐世而居，文中的长沮、桀溺就是隐逸之士的象征。以孔子为代表的儒家学派，则站在仁者爱人的立场上，倡导积极入世，勇于担当。孔子正是这样一位身体力行者，他周游列国，四处讲学，为社会变革不懈努力。这种四处碰壁却志向不改的精神境界，这种身处逆境而心忧天下的胸襟抱负，这种知其不可为而为之的执着精神，正是孔子的人格魅力所在。

正文

长沮、桀溺耦而耕。孔子过之，使子路问津焉[2]。

长沮曰：“夫执舆者为谁[3]？”子路曰：“为孔丘。”曰：“是鲁孔丘与[4]？”曰：“是也。”曰：“是知津矣！”问于桀溺。桀溺曰：“子为谁？”曰：“为仲由。”曰：“是鲁孔丘之徒与？”对曰：“然。”曰：“滔滔者[5]，天下皆是也，而谁以易之[6]？且而与其从辟人之士也，岂若从辟世之士哉[7]？”耰而不辍[8]。

子路行以告，夫子怃然曰[9]：“鸟兽不可与同群，吾非斯人之徒与而谁与[10]？天下有道，丘不与易也[11]。”

注释

[1] 长：身材高大。沮(jǔ)：湿润的泥土中。桀：身材魁梧。溺：在水中。长沮、桀溺：并非两位隐士的真实姓名，这里是以两人的外形来称呼他们。耦(ǒu)而耕：两人共同耕种。

[2] 子路：姓仲名由，字子路，孔子的弟子。津：渡口。

[3] 夫(fú)：彼，那个。执舆者：驾车的人。

[4] 与(yú)：通“欤”，吗。

[5] 滔滔：形容水流湍急，用来比喻世间纷乱，礼崩乐坏。因为问的是渡口，所以这里用“滔滔”来比喻。

[6] 而：通“尔”，你，指子路。谁以：“以谁”二字倒用，与谁。易：改变。

[7] 且：况且。而：通“尔”，你。辟：通“避”。人：和孔子有不同思想的人。辟人之士：躲

避和自己志趣不同之人的人，这里指孔子。

[8] 耰(yōu)：一种农具，用作击碎土块或者平整土地。辍：停止。

[9] 怃(wǔ)然：怅然若失的样子。

[10] 斯人之徒：世人。与：打交道。

[11] 与：参与，参加。易：改变，变革。

品读

本篇出自《论语·微子》，记载了孔子在周游列国时期，派学生子路向两位耕田农夫询问渡口的经过。《论语》是一部语录体散文集，本篇的刻画也多以语言描写为主，并在大量的人物对话中，穿插了简笔传神的神态、动作描写，很像一出情景剧的剧本。

率先登场的人物，是长沮与桀溺，这并非二人的真实姓名，而是对他们的外形及所处环境的描述，"长"和"桀"表示高大魁梧之意，"沮"和"溺"形容二人站在泥泞的地方。"耦而耕"指的是"耦耕"这一在春秋战国时期流行的耕作方法，"耦耕"以协作为主要特征，需两人各持一耜，合力并耕完成，"耦耕"反映了周代农业生产以集体劳作为主的情况。孔子和弟子周游列国，经过此地，远远看到两人，便让学生子路前往，向二人询问渡口所在。此时，不仅是子路，甚至孔子本人，也只是把长沮与桀溺当作两位普通的耕田农夫。

子路是如何开口"问津"的，文中并未描写，但以子路一向鲁莽直率的性格，加上对二人农夫身份的预判，他在问路时，估计言语行为上多少会有不周之处。因此，长沮并未直接给出答案，而是反问驾车者的身份，在确定是孔子后，长沮以"是知津矣"四字结束了对话。这四字看似普通，实则意味深长，以"知津"回应"问津"，一语双关，一是借"津"的本义渡口，嘲讽孔子既然选择周游列国，就该熟知各国道路，本应知道渡口在哪；二是借"津"的引申义门路，嘲讽孔子既然敢于游说诸侯，就该有治世良方，本应通晓救世之道。

在长沮这里碰了一鼻子灰，子路无法反驳，只能转头询问桀溺。但桀溺也非泛泛之辈，顺着"问津"一语引出"滔滔者"的形象比喻，强调乱世如同滔天洪水，没有人可以改变，反过来劝说子路要学会顺势而为，不要再跟随孔子四处碰壁，而应该追随自己躬耕隐居。说完，桀溺便"耰而不辍"，不再理会子路了。"耰"是一种农具，用于击碎土块或平整土地，承接上文两人"耦而耕"的劳作，可以理解桀溺这么做，是将耦耕翻出的大土块一一击碎，为后面的播种工作做好准备。如果说长沮是以语言思想嘲讽孔子，那么桀溺则是以农耕实践劝服子路。从长沮和桀溺充满玄机和哲思的对话中，不难看出，他们二人根本不是普通的农夫，而是有着丰富学识的智者。身逢乱世，两位智者不满社会的黑暗现实，志不能伸，便采取避世的态度，退出政治斗争，过着躬耕田园的隐居生活。长沮、桀溺也因此成为农耕生活隐士的代表，在后世诗文中常可见其身影。

子路问津徒劳而返，了解一切后，孔子给出了"怃然"的表情，这个表情意味深长，读来令人动容。孔子之所以"怃然"，原因有很多，可能是感叹长沮、桀溺这样有才华的人不得重用，可能是感叹自己的坚持少有同道者支持，可能是感叹自己的政治主张何时能够实

现……正是孔子的“怃然”，让我们感受到孔子的真实，和所有普通人一样，当他身处人生的至暗时刻，也会沮丧难过，也会动摇犹豫。但孔子之所以能够成就伟业，在于他能在沮丧难过后不言败，能在动摇犹豫后不放弃，能在怃然感叹后不妥协。

怃然之后，孔子的入世决心反而更加坚定，他这样坦露心声：“人和鸟兽不能生活在一起，我不和世人在一起，又该和谁在一起？如果天下太平，孔丘还需要去改变什么呢？”这句话既是对长沮、桀溺的回应，也是对子路等弟子的教导，更是对天下人的表态。面对长沮、桀溺的嘲讽，孔子并没有反唇相讥，批评指责二人的避世选择。相反，孔子能够理解并尊重隐士们所做的选择，对“鸟兽同群”的生活，甚至也心生向往。但是这种生活方式是以“天下有道”为前提的，孔子所处的时代，战争频发、礼崩乐坏，试问他如何能够放弃自己的政治理想，选择避世隐居的生活？况且如果人人都选择避世隐居，天下又怎么可能“有道”？因此，孔子不辞辛苦周游列国，希望能遇明君推行仁政，恢复周礼，虽然四处碰壁，被嘲笑为“辟人之士”，但他始终志向不改、毫不懈怠。这种明知不可为而为之的坚持，正是孔子身上最伟大最可贵的精神品质，也被后世奉为理想人格的典范。

阅读此篇，我们既感受到长沮、桀溺避世隐居，耦耕劳作的苦辛，也感受到孔子积极入世，为“天下有道”上下求索的坚持，更感受到孔子对待隐逸之士的宽容大度。文中出现的“沮溺”“问津”“耦耕”等词，也成为后世诗文中常见的典故，用以代表在乱世中避世隐居的高士，或逃避世事的隐居选择。王粲《从军诗・其一》“不能效沮溺，相随把锄犁”，陶潜《癸卯岁始春怀古田舍》“耕种有时息，行者无问津”，王维《田园乐・其二》“讵胜耦耕南亩，何如高卧东窗”，李白《赠何七判官昌浩》“终与同出处，岂将沮溺群”，苏轼《浣溪沙》“轻沙走马路无尘，何时收拾耦耕身”……可见，身逢乱世，或不得志时的人生选择，不仅仅是摆在春秋时期士大夫面前的难题，对于历代文人也同样如此。

面对乱世，长沮、桀溺选择躬耕隐居，在“耰而不辍”简单重复的劳作中，平复疗治因乱世失志带来的心灵苦痛；面对乱世，孔子选择挺身而出，与“斯人之徒”并肩而行，以一己之力奔走呼号，不计得失，倾其所能拯救世人。在后世的读书人眼中，长沮、桀溺的忘世过于自我，缺少责任与担当，圣人的救世之举又过于刚烈，需要付出太大的代价。因此，后世的士大夫们巧妙地将两者合二为一，在躬耕隐居的同时不忘家国道义，将“耕”的隐居生活与“读”的治世救国理想相融合，这样既能实现个体生命的精神自由，又能承担士大夫应尽的社会责任。“耕”与“读”的结合，最大程度缓解了政治情怀与田园生活的矛盾冲突，可以视作是后世对“问津之思”给出的最佳答案。

读后小思

(1) 此篇除语言之妙外，也有不少精彩的动作、神态描写。试着找出来，谈谈其妙用？

(2) 当你的人生遇到挫折与考验时，你会怎么做？

樊迟请学稼[1]

提示

本篇见《论语·子路》，记载了孔子与弟子樊迟关于“请学稼圃”的师徒问答，“樊迟问稼”“樊迟之问”的典故便出自于此。全篇语言浅白易懂，通过简洁的对话，刻画出孔子、樊迟鲜明生动的人物形象，通过凝练的排比，展现孔子注重礼治、强调信义的政治观点。全文可分两个部分，以“樊迟问稼”开头，以“孔子论稼”结尾。面对樊迟的提问，孔子先采取回避的态度，以不如老农、不如老圃为由，拒绝正面回答。樊迟离开后，孔子才对其他学生做进一步论述，强调身为从政者，要重视培养的是“礼、义、信”三方面的能力，不应该囿于“学稼圃”的简单层面。本文篇幅虽然不长，却是《论语》中分歧意见最多的章句之一，两千多年来众多学者就其意蕴做出各种分析解读，但始终未能有定论。

正文

樊迟请学稼。子曰：“吾不如老农。”请学为圃[2]。曰：“吾不如老圃。”樊迟出。子曰：“小人哉[3]，樊须也！上好礼[4]，则民莫敢不敬[5]，上好义[6]，则民莫敢不服[7]；上好信[8]，则民莫敢不用情[9]。夫如是[10]，则四方之民襁负其子而至矣[11]，焉用稼[12]？”

注释

[1] 樊迟：姓樊，名须，字子迟，是孔子七十二贤弟子之一，继承了孔子兴办私学的传统。稼：种植五谷，泛指农业劳动。

[2] 为圃(pǔ)：治理菜园。老圃，指种植蔬菜有经验的人。

[3] 小人：做小事的普通人，做不了大事。这里的“小人”，不是说樊迟卑鄙无德，而是与成大事者相对比。

[4] 上：居于上位的人，泛指做官的人。好礼：爱好、推崇礼制。

[5] 敬：恭敬，尊敬。居于上位的人爱好礼制，老百姓就没有敢不恭敬的。

[6] 好义：喜好，推崇道义。

[7] 服：服从。居于上位的人爱好道义，老百姓就没有敢不服从的。

[8] 好信：喜好、推崇诚信。

[9] 情：事实，真实。居于上位的人爱好诚信，老百姓就没有敢不以诚实相待。

[10] 夫：句首发语词，无意义。如：像。是：这样。如是：如果能做到这样。

[11] 襁(qiǎng):背小孩用的布兜。四方的老百姓就会抱着幼子前来投靠。

[12] 焉:哪里。这句是说,居于上位的人哪里用得着自己去种植庄稼呢?

品读

《樊迟请学稼》是《论语》中少有的、直接涉及农业的章句,“学稼”“老农”“学稽”“老圃”“焉用稼”等,都与农事劳动、农业生产密切相关。读完此篇,大家难免会有这样的疑问,樊迟是谁?为什么他对学习种植庄稼、蔬菜那么感兴趣?

和人们熟知的子路、颜回一样,樊迟也是孔子的学生,但关于樊迟的身世背景,没有确切的记载,根据推测,他的出身应该较为普通。拜师孔子前,樊迟曾在鲁国季氏手下做官,在齐鲁之战中立过战功,为人果敢勇武,求知心切,肯学好问。除了对农业种植感兴趣,樊迟的特别之处还在于,他与老师孔子的年龄差距很大。据史书记载,樊迟小孔子四十六岁(一说小三十六岁),是在孔子周游列国返回鲁国后,才拜入孔门学习的。孔子六十八岁重回鲁国,七十二岁时逝世,可见,樊迟跟随孔子学习的时间,最多也就五年左右。但就是这短短五年,通过孔子的教导,樊迟得到了快速成长,他继承儒家思想并发扬光大,秉承孔子教育理念继续兴办私学,最终成为孔门七十二贤之一。樊迟在历代均享有较高礼遇,唐朝获封“樊伯”,宋朝加封“益都侯”,明代尊称“先贤樊子”。五年的教诲,将樊迟从一个鲁莽勇武的青年培养为孔门私学的接棒人,由一个普通小吏成长为孔门七十二贤,这既表明了樊迟对孔子思想的极大认同,也证明了孔子教育的巨大成功。认识到这一点,再来看“樊迟问稼”对话的全过程,能让我们更好理解孔子话中的真实用意。

根据语境,樊迟与孔子的这番对话,应该发生在樊迟刚入孔门时。此时的樊迟二十多岁(至多三十出头),年纪尚轻,加之性格直率,求知若渴,提问时冒失莽撞是难免的。因此,他才会“另类”地提出“请学稼”的问题,甚至在孔子以“吾不如老农”为由不予回答后,仍不放弃,继续追问“请学为圃”,直至被孔子再次拒绝才肯离去。樊迟家世普通,与底层劳动者有较多接触机会,所以他对种植五谷、蔬菜等农业问题很感兴趣,想与孔子深入探讨。但是术业有专攻,众所周知,孔子私学是以教习“六艺”为主,种植技术显然不是孔子所长。樊迟向孔子询问种植技巧,就像今天的学生找语文老师请教跑步问题,显然是问错了对象。因此,孔子给出“不如老农”“不如老圃”的回答是很正常的,也与《论语》中我们熟悉的“知之为知之,不知为不知,是知也”的观点相符。刚入孔门的樊迟在言行举止上是直接鲁莽的,但这莽撞的背后却充满了求知的热情,无论何时何事,只要是心中所疑所惑,就会找孔子询问。孔子因材施教,鼓励欢迎学生提问,樊迟敢于提问,恰恰反映了孔子教学自由、开放的特点。

“樊迟问稼”之后的“孔子论稼”,是最容易引起分歧的地方。分歧一在对孔子为何不当面评价樊迟的理解,有论者以为孔子等樊迟离开才评价,有背后嘲笑奚落樊迟之嫌。樊迟入孔门虽晚,时间也不长,但在《论语》中也有6次出场。樊迟曾与孔子同游,曾为孔子驾车,“敬鬼神而远之”“居处恭,执事敬,与人忠”等名言都出自他与孔子的问答,足见孔子对樊迟的重视喜爱。孔子这么做，自然不是背后批评樊迟，而是因为樊迟刚入师门，还不了解孔子的主张学说，直接当面评价，可能打击其积极性。而讲解给其他学生，再让学生之间的互动交谈慢慢影响樊迟，这种教育方式更加润物无声。还有一种可能，就是樊迟离开后，有其他学生不解提问，孔子才有此论述，只不过文中省略了提问的过程。

分歧二在对“小人”的理解，有论者认为孔子称樊迟为小人，说明孔子轻视劳动，看不起农民，这是对“小人”古今异义的混淆。春秋战国时期，“小人”是指市井平民，与“大人”即为政为官者相对，只是对社会分工的称谓，并未涉及道德水平或人格品性的高低。孔子说“小人哉，樊须也”，实则是在说，樊迟虽然身居官位，但是他只能从市井平民的角度考虑问题。那么，为政为官者，应该考虑的问题的是什么呢？接下来，孔子就从礼、义、信三个角度出发，提出了“居上者”，即为政为官者应做的事，这也正是孔子想要教会学生，希望学生们从政时能够实践的。

分歧三在对“焉用稼”的理解，有论者认为这说明孔子的治国思想脱离生产劳动，轻视农业，甚至说孔子阻碍了中国古代农业科技的发展，这显然是断章取义。孔子教导学生，为政时要树立“礼、义、信”的风尚，这样无论是辅佐君王治国，还是为官治理一隅，都能让治下的百姓敬服、忠实，还能让其他地方的百姓前来投靠，充足国家、地方的耕稼劳力，这样的治理效果，自然比单纯研究耕稼技术要好得多。这里的“焉用稼”，孔子并不是说耕稼技术不重要，更不是否定农业的重要性。国家也好，地方也罢，只有更多百姓从事耕种生产，农业发展才能兴盛，国家实力才会强大，执政者重视“礼、义、信”，正是为了吸引更多的百姓来此安家，才能保障农业的壮大发展。

孔子一心向往西周礼乐制度，而西周自先祖起就重视农业，周天子要定期举行“籍田礼”，这在《诗经》中有多处体现，试问推崇西周的孔子怎么可能轻贱农业呢？孔子本人对农业劳动也绝非一无所知，据《史记·孔子世家》记载，他早年是做过管理农业或畜牧业的官吏，而且还做得很好。由此可见，孔子绝对不会鄙视轻贱农业，更不会因为樊迟喜欢研究种植技术就看不起他。但不可否认的是，阅读此篇，仍然会感受到孔子的论述中存在一定的回避态度，或某种倾向性，这里的原因又是什么呢？

回答这个问题，还要联系上文阅读的《长沮桀溺耦而耕》。长沮和桀溺身为饱读诗书之士，弃乱世于不顾，选择耕田自适，这是孔子所不愿看到的。因此，以长沮、桀溺为代表的“稼”，才是孔子与樊迟对话中真正要回避的“稼”，才是“焉用稼”的真实所指。孔子不愿意樊迟走上和长沮、桀溺一样的道路，才刻意回避，不直接分享自己的种植经验；孔子希望樊迟和其他弟子能够在乱世为国效力，为民解忧，才以“焉用稼”来强调“礼、义、信”的重要作用。孔子身上这种以天下苍生为念的神圣使命感，是儒家思想体系中最宝贵的精神财富，绝不能将其简单理解为轻视农业，看不起劳动者。

中华优秀传统文化中的“耕读”思想发端于先秦，“樊迟请学稼”一文明确提出了“耕”与“读”的话题。虽然在早期儒家看来，“耕”与“读”是对立的，但如果没有这种对立，就没有后来二者的融合。“樊迟请学稼”作为孔门一大公案，古往今来，一直研究者甚众，究其原因，也是对“耕”“读”关系的研究探讨。阅读此篇，可以为我们当代读者如何认识了解耕读文化，带来一些源头性的思考与感悟。

读后小思

(1) 在你看来，孔子为什么称樊迟是“小人”？孔子对于农业又是什么态度？

(2) 本篇孔子对樊迟的批评，历来众说纷纭，有人认为这是志当存高远的生动诠释，也有人认为这是儒家轻视农业劳动的直接体现。对此，你有什么看法？

湘夫人[1]

提示

本篇选自《楚辞・九歌》，《九歌》之名起源很早，原为神话传说中的远古歌曲，“九”在这里是虚词，表示很多的意思。楚地流传的《九歌》是民间祭神的乐歌，其中仍留有原始《九歌》的痕迹，屈原在此基础上进行了文人化的加工创作，使其成为《楚辞》中十一首诗歌的总称。《湘夫人》是《楚辞・九歌》的代表作，是祭祀湘水女神的乐歌，可与祭祀湘水男神的乐歌《湘君》参照阅读。湘夫人与湘君是湘水的配偶神，此诗题目虽然是《湘夫人》，但诗中的抒情主人公却是湘君。全篇运用融情入景、因情造景、极力铺陈等手法，细腻表达了湘君在等待湘夫人的过程中，由热切期盼到美好幻想，再到怅惘失望的情感历程，营造了幽婉动人、浪漫凄美、丰富深厚的意境空间，具有很高的艺术性。

正文

帝子降兮北渚[2]，目眇眇兮愁予[3]。嫋嫋兮秋风[4]，洞庭波兮木叶下。

白薠兮骋望[5]，与佳期兮夕张[6]。鸟何萃兮蘋中[7]。罾何为兮木上[8]？

沅有茝兮醴有兰[9]，思公子兮未敢言[10]。荒忽兮远望[11]，观流水兮潺湲[12]。

麋何食兮庭中[13]，蛟何为兮水裔[14]？朝驰余马兮江皋[15]，夕济兮西澨[16]。闻佳人兮召予，将腾驾兮偕逝[17]。

筑室兮水中，葺之兮荷盖[18]。荪壁兮紫坛[19]，匊芳椒兮成堂[20]。桂栋兮兰橑[21]，辛夷楣兮药房[22]。罔薜荔兮为帷[23]，擗蕙櫋兮既张[24]。白玉兮为镇[25]，疏石兰兮为芳[26]。芷葺兮荷屋[27]，缭之兮杜衡[28]。合百草兮实庭[29]，建芳馨兮庑门[30]。九嶷缤兮并迎[31]，灵之来兮如云。

捐余袂兮江中[32]，遗余褋兮澧浦[33]。搴汀洲兮杜若[34]，将以遗兮远者[35]。时不可兮骤得[36]，聊逍遥兮容与[37]！

注释

[1] 湘夫人：湘水女神，与湘君共为湘水的配偶神。传说舜帝南巡时死在苍梧，舜的妃子娥皇、女英闻讯赶来，自投湘水而亡。此后，舜化身为湘君，二妃化身为湘夫人。

[2] 帝子：湘夫人，娥皇、女英为帝尧之女，故有此称。渚（zhǔ）：水中小洲。

[3] 眇眇：远望而不见的样子。愁予：使我忧愁。

[4] 嫋嫋（niǎo）：微风吹拂的样子。

[5] 白薠（fán）：秋天生长在水边的小草。骋望：极目远眺。有版本此句前有“登”字。

[6] 与佳期：与佳人的约期。夕：黄昏。张：陈设，展开。

[7] 萃：草木丛生的样子，引申为聚集。蘋（pín）：水草名。

[8] 罾（zēng）：鱼网。连上二句意思是，鸟儿不聚集在树上却群集于水草中，鱼网不设在水中却挂在树上。以物不在其所的反常现象，比喻所愿不得。

[9] 沅：沅水，在今湖南省。茝（chǎi）：白芷，一种香草。醴（lí）：也作“澧”，澧水，在今湖南省。

[10] 公子：贵族子女的通称，指湘夫人。

[11] 荒忽：恍惚，迷茫，看不清的样子。

[12] 潺（chán）湲（yuán）：水缓缓流动的样子。

[13] 麋：野兽名，麋鹿，居于山林，俗称四不像。

[14] 蛟：传说中龙的一种，居于深渊。水裔（yì）：水边。以上两句意思是，麋鹿为什么在庭院中觅食，蛟龙为什么会停留在水边。以物不在其所的反常现象，比喻徒劳无功。

[15] 皋（gāo）：水边高地。

[16] 济：渡过。澨（sì）：水边。

[17] 腾驾：驾着车奔驰。偕逝：一同远去。

[18] 葺（qì）：编结覆盖。盖：屋顶。

[19] 荪（sūn）：石菖蒲，一种香草。荪壁：用荪草装饰墙壁。紫：紫贝，一种名贵的贝壳。坛：中庭，楚方言。

[20] 匊（bō）：古“播”字，播撒。芳椒：花椒。成堂：涂饰堂壁。

[21] 桂栋：以桂木做屋脊。兰橑（lǎo）：以兰木做屋椽。

[22] 辛夷：一种香木，现称木兰、紫玉兰。楣：门上横梁。药：白芷。

[23] 罔：通“网”，编织。薜（bì）荔：木莲，一种香草。

［24］擗(pǐ)：劈开。蕙：一种香草。櫋(mián)：屋檐板。既：已经。张：张挂。

［25］镇：镇压席子的器物。

［26］疏：分布。石兰：一种香草。

［27］芷：白芷，一种香草。荷屋：荷叶覆顶的房屋。

［28］缭：缠绕。杜衡：一种香草。

［29］合：集合。实：充实。

［30］建：布置。庑(wǔ)：堂下周围的廊屋。

［31］九嶷(yí)：山名，又名苍梧山，传说舜帝葬身处。此处指九嶷山神。缤：盛多的样子。

［32］捐：抛弃。袂(mèi)：衣袖，

［33］遗(yí)：丢下。褋(dié)：内穿的单衣。醴浦：醴水。

［34］搴(qiān)：采摘，拔取，楚方言。汀(tīng)洲：水中平地。杜若：一种香草，有“勿忘我”之意。

［35］遗(wèi)：赠送。远者：指湘夫人。

［36］时：美好的时光。骤：多次。

［37］聊：姑且。容与：徘徊的样子。

品读

只要阅读过“楚辞”的人，都会对诗句中无处不在的各类植物留下深刻印象。“楚辞”中的植物包罗万象、种类丰富，屈原更以诗人的伟大笔触，巧妙运用比兴象征的手法，将这些植物作为抒情言志的载体，赋予其深刻浑厚的文化意蕴。

《湘夫人》中出现了十六种植物，植物出现种数在屈原作品中仅次于《离骚》中的二十八种。但是《湘夫人》全篇字数约两百四十字，而《离骚》全篇则多达近两千五百字，显而易见，《湘夫人》中植物种类出现的频率，是远远高于《离骚》的。大家对《湘夫人》是比较熟悉的，也都知道屈原作品中会出现较多的植物，但是却不知道《湘夫人》是屈原作品中植物种类出现频率最高的。但是了解这个知识点后，另一个疑问也就随之而来，那就是《湘夫人》一篇为什么会频繁出现这么多种类的植物。整体来看，原因主要集中在以下三点。

首先，与《湘夫人》的主题有关。本篇一般认为是祭祀湘水女神的诗歌，湘水是楚国境内最大的河流，它哺育滋养了楚国百姓，与楚国百姓的生活密不可分。湘水广阔浩瀚，植物茂盛，种类繁多，尤以水生植物居多，当地百姓的日常生活向来与草木为伴。屈原生在楚国长在楚国，熟悉湘水一带的环境，对水生植物也十分了解，在以湘水女神为主题的诗歌中，出现大量植物描写，是非常自然的。另一方面，由于地处南方，楚国上下深受神巫文化的影响，经常会举行各种形式的祭祀活动，在引神、娱神、送神等环节中，都会用到大量植物。因此，植物在楚国百姓心中有着至高无上的地位，是具有治病强身、驱邪祛毒、祀神悦神的通灵之物……本诗的主题与祭祀有关，自然少不了多种类植物的身影。

其次，与《湘夫人》的内容有关。阅读全诗，不难发现，植物出现最多的地方，集中在诗歌后半部分。因为湘夫人久候不至，在急切寻觅的绝望中，湘君在恍惚中仿佛听到湘夫人的声音，他激动地驾起马车，带着湘夫人奔向自己精心修建的宫室。这座宫室坐落在湘水中央，由中庭、堂屋、卧室、廊屋等构成，为了获得湘夫人的青睐，湘君别具匠心地选用大量香草香木作为装饰材料、建筑材料。湘君用荷叶覆盖屋顶，用荪草装饰墙壁，用花椒和泥抹墙；他用桂木做屋梁，用木兰做椽子，用辛夷做门楣；他编织薜荔做帷幔，用蕙草做隔扇，摆放石兰散布香气；他用白芷覆盖在荷叶的屋顶上，又用杜衡围绕在房屋四周；他在庭院栽种了数百种香草，廊屋前后也放置了各种芬芳的花卉……植物之丰富，色彩之缤纷，香气之浓郁，整座宫室与湘水浑然一体，超凡脱俗，令人叹为观止，一见难忘。本诗的内容旨在突出用香草香木装饰、构建房屋，诗中频繁出现多种类植物，是顺理成章的。

最后，与《湘夫人》的寓意有关。《湘夫人》是屈原根据楚地祭祀湘水神的乐歌改编创作而成的，我们品读时既要着眼楚地祭祀的民间风俗，也要充分结合屈原的个人经历。学界对《湘夫人》的创作时间虽然存在不同观点，但对于《湘夫人》中融入屈原情感寄托的看法，却是毫无异议的。湘君久候湘夫人而不得，正如屈原渴望楚怀王信任却无果；湘君在沅澧两地徘徊追寻，正如屈原在山泽江畔行吟求索；湘君为湘夫人精心搭建华美的宫室，正如屈原为振兴楚国精心设计的美政蓝图……那么，为装饰构建宫室而使用的多种类植物，又有什么喻意？《湘夫人》用了七句七十七字来描绘宫室，约占全诗三分之一篇幅，这里所用的植物全部是香草香花香木，宫室所用饰材与建材的共同特点是芬芳馨香。可见，这些芳香的植物不仅是植物本身，也不只限于祭祀物品，还被屈原寄寓了更高期待，代表着正直高洁的品格，象征着振兴楚国所急需的栋梁之才。本诗的寓意是期待贤能之士共聚一堂，共同实现楚国强大的理想，诗中不厌其烦地罗列叠加植物名，也就更在情理之中了。

综合以上三个原因，我们就能理解《湘夫人》诗中为何会频繁出现多种类植物了。屈原虽然是楚国贵族，但他却始终心系百姓，关心民间疾苦。我们印象中的屈原是一位饱读诗书的翩翩君子，但可能从未想过他也懂得农业耕种技术。屈原在《离骚》中写下“余既滋兰之九畹兮，又树蕙之百亩。畦留夷与揭车兮，杂杜衡与芳芷”的诗句，翻译过来的意思就是说，我栽种了百亩兰草，又种植了百亩秋蕙。我分垄培植了芍药和揭车，还把杜衡和白芷套种其间。短短四句诗，就涉及了六种植物，从屈原对各种植物名字如数家珍的程度，可见他对植物的性状习性都非常熟悉。不仅如此，在四句诗中，屈原还提到了畹、亩这些农田常用的度量单位，更提到了畦、杂这两种农业耕作术语。畦，作名词时指田地分成的小块，这里用作动词，指分畦种植，相当于垄作，就是将土地划分出各个小块后，在小块四周开沟，以方便排水。杂，指套种，是一种农业技术，就是在土地上先种上一种作物，等它生长到后期，再在其间种上另一种作物，可以提高土地利用率，增加产量。身为楚国贵族的屈原，能在诗句中娴熟使用农耕术语，还懂得农业栽种技巧，我们不妨大胆推测，屈原可能是经历过农耕实践的，所以他笔下描写的植物才那么真实可感，才能赋予植物以特殊的寓意象征。

先秦时期，大多数普通民众只有“耕”的机会，对他们而言，“读”是太遥远而不可企及的事情。所以，“耕读”并举最初只可能在王室贵族那里才有更多融合的可能。屈原自身的独特经历，以及诗人与政治家的双重身份，让“耕”与“读”产生了交集，这种交集既是一种偶然，也是一种必然。正是“耕”与“读”的碰撞交集，让我们后世的读者能在屈原的的经典著作中，感受到香花香草香木蕴含的特殊象征，品读到植物、耕种赋予的文化内涵，更为后世文人铺就了未来的耕读之路。

读后小思

(1) 湘君为湘夫人搭建的宫室，如果绘制出来是什么模样？不妨尝试画一画。

(2) 对比阅读《湘夫人》与《蒹葭》，谈谈两首诗的异同。

渔　父[1]

提示

本篇出自《楚辞》，旧说作者为屈原，但今人多认为是战国后期熟知屈原生平的楚人为悼念屈原所作。《渔父》是一篇可读性很强的优美散文，全文以屈原流放为背景，用简洁凝练的笔墨，通过充满哲理的对话，成功塑造了屈原与渔父两个经典形象。屈原是不肯随波逐流、洁身自好、以死明志的斗士形象；渔父是懂得与世推移、自由豁达、乐天知命的隐士形象。两个人物形象各具鲜明特色，代表了不同的处世态度与人生选择，观点虽然针锋相对，却没有对错之分，留给读者丰富立体的联想空间。语言上骈散相间，以“乎”字取代“兮”字，更以问答体串联全篇，从文体演变史上，可以看出从楚辞向汉赋转变的轨迹。

正文

屈原既放[2]，游于江潭，行吟泽畔[3]，颜色憔悴，形容枯槁[4]。

渔父见而问之曰：“子非三闾大夫与[5]？何故至于斯[6]？”

屈原曰：“举世皆浊我独清，众人皆醉我独醒，是以见放[7]。”

渔父曰：“圣人不凝滞于物[8]，而能与世推移。世人皆浊，何不淈其泥而扬其波[9]？众人皆醉，何不餔其糟而歠其釃[10]？何故深思高举[11]，自令放为[12]？”

屈原曰：“吾闻之：新沐者必弹冠[13]，新浴者必振衣[14]。安能以身之察察[15]，受物之汶汶者乎[16]？宁赴湘流，葬身于江鱼之腹中。安能以皓皓之白[17]，而蒙世俗之尘埃乎？”

渔父莞尔而笑[18]，鼓枻而去[19]。乃歌曰：“沧浪之水清兮[20]，可以濯吾缨[21]；沧浪之水浊兮，可以濯吾足！”遂去，不复与言。

注释

[1] 渔父(fǔ)：渔翁。父：指称某种行业的老年人。

[2] 既：已经，引申为“(在)……之后”。放：流放，放逐。

[3] 行吟：边走边吟诵。

[4] 形容：形体容貌。枯槁(gǎo)：干枯瘦削。

[5] 三闾(lǘ)大夫：战国时期楚国官名，主要负责宗庙祭祀及教育贵族子弟。屈原曾任三闾大夫，文中用此指代屈原。

[6] 至于斯：到如此地步。

[7] 是以：因此。见：被。放：流放

[8] 凝滞：停留不动，指固执不改变。物：指客观时势。

[9] 淈(gǔ)：搅浑。

[10] 餔(bǔ)：吃。糟：酒糟。歠(chuò)：通“啜”，喝。醨(lí)：薄酒。

[11] 高举：超出世俗的举动、行为。

[12] 自令放：使自己遭到放逐的下场。为：语气助词，用于句尾，表示反诘、疑问。

[13] 沐：洗头。弹冠：弹去帽子上的灰尘。

[14] 浴：洗澡。振衣：抖去衣服上的灰尘。

[15] 察察：洁白的样子。

[16] 汶汶(mén)：昏暗浑浊的样子。

[17] 皓皓：光亮洁白的样子。

[18] 莞(wǎn)尔：微笑的样子。

[19] 鼓枻(yì)：摇摆着船桨。

[20] 沧浪：古水名，汉水的支流，在湖北境内。此四句也称作“沧浪歌”，亦见《孟子·离娄上》。

[21] 濯(zhuó)：清洗，除去。缨：系帽的带子，在颔下打结。

品读

《楚辞·渔父》这篇作品，在文学史上颇有些趣味性，很值得我们反复品读。

第一个趣味性在《渔父》的作者，有人认为是屈原，也有人认为是了解屈原生活和思想的楚人。西汉末年，刘向在编写《楚辞》时，认为屈原创作总数为二十五篇，视《渔父》为屈原所作。南朝梁代萧统所编《昭明文选》，以及南宋朱熹所编《楚辞集注》，也都认同屈原是《渔父》的作者。但细读全文，不难发现，全篇采用第三人称叙述，结尾处还写下"莞尔而笑"的生动表情。以屈原即将投江的心境推测，应该很难能够如此轻松落笔。因此，东汉王逸在为刘向所编《楚辞》作注时，才会自相矛盾，既说"《渔父》者，屈原之所作也"，又说"楚人思念屈原，因叙其辞以相传焉"。近人的研究，大多倾向后一种说法，即《渔父》不是屈原的作品。如著名文学家郭沫若先生，就在《屈原赋今译》中指出："《渔父》可能是深知屈原生活和思想的楚人的作品。"作为普通读者，我们虽不用做学术性研究，但也可以带着这个疑问阅读文本，尝试着从自己的角度给出答案。

第二个趣味性在《渔父》的问答体，全篇以屈原开头，以渔父结尾，中间则以两人的对话展开。屈原的出场仅用二十字，既交代了故事发生的背景场所，又刻画了屈原行吟江畔、孤高清癯的经典形象，可谓简笔传神。渔父的离场同样精妙，一个微笑的表情，一个划桨的动作，一首玄妙的渔歌，既符合打鱼人身份特征，又充分体现了渔父行为处事的快意洒脱。至于屈原与渔父两人的对话，更是富于哲理，你来我往，字句珠玑，充满张力。更令人叫绝的是，极具矛盾冲突的对话在高潮处戛然而止，渔父以微微一笑结束了"互不投机"的对话，划船远去，烟波无际的江面上，只留下淡淡波纹与袅袅渔歌。简单明晰的情节、性格鲜明的人物、精妙高深的对话，让全文充满戏剧效果，难怪有学者认为《渔父》是我国最早的独幕话剧，将其视作中国最早的戏曲。本文的问答体与戏曲的关联性如何我们不得而知，但《渔父》的问答体确实影响了汉赋的创作，为后人所熟知的《赤壁赋》中，苏轼便沿用了主客问答式的写法来抒怀。

这样一来，就引出了《渔父》的第三个趣味性，那就是渔父这个人物，到底是真实存在的，还是完全源于虚构？文中的渔父能认出屈原，称其为三闾大夫，还能与屈原对答如流，并丝毫不处下风，显然不是一个普通打鱼人。相反，渔父应该是一位有学识、有见地的读书人，甚至可能是一位圣贤。关于这位披上渔父外衣的圣贤，究竟是实有其人，还是作者想象出来的客体或分身，历来也是莫衷一是。我们在阅读本篇时，也不妨结合自己的感受，试着做出回答。无论渔父其人真实与否，渔父形象的生动传神是没有异议的。通过这篇文章，渔父进入了文人的视野，成为他们笔下热爱的创作原型，在历代文学作品中接续传承，并不断丰富完善，最终成为中国传统文化中的特殊符号。

渔父形象之所以备受历代文人青睐，原因有很多，概括来看，可以归纳为三点。

首先，渔父依江河而居，具有较强的神秘色彩。原始先民很早就开始从事渔猎活动，距今四千年前的石峁文化就已经出现了骨头制作的鱼钩，打鱼是直接获取食物的重要手段，也是农业文明里的重要组成部分。但与农耕必须固定一隅不同，打鱼人的生活相对自由，他们居无定所，行踪飘乎，常常来无影去无踪，很符合人们对世外高人、智者圣贤的想象。无怪乎东晋陶渊明《桃花源记》中，误入桃花源的武陵人，都是以捕鱼为业。

其次，渔父物质生活简单，能与自然和谐相处。渔父以捕鱼为生，虽然生存无忧，能够自给自足，但生活环境始终艰苦，物质条件更是匮乏。可是只要渔父泛舟于江河，就能将物质之贫、俗世之争抛诸脑后，宽广无垠的天空、烟波浩渺的江面、展翅盘旋的飞鸟、郁郁苍苍的芦苇……与田园之乐一样，山水之趣同样能够抚慰人心。一人一舟一桨，孑然立于浩瀚江面，与自然天地独语，这种物我交融的精神境界，如何不让人心生向往？大自然赋予了渔父自由洒脱的心灵，也正是这种与自然和谐相处的状态，使渔父形象有着强大的吸引力。

最后，渔父为在乱世远祸全身，提供了新的人生选择。屈原与渔父代表的是两种不同的处世态度，屈原是宁死不折的悲壮，是英雄、是斗士；渔父是超然物外的澹然，是智者、是隐士。屈原和渔父的对话，没有孰对孰错，只是身处乱世，士人们的不同选择。渔父形象的出现，既突显了屈原“伏清白以死直”品格的伟大，也让失意士人们看到，除了“深思高举”和“淈泥扬波”，还有“濯足隐居”这个新的人生选择。受儒家思想影响，古往今来的文士，肩上总有着“兼济天下”的责任感，但当身处乱世或不得重用时，文士们内心的郁结苦闷又将何处安放？渔父的出现，正好为文士们提供了“渔父＋读书”的耕读并举之路。当客观环境不允许时，就退居自然，通过耕种、垂钓、放牧等多种形式的农耕活动自给自足。这样既不失文士风骨气节，还可以将参与农耕活动体验到的审美感悟，转换为各种形式的作品，也算是在另一个层面实现了自我价值，不失为更好的选择。

总之，《楚辞・渔父》提供了一种与“仕”相对，既不同流合污，又能泛舟江上、超然自适的人生选择，也将“渔父”形象成功植入历代文人的文化基因，在文学史上逐渐掀起“渔父”母题创作热潮的同时，也徐徐拉启了耕读传家的序幕。

读后小思

(1) 读完全文，你觉得渔父是真实存在的，还是虚构想象的？

(2) 你能试着举出一些与渔父有关的诗文作品么？这些作品中的渔父形象和本文的渔父形象有何异同？

第二章　两汉耕读诗文品读

汉代是继秦朝之后的大一统王朝，西汉、东汉长达四百多年的统治，创造了中国封建时代的第一个巅峰。与采诗于民间的先秦文学创作不同，文人成为汉代文学创作的主流，辞赋的兴盛、史传文学的繁荣、五言诗的成熟，文人都在其中扮演了重要的角色。

汉代的耕读诗文创作中，文人参与的比重也越来越高，“耕”与“读”的关系也越来越密切。一方面，汉朝统治者重视农耕，汉高祖、文帝、武帝等都曾亲自参与农耕，皇家子弟创作的诗歌中，有不少与耕种相关的内容，本章所选《大风歌》《耕田歌》从一个侧面反映了汉朝贵族阶层对耕种的关注。另一方面，自武帝“罢黜百家，独尊儒术”后，儒家学说作为官方正统学说，读圣贤书、受儒家思想影响的儒士，在整个国家重视农耕的氛围影响下，“耕”与“读”的结合形式也更加丰富。

首先，中国古代以农业立国，农时与季节密切相关，农事与生活密不可分，文人的内心情感也被打上了鲜明的农耕烙印。与百姓的民歌吟唱不同，文人诗的创作更加高度凝练地反映了农耕的集体记忆，本章所选《行行重行行》便是文人五言诗“文温以丽，意悲而远”的经典代表。其次，越来越多的文人走进田园，接触耕作，田园耕作便从文人的被动想象，逐渐走向真实可感的日常审美，田园生活不仅仅是文人躲避世俗喧嚣与险恶朝政的“乌托邦”，更在文人笔下焕发出新的生机与活力，本章所选《归田赋》便是其中的代表作，更开启了中国诗文新的意义空间和创作范式。最后，田园农庄生活还丰富了文人的社会经验，农耕是有规律可循的，但未读过书的农人的经验只是零散碎片化的，而知识分子的参与，则能系统整理农业生产经验，并编辑成书，促进农书类型的多样与农学思想的成熟，本章所选《四民月令》就是读书人以自己的方式对农耕的反哺回报。

大风歌[1]

提示

本诗为汉高祖刘邦所作，刘邦（公元前256—公元前195），字季，沛县丰邑（今江苏丰县）人。刘邦是秦末农民起义著名领袖之一，秦灭后，经过历时五年的楚汉战争，于公元前202年击败项羽，统一全中国，建立汉朝。本诗创作于公元前196年，淮南王英布反叛，刘邦带病亲征，英布败逃，刘邦令别将追击，自己先行返回长安，途中经过家乡沛县，特意在沛宫设宴，与故人、父老、子弟共饮，庆祝胜利，并显示皇恩。席间有一百二十人组成的合唱团唱歌助兴，刘邦有感而发，即兴创作此歌，一边击筑歌唱，一边应节起舞。整首诗仅三句，共二十三字，以六、七言为主，句式参差，多用语气词“兮”，带有鲜明的楚歌特点，是一首以抒情为主的骚体短诗。全诗语言质朴，通俗易懂，全无雕琢之痕，三句诗抒豪情，寄壮志，吐幽思，皆是思想感情的自然流露，读之令人动容。

正文

大风起兮云飞扬[2]，
威加海内兮归故乡[3]，
安得猛士兮守四方[4]！

注释

[1] 此歌始见于《史记·高祖本纪》，本无题目，《史记·乐书》中称《三侯之章》，《汉书·礼乐志》作《风起之持》，唐人编的《艺文类聚》才称《大风歌》，后世多用此名。

[2] 兮：语气词，相当于现代的“啊”。

[3] 威：威望。加：施加。海内：四海之内，即天下。威加海内：威震天下。

[4] 安得：表示愿望，怎么样才能得到。猛士：勇士。

品读

《大风歌》的前两句流传很广，第三句却知者甚少。究其原因，或许是人们不忍面对第三句怅惘叹惜、无奈伤怀的悲凉心境，而前两句意气风发、慷慨激昂的壮阔豪情，则是人们愿意看到，也希冀实现的，因而更容易被传扬记诵。其实，这三句诗是一个统一的整体，绝对不能分开来赏析。有论者将这三句诗概括为过去、现在、未来三个时空概念，是非常精辟准确的，阅读此诗，仿佛是在回望刘邦的一生。

首句，以波澜壮阔之笔起兴，形象刻画了秦朝末年群雄纷争、风起云涌的混乱形势，更淋漓尽致地描绘出青年刘邦叱咤风云的气势与声威，诗境辽阔，表意深邃。次句，以气吞山河之势承接，高度概括了汉朝初年扫除群雄、一统天下的不朽霸业，更生动鲜活地烘托出晚年刘邦荣归故里、衣锦还乡的自豪骄傲，用词直率，朴实感人。末句，则一改前两句的风格，由高昂转向低沉。创作此诗时，刘邦的生命已经进入倒数阶段，尽管如此，他依然需要领兵亲征以平定叛乱。虽然此次东征取胜，但围绕汉朝内外的政治危机却无法彻底解除。

司马迁在《史记·高祖本纪》中描述了《大风歌》的创作过程："高祖还归，过沛，留。置酒沛宫，悉召故人父老子弟纵酒。发沛中儿得百二十人，教之歌。酒酣，高祖击筑。自为歌诗曰：'大风起兮云飞扬，威加海内兮归故乡，安得猛士兮守四方！'令儿皆和习之。高祖乃起舞，慷慨伤怀，泣数行下。谓沛父兄曰：'游子悲故乡。吾虽都关中，万岁后吾魂魄犹乐思沛。且朕自沛公以诛暴逆，遂有天下，其以沛为朕汤休邑，复其民，世世无有所与。'"阅读这段记述，能让我们对诗歌末句的理解更深一层，正是纵酒之故，加之面对家乡父老，刘邦才会如此真情流露，击筑而歌，坦露心声。《大风歌》的末句，"安得"二字所发出的疑问，刘邦的提问对象是谁？自己？历史？天地？……但可以肯定的是，在当时的刘邦心中，他是没有答案的，面对即将到来死亡的无力，面对汉朝未来走向的不安，面对不由自己把握的命运，这种时不我待、时不我与的沉重与无奈，力透纸背，即便是千年后的读者看来，也同样唏嘘，不忍卒读。

显然，鉴赏全诗的关键，正在"归故乡"三字上。这三字巧妙地将过去、现在、未来串连在一起，共同构成了刘邦的一生。故乡，是刘邦生命的起点，见证了他的成长，青春峥嵘岁月虽澎湃激越，但如风似云，已成追忆，不可触摸；故乡，是刘邦当下平定叛军、胜利回朝的庆功之地，父老亲朋齐聚欢饮，虽是荣归故里的庆功宴，但昔日童稚少年，如今皆为老者，同处暮年的刘邦，心中怎能不感慨万千；故乡，又将是刘邦生命的终点，落叶归根，魂归故里，所以刘邦才会忘记自己的帝王身份，任由情感自然倾泻，袒露自己内心的担忧与恐惧，如果没有末句，《大风歌》必然失色不少。因此，三句诗不可割裂欣赏，必须将它们视为一个整体，方可解得诗中真意。

《大风歌》之所以传世，贵在情真意切，而让刘邦真情流露的，恰是因为身处"故乡"这片热土。即便是贵为汉高祖的刘邦，回到故乡，面对父老，也不禁起舞而歌，泪洒衣襟。这首即兴而作的《大风歌》，以六、七言为主，三句皆用"兮"字衔接，是典型的楚歌风格。回到故乡的刘邦，兴之所致时，脱口而出的，就是家乡的楚音、楚调，这种与楚地风土人情相生相伴的诗歌形式，从身为楚人的刘邦口中吟唱而出，自是浑然天成，情真意切。反之，如果刘邦选择的是雅颂四言体的诗歌形式，恐怕就无《大风歌》今日之地位了。

《大风歌》让我们感受到，故乡对中华民族的每个人都有着特殊意义，即便高贵如帝王，也一样有着对故土乡亲的眷恋，这正是农耕文明的鲜明特征。纵观历史长河，中国始终以农业立国，一直以农业社会形象示人，《史记》中也说："农，天下之本，务莫大焉。"农业以耕种为本，耕种又必须依赖于土地，自先民开始定居以来，人与土地的关系越来越紧密而牢固，乡土难离也就成为了永不磨灭的民族记忆，镌刻在每个中国人的文化基因里。伴随着春种、夏耘、秋收、冬藏的四季轮转，伴随着耕种、养蚕、纺织、酿酒的劳作循环，一代代中华儿女在故乡的陪伴下成长，在布衣蔬食、柴米油盐的简单日常中，与故乡结下坚不可摧的情感，而这种情感，又在时光的沉淀下，酿成文字的美酒，经由历代诗文的接续，汇聚成历久弥新的芬芳。

读后小思

(1) 全诗三句，你觉得最喜欢哪一句？试说出喜欢的原因。

(2) 刘邦还留有一首《鸿鹄歌》："鸿鹄高飞，一举千里。羽翮已就，横绝四海。横绝四海，当可奈何？虽有矰缴，尚安所施？"请查找相关资料，试与《大风歌》对比赏析。

耕田歌

提示

本诗为汉高祖刘邦的孙子刘章所作，刘章(公元前200年—前177年)，西汉初年宗室，齐悼惠王刘肥次子，吕后称制期间被封为朱虚侯。刘章勇武过人，对吕氏当政非常不满，后来因诛灭吕氏有功，被加封为城阳王，去世后谥号景王。本诗最早收录在《史记·齐悼惠王世家》中，是刘章借农谚歌为名所作的一首政治诗。全诗仅四句，每句四字，共十六个字，语言浅白朴实，节奏明快，情绪激昂。诗歌表面说的是耕田之事，实际做的却是政治文章，以良苗比喻刘氏宗亲，以杂草影射吕氏诸人，不露痕迹地斥责吕氏专权的倒行逆施。此诗充分展现了刘章的政治抱负，寄托了他诛除诸吕、恢复汉室的万丈雄心。

正文

深耕概种[1]，立苗欲疏[2]；

非其种者[3]，锄而去之[4]！

注释

[1] 概(yì)：稠密。深耕概种：耕地要深，播种须密。

[2] 立苗欲疏：等到种子长成禾苗，就要分散栽种。

[3] 非其种者：不是原种的野草。

[4] 锄而去之：用锄头把它们全部铲除。

品读

如果不介绍这首诗的作者与背景，仅单纯阅读诗歌的字面意思，大多数人都会把它当作是一首讲述耕种之道的农谚诗。“深耕概种”讲的是，田地要耕得深，播种要撒得密；“立苗欲疏”讲的是，长出禾苗，种植时要留好间距，强调留苗要稀；“非其种者，锄而去之”讲的是，混杂在禾苗中的野草，要及时锄除。四句诗，平易自然，朗朗上口，高度概括了农业耕作栽培的重点，无疑是劳动人民在长期耕种实践中的经验所得。

那么，这首看似普通的农谚诗为何会如此受人关注，甚至还被司马迁记载在了《史记》中呢？这就要从它的作者刘章说起。刘章是汉高祖刘邦的孙子，齐王刘肥的二儿子，吕后专权后，为了笼络刘章，不仅封他为朱虚侯，还把弟弟吕禄的女儿嫁给他。刘章表面上默不作声，但内心却不肯臣服，总为刘氏宗族大权旁落愤愤不平。一次，吕后命刘章为酒吏，刘章借机请求以军法监酒，吕后同意其请。宴席正酣时，刘章以助兴表演为名，当着吕后的面，吟唱了这首《耕田歌》。

显然，出现在这样背景下的《耕田诗》，绝不是真得要讲什么农业耕种的道理，而是明讲耕田，实谈政治。诗歌以耕田为喻，强调作为汉王朝统治者的刘家，子孙应该遍布四方，理应执掌天下大权，那些非刘氏的掌权者都应该被铲除干净。表面上听起来，《耕田歌》没有一个字不谈耕作，没有一句话不围绕农业，而且吟唱此歌又得到了吕后的许可。因此，在场众人虽然皆知刘章意在斥责吕氏专权，却苦于并无把柄可抓，只得作罢，就连以疑忌残忍著称的吕后也只能“默然”以对。这就是我们常说的，“言在此而意在彼”的文学手法的精妙之处。试想如果刘章在酒宴上不采用这样的隐喻，而是选择以诗句直接陈情，不被吕太后当场正法才怪。

当然，血气方刚的刘章也在席间做出了实际举动，让自己的想法从纸上谈兵落到实处。《耕田歌》唱罢不久，吕氏家族恰好有一人酒醉逃罚离席，作为监酒的刘章，借机行军法，挥剑将其斩杀。这一举动，正与《耕田歌》中“非其种者，锄而去之”遥相呼应，宴席上的吕氏族人个个心惊胆颤、面面相觑。吕后虽然镇怒，但无奈是自己允许刘章按军法监酒的，无法处罚刘章，只好匆匆结束酒宴作罢。这次酒宴过后，吕氏一族都忌惮刘章，大臣们也纷纷依附刘章，刘氏宗族的声威也因此提振。这首看似朴素的《耕田诗》，也因为这段传奇的经历，和刘章一起被司马迁记载在《史记·齐悼惠王世家》中，为后人传诵。

了解这段经历后，我们再来回看《史记》中的描写，还能读出更丰富的信息。

> 高后令朱虚侯刘章为酒吏。章自请曰：‘臣，将种也，请得以军法行酒。’高后曰：‘可。’酒酣，章进饮歌舞。已而曰：‘请为太后言耕田歌。’高后儿子畜之，笑曰：‘顾而父知田耳。若生而为王子，安知田乎？’章曰：‘臣知之。’太后曰：‘试为我言田。’章曰：‘深耕穊种，立苗欲疏；非其种者，锄而去之。’吕后默然。顷之，诸吕有一人醉，亡酒。章追，拔剑斩之而还，报曰：‘有亡酒一人，臣谨行法斩之。’太后左

右皆大惊。业已许其军法，无以罪也。

太史公的精妙之笔，让两千年多后的读者们身临其境。对于刘章提出“言耕田歌”的请求，吕后是很意外的，她的笑与问话，解释了她同意刘章所请的原因。或许是因为执掌朝政，想多了解天下的耕种情况；或许是源于思乡，想看看农田劳作有没有什么变化；或许只是出于好奇，纯粹想看看成长于宫廷的孙辈，会如何歌咏耕田……从吕后给出的“试为我言田”的回复中，也隐约透露着某种期待。然而，刘章随即唱出的《耕田歌》，虽字字围绕耕种，却句句另有所指，话外之音犀利尖锐，吕后虽如芒在背，却只能隐而不发。

身为王侯，刘章久居王城，对农事的了解应该不多，却能说出这样接地气又有实际意义的耕田歌，说明此类歌谣的数量在当时很丰富，而且传播面较广。《耕田歌》的内容虽并不复杂，但说的却是深耕密播、留苗要稀、杂草要及时铲除这些重要的耕种道理。当然，这些耕种知识，并不是西汉才出现的，而是自周代开始延续发展而来的。到了汉代，耕作技术更趋合理和精细，西汉末年出现的《氾胜之书》是我国第一部全面总结北方旱农经验的著名农书。《氾胜之书》开篇便提到了耕作的总原则，即“凡耕之本，在于趣时，和土，务粪泽，早锄早获”，这一论述比起《耕田歌》里的内容，显然更加完善细致。可见，这首《耕田歌》与西汉王朝的政治斗争联系在一起，看似是一个偶然事件，实则却是农业在中国社会占重要地位的必然结果，而这一点也是《耕田歌》在文学之外的另一层重要意义。

“深耕”是一个古老的概念，它以西周时的垄作为开端，到战国时期，随着铁农具的生产运用，正式形成“深耕”的概念，先秦诸子对“深耕”就多有提及。如《孟子·梁惠王上》中的“深耕易褥”；《韩非子·外储说左上》中的“耕者且深，褥者熟耘”；《管子·小匡》中的“深耕、均种、疾耰”；《吕氏春秋·任地》中，更用“其深殖之度，阴土必得”具体明确深耕的深度要求，又以“大草不生，又无螟蜮；今兹美禾，来兹美麦”来强调“深耕”的好处，不仅种出的谷物颗粒饱满，结实更多，还可以减轻草害和虫害……

围绕“深耕”这一耕种的核心思想，相关的除草、培苗、选种、施肥等工作也相继成为农业生产的重要环节。由于“耕”和“褥”在农业生产中具有重要作用，后来人们更将“耕褥”二字合称，专门用于指代农事活动。总之，从先秦一直到明清，“深耕”的耕作观念始终深入人心，而今天我们所熟知的“精耕细作”，正是对“深耕”这一中国古老农作法最主要特征的高度概括。

行行重行行

提示

本诗出自《古诗十九首》，最早出自梁朝昭明太子萧统编著的《文选》。萧统从传世无名氏《古诗》中选录了十九首诗歌，编入《文选·杂诗》之首，因为这十九首诗歌的创作年代与作者信息都无从考证，故以此名冠之。《古诗十九首》作者虽非一人，但整体风格相近，语言平易自然，情感真挚诚恳，意蕴深刻隽永，历来被视作文人五言诗成熟的标志。钟嵘在《诗品》中给予“文温以丽，意悲而远，惊心动魄，可谓几乎一字千金”的赞誉，刘勰的《文心雕龙》也称其“结体散文，直而不野；婉转附物，怊怅切情，实五言之冠冕也”。

《古诗十九首》通常以首句为标题，《行行重行行》是其中的第一首，也是本诗开篇的第一句。本诗共十四句，以思妇的口吻写人生中的离别，首两句忆道别沉重，次六句写路远难会，再六句叹相思孤苦，末两句抒意志之坚。全诗语言浅近，情深意浓，读来亲切可感，又因多用比兴、回环复沓的手法，形成多重往复的意象空间，营造出缠绵不尽的艺术效果。

正文

行行重行行[1]，与君生别离[2]。
相去万余里[3]，各在天一涯。
道路阻且长[4]，会面安可知？
胡马依北风[5]，越鸟巢南枝[6]。
相去日已远[7]，衣带日已缓[8]。
浮云蔽白日[9]，游子不顾反[10]。
思君令人老，岁月忽已晚。
弃捐勿复道[11]，努力加餐饭[12]。

注释

[1] 行(xíng)行：走啊走。重(chóng)：又。此句指不停地走。

[2] 生别离：活着分开或硬生生分开。

[3] 相去：相距。

[4] 阻：艰难险阻。长：指距离很远。

[5] 胡：北方少数民族。胡马：来自北方的骏马。依：依恋。指胡马到了南方，仍然依恋北方。

[6] 越：南方的越族。越鸟：来自南方的鸟。巢：筑巢。指越鸟到了北方，仍然筑巢在向南的枝头。此二句为比兴句，暗指鸟兽都不忘故乡，何况是人。

[7] 日已远：时间过了很久。

[8] 缓：宽松。此句借衣带宽松，暗指人因相思而日渐消瘦。

[9] 浮云：乌云，暗指奸臣。蔽：遮蔽。白日：常用来比喻君王。此句暗指政治时事，可视作游子无法归乡的理由。

[10] 反：通“返”，回家。

[11] 弃捐：抛弃，丢开。复：再。道：说。

[12] 此句指多吃饭，保重身体。

品读

《行行重行行》写的是离别，我们每个人都不可避免地有过离别的经历，离别校园、离别故乡、离别童年、离别青春、离别亲友……我们对离别是这么熟悉，人的一生，似乎就是由一个又一个的离别组成的。因此，在阅读《行行重行行》时，那些看似简单朴素的文字，却有着直击内心的强大力量，令人动容，暗自神伤。

诗歌开篇，第一句也就是标题“行行重行行”的五个字里，就重复了四个，即便惟一不同的“重”字，在语言层面上，也还是表达重复之意。如果开口诵读，还会发现，第一句五个字的读音都是阳平，也就是第二声，在声音层面上，诗人仍在营造重复之感。视觉上，离人的背影渐行渐远；听觉上，离人的脚步声越来越轻……在画面与声音的回环往复中，诗人传达了这样一个信息，分离那天的场景，始终萦绕在他脑海，久久挥之不去，而这一幕也正是他内心痛苦的根源。这种痛苦，在接下来的“与君生别离”的“生”字中，更加刻画得入木三分。是啊，在生命中最好的年华里，他们本该相伴左右，不离彼此，却因为某种不可抗力，不得不分隔两地，无法相聚。“阻且长”三字举重若轻，将人生的诸多无奈一语道破，如同“安可知”后面的那个问号，关于将来的一切，不仅沉重，而且没有答案。

我国自古以农业立国，经过漫长的农耕实践，中国人对自然有着莫名的向往与亲切。人们喜欢与自然交流，习惯从自然中汲取力量，自然界的草木万物，都能成为倾诉对象，在诗人的笔下，自然也成为了重要的精神支柱。所以，当诗歌的情绪降到最低点，我们就看到了与自然有关的描写。“胡马依北风，越鸟巢南枝”一句，表面上是写胡马和越鸟，其实却是诗人以物起兴，借胡马的恋旧、越鸟的思乡，强调远方的游子也与胡马、越鸟一样，尽管身处远方，但仍然依恋着家乡，仍然眷恋着自己。通过这看似无意的一笔，来给承受分离之苦，对未来失去期待的自己打气，更是给有同样痛苦经历的人们以精神安慰，让大家有继续支撑下去的勇气与动力。

这首诗以离别为主题，无疑是沉重悲苦的，如果诗人只一味沉沦于痛苦不可自拔，显然难以获得后世众多赞誉。诗歌的点睛之笔恰在结尾，看似玩笑的一句“努力加餐饭”，却将直面苦难的坚强毅力诠释得淋漓尽致。虽然明知要承受“衣带日已缓”的煎熬，虽然要面对“游子不顾反”的无望等待，但是诗人不仅没有沉沦沮丧，反而独辟蹊径，选择了最简单直接的方式直面苦难，那就是努力吃饭。对于承受相思之苦的人而言，吃饭是痛苦的事情，可诗人却以“努力”二字起头，劝勉自己多吃一点，这种意志力于无声中，惟有如此，才有可能拉长个体的有限生命，以一己微薄之力对抗漫长无垠的时间。中华文明根植于农耕文明，农耕文明影响塑造了民族心理。农耕劳作不仅辛苦，更要经历各种苦难灾祸的考验洗礼，因此，中华民族自古以来便有着坚韧的意志力。这种坚韧并非都是惊天动地的壮举，也可能就蕴藏在一粥一饭的朴素日常中,“努力加餐饭”一句便是对此最好的诠释。数千年后的我们,如果遭遇生活的困难与挫折,希望也能继承我们祖先的坚韧意志,以“努力加餐饭”的精神砥砺前行。

归田赋

·提示·

《归田赋》是东汉著名科学家、文学家张衡的代表作之一,这篇抒情小赋一改以往叙事大赋铺排虚夸、繁复堆砌的文风,呈现出清新晓畅、短小灵活的风格,这一转变促成了赋体新风的形成,在赋体文学史上占有重要地位。《归田赋》全文仅二百一十二字,篇幅短小,内涵丰富,生动勾画出一幅和睦静谧、怡然自得的田园生活画卷,呈现出人与自然和谐共生的美好状态。文中在描写田园山林之美时,还运用了丰富生动的典故,将“耕”与“读”巧妙融合,在刻画田园山林自然美的同时,又赋予其人文美,拓宽了田园山林的意蕴空间,为文学开辟出一片新天地。《归田赋》既是魏晋抒情小赋的先导,又是中国文学史上第一篇描写田园隐居乐趣的作品,打开了文学创作的新视窗,对后世文人产生了重要影响。

·正文·

游都邑以永久[1],无明略以佐时[2]。徒临川以羡鱼[3],俟河清乎未期[4]。感蔡子之慷慨[5],从唐生以决疑[6]。谅天道之微昧[7],追渔父以同嬉[8]。超埃尘以遐逝[9],与世事乎长辞。

于是仲春令月[10],时和气清;原隰郁茂[11],百草滋荣。王雎鼓翼[12],仓庚哀鸣[13];交颈颉颃[14],关关嘤嘤[15]。于焉逍遥,聊以娱情。

尔乃龙吟方泽,虎啸山丘。仰飞纤缴[16],俯钓长流。触矢而毙,贪饵吞钩。落云间之逸禽[17],悬渊沉之魦鰡[18]。

于时曜灵俄景[19],系以望舒[20]。极般游之至乐[21],虽日夕而忘劬[22]。感老氏之遗诫[23],将回驾乎蓬庐。弹五弦之妙指[24],咏周、孔之图书[25]。挥翰墨以奋藻[26],陈三皇之轨模[27]。苟纵心于物外[28],安知荣辱之所如[29]。

·注释·

[1] 都邑(yì):都城,指洛阳。

[2] 明略:高明的谋略。佐:辅佐。

[3] 典出《淮南子·说林训》“临川流而羡鱼,不如归家织网”一句,此处用典表达自己的政治抱负不得施展。

[4] 典出《左传·襄公八年》“俟河之清,人寿几何”一句,此处用典表达自己对清明政治的绝望之情。俟(sì):等待。河:黄河。传说黄河千年一清,“河清”象征政治清明。

[5] 蔡子:蔡泽,战国时燕人,善辩多智,前期游于诸侯久不得志,后来终于入秦拜相。

[6] 唐生:唐举,战国时梁人,著名相师,擅长相术。蔡泽不得志时,曾找唐举看相。

[7] 谅:确实。微昧:微妙难知。

[8] 渔父:隐士。嬉:游玩。典出《楚辞·渔父》。

[9] 埃尘:世俗社会。遐逝:远去。

[10] 仲春:春季的第二个月份,即农历二月。令:善。令月:好月份。

[11] 原:平坦而广阔的地面。隰:低洼而潮湿的地方。

[12] 王雎:鸟名,雎鸠。鼓:扇动。

[13] 仓庚:鸟名,黄莺。

[14] 颉颃(xié háng):上下飞翔。

[15] 关关、嘤嘤:均为拟声词,鸟鸣的声音。

[16] 缴(zhuó):系在箭尾的丝绳。

[17] 落:射落。逸禽:云间高飞的鸟。

[18] 悬:钓起。渊沉:渊水深处。鲨鰡(shā liú):鱼名,一种伏在水底沙上的鱼。

[19] 曜(yào)灵:太阳。俄:斜。景:通“影”,指日影。

[20] 望舒:传说中为月神驾车的仙人,指代月亮。

[21] 般(pán)游:游乐。

[22] 劬(qú):劳苦。

[23] 老氏:老子。遗诫:留下的告诫,指《老子》十二章中的“驰骋田猎,令人心发狂”。

[24] 五弦:五弦琴。指:通“旨”,意趣。

[25] 周:周公。孔:孔子。指周公、孔子著述的典籍。

[26] 翰:毛笔。奋藻:写文章。

[27] 陈:陈述,述说。轨模:法则。

[28] 苟:如果。

[29] 如:往,到。

品读

《归田赋》约创作于汉顺帝永和三年,即张衡六十岁时,它不仅是东汉抒情小赋的开山之作,也与张衡自己前期的赋体风格有着鲜明的区别。仅在张衡生活的六十二年间,他就经历了章帝、和帝、殇帝、安帝、顺帝五个皇帝的政权更替,加之宦戚专权、朋党相争、天灾饥

荒、外族战乱等政治、经济、军事矛盾的叠加，整个东汉政权危机四伏、动荡不安。如此错综复杂、如履薄冰的政治环境，对于年老体衰的张衡而言，是难有心力应对的，因此，他做出了辞官隐退的选择。可惜事与愿违，张衡的辞官之请不但被驳回，还反被汉顺帝征拜为尚书，不得不继续在朝中任职。令人唏嘘的是，仅仅第二年，张衡就在尚书任上辞世了，推想过去，如果当时能如愿退隐，或许他的生命还能延续得更久一些。这种复杂难言、起伏难平的内心情绪，在《归田赋》一文中表露无遗，阅读此文，仿佛是走进了张衡的内心世界。

文章开篇，张衡便以“游都邑以永久，无明略以佐时”总括了自己的归田原因。“永久”一词，足见张衡心中对长期困守京师任职的倦怠与愤懑，一方面是对朝廷昏庸无能、宦官把持专权的失望，另一方面也是对自己年事已高、无能为力的感叹。“无明略”三字，反讽意味强烈，充满了张衡对自己空有“通《五经》，贯六艺”之才，却难以在现实社会一展抱负的激愤之情。接下来六句，引经据典，借历史人物的遭遇与喟叹，抒发内心深处的孤独苦闷，更将自己对现实朝政的无奈绝望抒发得淋漓尽致。身处外戚宦官专权的东汉朝堂，张衡深知海晏河清的政治理想根本没有实现的可能，这样的朝堂，又有什么可执着留念的呢？于是，张衡做出了“超埃尘以遐逝，与世事乎长辞”的选择。

换个思路，天地自宽。仲春时节，正是田园风景最美的时候，“时和气清”四字既是对仲春之美的由衷赞叹，更与黑暗混浊的官场形成鲜明对比。低头看，广袤的田野一望无际，郁郁葱葱的百草，肆意生长；抬头望，辽阔的天空澄澈如镜，振翅飞翔的鸟儿，自由鸣唱……大自然的和谐美好，终于让作者心中堆积的压抑愤懑一扫而空，得以进入“逍遥”之境，重获内心的自在欢愉。这种畅快的心情，如同龙归大泽，虎回山林，“吟”“啸”两个动词，生动形象地刻画出作者回归田园后的放达激动。这种奔放洒脱，同时也体现在接下来的垂钓与狩猎活动中，无论是引弓，还是甩竿，他的每个动作都潇洒写意，射落的飞鸟，上钩的游鱼，他的每次出手都满载而归……投入大自然的怀抱，作者重获精神自由，犹如天真懵懂的孩童，率性而为，尽情玩乐。夜晚降临，经过一日游玩的作者，却丝毫不觉疲惫，回家后依旧兴致盎然，调弦弄曲，吟咏诗文，挥墨书怀……这些高雅闲逸的活动，符合儒士的理想追求，也体现了田园隐居生活给予作者的巨大精神满足。同时也让读者深切地感受到，在文人的归隐生活中，必然不会缺少读书学习的内容，耕与读的结合，又一次以清晰的文字呈现在我们面前。文章的最后，张衡由感而发，以“苟纵心于物外，安知荣辱之所如”概括了归田之感，此句与开头的归田之因相互呼应，点出文章的主题思想，表达了作者超然物外、追求精神自由的隐逸思想。

读罢《归田赋》，不难发现，张衡进入田园，并非出于自愿，而是“无明略以佐时”的被迫之举。因此，文中对田园生活的描绘，也不是真实的田园生活体验，而是出自作者对田园隐逸生活的美好想象，是对黑暗政治环境的自我安慰。可以说，张衡笔下的田园具有“乌托邦”的属性，既是一个排解宣泄的出口，又是一个勉励坚持的希望。文中第二部分关于“仲春令月”的描写，与《论语·先进篇》中曾点阐述的志向颇为相似，曾点“莫春者，春服既成，冠者五六人，童子六七人，浴乎沂，风乎舞雩，咏而归”的理想，获得了孔子“吾与点同”的由衷认可。《归田赋》一文，正是通过作者归隐之意的抒发，深刻展现了东汉知识分子向往自然、热爱田园的审美情趣，开启了田园隐逸文学的新篇章，开创了抒情短赋的新境界，而"归田"这一主题也由此正式进入文人视野，成为中国古代文学中常作常新的文题。

中国古代社会，文人儒士们很早便发现了田园山水之美，它的美，美在人与自然的和谐相融，美在乐山智水的生命自由，美在天人合一的精神超脱。这种生态审美意识与文学发展创作是相伴而行的，耕读诗文类型的不断丰富，就是它的具体表现之一。耕与读的结合，赋予了田园在物质层面之外，更伟大的精神价值。而这种精神价值，又通过历代文人的接续传承，不断丰富沉淀，在经典诗篇中历久弥新，成为中华传统文化中的宝贵财富。

读后小思

(1) 全诗刻画了三幅归隐生活的图景，请尝试着进行归纳概括。

(2)《归田赋》与《归园田居》有何区别联系，请查找相关资料，试与《归园田居》对比赏析。

四民月令·正月（节选）

提示

《四民月令》由东汉末的崔寔所著，全书约三千字，是我国第一部"农家月令"书，也是汉代与《氾胜之书》齐名的农书。春秋时已有"四民"之说，指的是士农工商，即士人、农民、工匠和商人这四个社会群体。"月令"是一种上古文章体裁，最早见于《礼记》，以政府发施政令的方式，从正月开始，逐月安排每个月的活动，以便对以农业生产为中心的社会生活进行宏观指导。《四民月令》变官方月令为民间月令，赋予"月令"新义，以家庭为单位安排各类活动，也是东汉庄园经济的缩影。由于农业是关系国计民生的大事，所以书中所述内容以农业生产为核心，其他经营活动都围绕农事活动展开，以节令和物候为标准。

《四民月令》于魏晋至唐宋，一直在社会上流传，贾思勰的《齐民要术》就引用了其中不少内容，宋元之际因战乱散失。直至清代，才有学者整理了其他引用过其中文字、语句的书籍，将《四月民令》辑佚出来，我们才得以看到此书全貌。本章所选《正月》是《四民月令》的开篇，阅读此文，仿佛让我们一秒"穿越"回东汉，在东汉百姓鲜活忙碌的农历正月生活图景中，近距离体验感受我国传统耕读文化的魅力。

正文

正月之旦，是谓正日。躬率妻孥[1]，洁祀祖祢[2]。前期三日，家长及执事，皆致斋焉。及祀日，进酒降神。毕，乃家室尊卑，无大无小，以次列坐于先祖之前；子、妇、孙、曾，各上椒酒于其家长，称觞举寿[3]，欣欣如也[4]。

谒贺[5]君、师、故将、宗人、父兄、友、亲、乡党耆老[6]。

是月也，择元日[7]，可以冠子[8]。

百卉萌动，蛰虫启户。乃以上丁[9]，祀祖于门[10]，道阳出滞，祈福祥焉。又以上亥[11]，祠先穑及祖祢[12]，以祈丰年。

……

农事未起，命成童以上谓入大学[13]，学《五经》[14]，师法求备，勿读书传[15]。研冻释[16]，命幼童入小学[17]，学书篇章[18]。命女红趣织布[19]。

自朔暨晦[20]，可移诸树：竹、漆、桐、梓、松、柏、杂木；唯有果实者及望而止[21]。

雨水中[22]，地气上腾，土长冒橛[23]，陈根可拔，急菑强土黑垆之田[24]。

可种春麦，豍豆[25]，尽二月止。可种瓜、瓠[26]、芥、葵、薤[27]、大、小葱、蓼[28]、苏[29]、苜蓿[30]及杂蒜、芋。可种韭。可别薤[31]、芥。粪田畴[32]。

上辛，扫除韭畦中枯叶。

是月，尽二月，可剥树枝。

命典馈酿春酒[33]，必躬亲洁敬，以供夏至初秋之祀。可作诸酱：上旬麨豆[34]，中旬煮之。以碎豆作“末都”[35]，至六、七月之交，分以藏瓜。可以作鱼酱、肉酱、清酱。

……

注释

[1] 妻孥(nǔ)：孩子。

[2] 祢(mí)：父亲。祖祢：泛指祖先。

[3] 称觞举寿(shāng)：举杯饮酒，表示祝寿。

[4] 欣欣：喜乐貌。欣欣如也：其乐融融。

[5] 谒(yè)：拜见。谒贺：敬语，拜上祝贺。

[6] 乡党：古代，五百家为党，一万二千五百家为乡，用以指代同乡同族的人。耆(qí)：六十岁的老人。耆老：指年老而有地位的士绅。

[7] 元日：吉日。

[8] 冠(guàn)：冠礼，古代男子成年仪式。古代男子未成年前束发而不戴帽，至十九岁成年时，才由长辈为其梳发，戴上新帽。

[9] 上：遇上。丁：正月逢天干“丁”这一天。

[10] 祖：道神。传说黄帝之子累祖，喜好远游，不幸死在旅游的道路上，所以奉其为道神，以求道路之福。

[11] 上：遇上。亥：本月逢天干“亥”这一天。

[12] 先穑(sè)：最早从事耕种的先祖。

[13] 成童：十五至二十岁。大学：大通“太”，指太学，古代设在京师的国家最高学校，此处指洛阳的学校。

[14] 五经：《易经》《尚书》《仪礼》《诗经》《春秋》。

[15] 书传：各个学派传述经义的解说。

[16] 研：通砚，砚台。释：融化。研冻释：砚台上的墨不再冻结。

[17] 幼童：九至十四岁。

[18] 学书篇章：《六甲》《九九》《急救》《三苍》等算学、识字读本。

[19] 女红(gōng)：指女工。趣：通“趋”，催促。

[20] 朔：农历每月初一。暨(jì)：到。晦：农历每月最后一天。

[21] 望：农历每月十五。唯有果实者及望而止：只有果树到正月十五就不能再移植了，否则果实就会减少。

[22] 雨水：二十四节气之一。雨水中：古时把二十四节气分为“节”和“中”，月初的节气称“节”，月中的节气称“中”。

[23] 橛(jué)：小木桩。

[24] 菑(zī)：耕。黑垆：黑垆土是一种石灰性粘土，很坚硬，称为强土，类似现在土壤学说中的重土。

[25] 豍(bī)豆：豌豆。

[26] 瓠(hù)：葫芦。

[27] 薤(xiè)：藠(jiào)头，地下有鳞茎，鳞茎和嫩叶可食。

[28] 蓼(liào)：香蓼，一种香料。

[29] 苏：紫苏，一种香料。

[30] 苜蓿(mù xu)：叶子长圆形，花紫色，结荚果，可以喂牲口，做肥料，嫩苗可食。

[31] 别：拔出分栽。

[32] 田畴(chóu)：田地。粪：名词作动词，施肥。

[33] 典馈：主管酿造与饮食的负责人。

[34] 麨(chǎo)：通“炒”。

[35] 末都：一种酱的名称，用筛选下来的碎豆制作而成。

品读

《四民月令·正月》里留下的生动文字，让我们当代人也能了解东汉百姓们的农历正月生活。有趣的是，虽然相隔了一千多年的漫长时光，但东汉先民们的生活，非但不陌生，反而亲切可感，因为其中的不少生活习俗，未受时间阻隔，依然延续至今。作为世界上唯一一个没有中断和消失的古老文明，中华文明传承数千年而绵延不绝的秘诀，或许在翻阅这些书页的过程中，就能找到答案。

文章开篇，就写到了农历正月最重要的事——阖家团聚，祭拜先祖。这个祭祀活动是隆重盛大的，更是讲究礼制规矩的，不仅要提前三天斋戒，以示对神明的尊敬，还要备好旧年十月酿制的冬酒，感谢上天的恩泽庇佑，同时祝祷新年的平安顺遂。祭祀仪式结束后，丰盛的家宴便开始了，全家老小，依长幼尊卑之序，在先祖牌位前聚集，小辈们轮流向长辈敬酒致贺，"称觞举寿，欣欣如也"八字烘托出温馨和睦，其乐融融的家庭氛围。家宴结束后，人们便会外出串门，拜谒长官、师长、宗亲、世交等亲朋好友，恭贺新年，送上问候祝福。这些场景，虽然发生在东汉，但对于今天的我们而言，也并不陌生。东汉时期延续至今的这种充满仪式感的正月年俗活动，既是对祖先的尊敬，更是无形的情感纽带，把各个家庭成员紧密联系在一起。一千多年以来，中国人的正月伊始，都是在祭祀先祖、阖家欢聚、走亲访友的习俗中度过的，这种传承，看似寻常普通，实则传奇伟大。

在先民眼中，正月除了团聚欢庆，还有更重要的事情，那就是对新一年的规划安排。农耕社会，农业生产是重心，所有事情都与之紧密相联，读书也不例外。正月多是农闲时期，农事活动相对较少，在这个时间入学接受教育，既不影响农业生产，又能够安心学习。因此，正月成了入学的重要日子，十五至二十岁的青年入大学，接受儒家《五经》的教育；七至十四岁的少年进小学，通过《六甲》《九九》《急救》《三苍》等读本，学习计算、识字等基础知识。耕种得闲时，读书便成为头等大事，教学读本的统一，反映出东汉时期童蒙教育、乡学教育的进步，也让我们感受到耕与读的联系愈加紧密。

耕种是农业社会的头等大事，虽然正月是农闲时节，但是先民们并未因此偷懒松懈。作为一年的开始，正月是安排全年农事活动的重要时刻，需要为即将到来的春耕做好充分的准备。"雨水中，地气上腾，土长冒橛，陈根可拔"一句，准确描述了雨水节气前后的气候特点，因雨水滋润土壤变得松软，此时最适合进行耕翻工作，去除旧年残留的杂草和根系，使土壤更加松散、透气，为农作物提供良好的生长环境。此外，"急菑强土黑垆之田""粪田畴"等句，还强调了春耕开始前，要及时进行土地的耕作、施肥工作，以提升农作物的产量与质量。先民们对自然规律有着深刻的洞察力，顺应时节和气候的变化，遵循自然规律安排农耕生产，能有效节约人力与时间成本，提高土地利用率，为新年获得好收成打下良好基础。这一做法，是中华民族的先民们通过长期耕种所积累总结的农耕智慧，反映了先民与自然和谐共生的生活状态，体现了古代农耕文化中遵循的"天人合一"观念。

除了种植粮食作物，文中还提到了豆类、瓜类、蔬菜的种植活动。可在正月种植的农作物品种是非常丰富的，包括豌豆、瓜、葫芦、芥菜、葵菜、大葱、小葱、蓼、紫苏、苜蓿等等。这些农作物不仅类型多样，也各具特色和用途，既有用于食用的，也有用于调味的，还有的用作饲料，有的则具有药用价值。可见，东汉时期百姓们的食物来源是很丰富的，田庄经济也呈现出多元化特点。同时，文中还记载了一些有趣的正月生活细节，如清扫韭畦中的枯叶，酿造春酒用于祭祀，制作酱料用于六七月腌瓜使用……这些看似微不足道的小事，让我们对东汉百姓的生活有了更加直观的了解，也感受到先民们对辛苦得到食物的敬畏与珍惜，以及他们对社会生活整体规划与提前安排的生活态度。

阅读《四民月令・正月》里的文字，仿佛打开了一幅细致描绘东汉社会生活的多彩画卷，让我们身临其境地接触先民们的真实生活。由此可知，在东汉百姓的生活中，耕与读都有着重要的位置，先民们依照季节时令特点，安排耕读活动，平衡两者关系，充分体现了传统农耕智慧的深厚伟大。

第三章　魏晋南北朝耕读诗文品读

魏晋南北朝时期，门阀制度达到鼎盛期，社会阶层间存在着明晰的界限，耕与读被割裂，寒门子弟的上升之路几乎被彻底堵死，农人更是没有改变阶层的可能。虽然人们也意识到耕读之间的重要联系，但耕与读真正主动地融合，还要等到几百年后的宋代。

此时的耕读诗文，更多是在中国社会强大的农耕背景之下，读书人自然而然地关注乡野而产生的。以陶渊明为代表的文人，向往自由，厌恶官场，回归田园，写下不少吟咏乡间生活的诗文。以贾思勰、郦道元为代表的官员们，则以科学的方式记录下农业实践的宝贵经验。此外，在一些家训中，也表达出耕读并举、亦耕亦读的思想，为后期耕读文化的成熟做了先期准备。

归园田居·其三

提示

陶渊明(365—427)字元亮，晚年更名为潜，字渊明，别号五柳先生，世称靖节先生，浔阳柴桑(今江西九江市)人。其祖父、父亲曾做过太守，后家世中落。年轻时曾经几次出仕，曾任江州祭酒、建威参军、镇军参军等职，最后一次出仕为彭泽县令，任职八十多天后便弃职归隐田园，此后一直过着躬耕自给的生活。

陶渊明是我国古代第一位田园诗人，被称为“古今隐逸诗人之宗”。归隐之后，他亲自参加田间劳动，对农耕生活有切身的感受，作品除了描写农村生活的宁静优美、田园生活的悠闲自在，因为对政治始终无法忘怀，还写有一些被鲁迅称为“金刚怒目”式的诗作。《归园田居》共五首，此为第三首，作于诗人辞去彭泽令归隐田园的次年。

正文

种豆南山下[1]，草盛豆苗稀。

晨兴理荒秽[2]，带月荷锄归[3]。
道狭草木长[4]，夕露沾我衣[5]。
衣沾不足惜[6]，但使愿无违[7]。

注释

[1] 南山：指庐山。

[2] 兴：起床。秽：肮脏。这里指田中杂草。

[3] 荷，扛着。荷锄：扛着锄头。

[4] 狭：狭窄。草木长(cháng)：草木生长得茂盛。

[5] 夕露：傍晚的露水。沾：(露水)打湿。

[6] 足：值得。

[7] 但：只。违：违背。但使愿无违：只要不违背自己的意愿就行了。

品读

陶渊明现存的作品，有诗一百二十多首，其中绝大多数是五言诗。他的诗作“情、景、事、理”相融和，从普通之事中悟出人生之理，风格平淡而有意境，语言自然淳厚，苏轼称他的诗“似癯实腴”，表面看来清淡，实际却是丰厚富有内涵。他开创了田园诗一体，为我国古代诗歌开辟了一个新的境界。

《归园田居·其三》描写了诗人躬耕田野的情景，在山下种豆，只是草长得比豆苗还茂盛，毕竟陶渊明士人出身，缺少耕作的经验，种不好田似乎也在情理之中。同时，不执着于丰产，享受自由随意、无拘无束的种田方式，也是作者的随性自适人生态度的真实写照。

“晨兴理荒秽，带月荷锄归”，一早出门清理杂草，到月亮升上天空才扛着锄头回家，有从早忙到晚的艰辛，也有月下独行的美好与悠闲。诗人的视角非常有趣，既有文人旁观者的审视，又有农人参与者的体会。单纯的农人在一天劳作后，疲惫归家，途中未必有“带月荷锄”的闲情，而单纯的文人则过多注视恬淡优美，忽视农人的辛劳。陶渊明的出现，巧妙地将两者合二为一。

诗人的情怀在“带月荷锄”后延伸，狭小的道路，两旁长着繁茂的草木，傍晚的露水打湿了衣裳：“道狭草木长，夕露沾我衣”。明亮的月光之下，诗人与大自然融为一体，在这样的时刻，他会想到什么？是感受到生命的脉动？还是个体的渺小？是享受田园的美好？还是对官场还有些许留恋？……我们不得而知。与路旁草木一般繁杂的心境，如果全数写出，怕是几页纸也容不下吧，千言万语只汇成浅浅的一句：只要不违背自己的意愿就好。“但使愿无违”，追求自由，遵从内心，简单几字表达了诗人对自在生活的向往。

当然，如果把“但使愿无违”仅仅看成热爱自由、热爱归隐，那就将陶渊明的人生与思想简单化了。归隐田园是陶渊明对黑暗的社会现实的一种反抗，是他在出世与入世间痛苦权衡的结果。陶渊明对政治始终没有忘怀，他出生世家，从小受的教育也以建功立业为主要目标，但现实太过黑暗，为保高洁之身，只能无奈归隐。因此，“但使愿无违”之前，诗人内心已矛盾挣扎了许久，末了还是只叹了一句：“天凉好个秋。”

《归园田居·其三》无论是对恬静田园还是对艰苦劳作的描写，都只有切身经历过农业生产、确实在乡村生活过的人才能写得如此生动和贴切。在等级森严、耕与读很难交融的魏晋南北朝，陶渊明是一个非常特别又可贵的存在。作为读书之人，他不仅不歧视耕作，还参与“耕”、书写“耕”，是这一时期耕读文人的重要代表。

读后小思

(1) 你如何理解陶渊明诗“似癯实腴”?

(2) 诗中“但使愿无违”中的“愿”是什么？谈谈你的理解。

桃花源记并诗

·提示·

《桃花源记》以虚构的方式描述了一个作者心中理想的社会，在这里没有压迫、没有剥削、人人参加劳动、众人平等自由。这种理想在现实生活中当然无法实现，陶渊明主要通过对桃花源的向往，表达对现实社会的不满与否定，一定程度上反映普通民众对美好生活的追求。郭沫若称《桃花源记》是“中国古典小说中最能代表乌托邦精神的作品”。

·正文·

晋太元中[1]，武陵人捕鱼为业[2]。缘溪行[3]，忘路之远近。忽逢桃花林[4]，夹岸数百步[5]，中无杂树，芳草鲜美[6]，落英缤纷[7]。渔人甚异之[8]，复前行[9]，欲穷其林[10]。

林尽水源[11]，便得一山[12]，山有小口，仿佛若有光[13]。便舍船从口入[14]。初极狭，才通人[15]。复行数十步[16]，豁然开朗。土地平旷[17]，屋舍俨然[18]，有良田、美池、桑竹之属。阡陌交通[19]，鸡犬相闻[20]。其中往来种作[21]，男女衣着，悉如外人[22]。黄发垂髫[23]，并怡然自乐[24]。

见渔人，乃大惊[25]，问所从来。具答之。便要还家[26]，设酒杀鸡作食。村中闻有此人，咸来问讯[27]。自云先世避秦时乱[28]，率妻子邑人来此绝境[29]，不复出焉[30]，遂与外人间隔[31]。问今是何世[32]，乃不知有汉[33]，无论魏晋[34]。此人一一为具言所闻[35]，皆叹惋[36]。余人各复延至其家[37]，皆出酒食。停数日[38]，辞去[39]。此中人语云[40]："不足为外人道也[41]。"

既出[42]，得其船，便扶向路[43]，处处志之[44]。及郡下[45]，诣太守说如此[46]。太守即遣人随其往[47]，寻向所志[48]，遂迷[49]，不复得路[50]。

南阳刘子骥，高尚士也[51]，闻之，欣然规往[52]。未果[53]，寻病终[54]。后遂无问津者[55]。

嬴氏乱天纪[56]，贤者避其世。黄绮之商山[57]，伊人亦云逝[58]。往迹浸复湮[59]，来径遂芜废。相命肆农耕[60]，日入从所憩。桑竹垂馀荫，菽稷随时艺[61]。春蚕收长丝，秋熟靡王税[62]。荒路暧交通[63]，鸡犬互鸣吠。俎豆犹古法[64]，衣裳无新制[65]。童孺纵行歌，班白欢游诣[66]。草荣识节和[67]，木衰知风厉[68]。虽无纪历志[69]，四时自成岁。怡然有馀乐，于何劳智慧[70]。奇踪隐五百[71]，一朝敞神界[72]。淳薄既异源[73]，旋复还幽蔽[74]。借问游方士，焉测尘嚣外[75]。愿言蹑清风[76]，高举寻吾契[77]。

注释

[1] 太元：晋孝武帝（司马曜）年号（376—396）

[2] 武陵：郡名，今在湖南常德市一带。为业：把……作为职业，以……为生。为：作为。

[3] 缘：沿着，顺着。

[4] 忽逢：忽然遇到。逢：遇到，碰见。

[5] 夹岸：溪流两岸。

[6] 芳草鲜美：花草鲜嫩美丽。芳：花；鲜美：鲜艳美丽。

[7] 落英：落花。缤纷：繁多的样子。

[8] 异之：以之为异，对见到的景象感到诧异。异，意动用法，形作动，以……为异，对……感到惊异，认为……是奇异的。之，代词，指见到的景象。

[9] 复：继续。前：名词活用为状语，向前。

[10] 穷：形容词用作动词，穷尽，走到……的尽头。

[11] 林尽水源：林尽于水源，桃花林的尽头，就是溪流的源头。尽：消失。

[12] 便：于是，就。得：发现。

[13] 仿佛：隐隐约约，形容看得不真切的样子。若：好像……似的。

[14] 舍：舍弃，丢弃，这里指离开。

[15] 才通人：仅容一人通过。才：副词，仅。

[16] 复：又，再。行：行走。

[17] 旷:开阔;宽阔。

[18] 俨(yǎn)然:整齐分明的样子。

[19] 阡陌交通:田间小路交错相通。阡陌,田间小路,南北走向的叫阡,东西走向的叫陌。交通,交错相通。

[20] 鸡犬相闻:(村落间)可以互相听到鸡鸣狗叫的声音。相闻:可以互相听到。

[21] 种作:世代耕种劳作的人。

[22] 悉:全,都。

[23] 黄发垂髫(tiáo):老人和小孩。黄发,古时认为老人头发由白转黄是长寿的象征,这指老人。垂髫,古时小孩不扎结头发,头发下垂,这里指小孩子。

[24] 并:都。怡然:愉快、高兴的样子。

[25] 乃大惊:于是很惊讶。乃:于是,就。大:很,非常。

[26] 要(yāo):通"邀",邀请。

[27] 咸:都,全。问讯:打听消息。

[28] 云:说。先世:祖先。

[29] 率:率领。妻子:古今异义,古义是指妻子、儿女。邑人:同县的人。绝境:与人世隔绝的地方。

[30] 复:再,又。焉:兼词,相当于"于之""于此",从这里。

[31] 遂:于是。间隔:隔断,隔绝。

[32] 今:现在。

[33] 乃:竟然。

[34] 无论:不要说,(更)不必说。

[35] 为:对,向。具言:详细地说。所闻:渔人所知道的世事。闻:知道,听说。

[36] 叹惋:感叹,惋惜。

[37] 余:其余,剩余。延至:邀请到。延,邀请。至:到。

[38] 停:停留。

[39] 辞:辞别。去:离开。

[40] 语:告诉。

[41] 不足:不值得。为:介词,向,对。

[42] 既:已经。

[43] 便扶向路:就顺着旧的路(回去)。扶:沿着,顺着。向:从前的,旧的。

[44] 处处志之:处处都做了标记。志:动词,做标记。

[45] 及:到达。郡下:太守所在地,指武陵郡。

[46] 诣(yì)太守:指拜见太守。诣,到。特指到尊长那里去。如此:像这样,指在桃花源的见闻。

[47] 即:立即。遣:派遣。

[48] 寻向所志：寻找先前所做的标记。寻，寻找。向，先前。志(名词)，标记。(所＋动词译为名词)

[49] 遂迷：竟然迷路。

[50] 复：再。得：取得，获得，文中是“找到”的意思。

[51] 高尚：品德高尚。士：隐士。

[52] 欣然：高兴的样子。规：计划，打算。

[53] 未：没有。果：实现。未果：没有实现。

[54] 寻：不久。终：死亡。

[55] 问津：问路，这里是“探访，访求”的意思。津：本义渡口。

[56] 嬴氏：指秦始皇。天纪：日月星辰历数，这里指封建社会中正常的政治秩序。这句是说，秦政暴虐，扰乱了正常秩序。

[57] 这句指的是“商山四皓”。秦始皇时，有东园公、绮里季、夏黄公、用里先生四人避乱隐于南山，称为“商山四皓”

[58] 伊人：桃花源中人。逝：去，逃隐。

[59] 往迹：桃花源中人初离乱世往桃源的踪迹。浸复湮：逐渐湮没。

[60] 相命：相互招呼。肆：致力。

[61] 菽(shū)：豆类总称。稷：谷类总称。艺：种植。

[62] 靡：无。

[63] 暧：不明的样子。《楚辞·离骚》：“时暧暧其将罢兮，结幽兰而延伫。”

[64] 俎(zǔ)豆：两个分别为祭祀所用的器皿，这里指祭祀的仪式。

[65] 新制：新制的式样。

[66] 班白：通“斑白”，代指老人。诣：往；游诣：游玩。

[67] 节和：节气暖和，指春天。

[68] 历：紧急。风历，指秋天。

[69] 纪历志：岁时的记载。

[70] 此句意为：哪里用得到什么智慧。

[71] 此句意为：奇异的踪迹隐蔽了五百年之久。

[72] 敞：敞开。神界：神奇的地界，指桃花源。

[73] 淳：淳朴。薄：薄凉。此句意为：桃花源中的淳朴风气与世俗的凉薄截然不同。

[74] 旋：立即。

[75] 焉测，怎能测度。尘嚣外，指桃花源。

[76] 蹑：踏着。蹑清风，乘着清风。

[77] 契：契合。寻吾契，找寻和我志向相合的人和环境。

品读

作为陶渊明的代表作之一,《桃花源记》在《桃花源诗》之前,可以看作是诗的一个序文,也可以看作一篇独立的文章。从体裁来看,《桃花源记》可以说是散文,也可以说是记叙文,同时它还像一篇志怪小说。

文章记录了一个武陵渔人,误入桃花源,小住后离开,归家后想返回再次寻找,却再也寻不得。误入桃花源前,渔人看到的景色美得不真实:上有满树繁花、下有溪水和草地,落下的花瓣洒在草地上、飘在小溪间,宛如人间仙境。渔人继续前行,开始狭小,后豁然开朗,这种欲扬先抑的景致,类似古典园林造园手法中的"抑景",先藏后漏,先抑制人的视线,转变空间后,给人眼前一亮、别有洞天的感觉。

渔人在桃花源小住是全文最重要的部分,他所见的村景宁静美好:平坦的土地、整齐的房屋、美好的池塘与桑竹林、交错相通的田间小路……更为难得的是老人和小孩都"怡然自乐"。村民们古朴淳厚,热情招待了渔人。渔人离开后,听到这个消息的好几个人都想再拜访桃花源,但终究没有成功,仿佛是在暗示读者:桃花源在现实中是不存在的。

全文有两个关键要素:一是发现桃花源的人,二是桃花源的所在地。

发现桃花源的人是一个渔夫,中国文化中的打鱼之人并不只是简单的渔夫,他们是早期耕读思想的践行者。在水边劝导屈原的渔夫更大的可能是隐士,庄子笔下的渔父则被孔子称为"圣人"。"渔夫+读书人"的耕读形象则在东汉严光身上被具象化,与严光一样,陶渊明也是拒官归隐,故而《桃花源记》中的渔夫,多少也有边渔边读的作者的影子。一个完美的农耕社会,独让从事农耕劳作的渔夫(隐士)发现,这样的安排显然别有意味。

桃花源的所在地不是皇宫,也不是市井,而是村落。陶渊明要描写的是一个梦想之地,这里没有阶级、没有剥削,人人自食其力,人与人间相互信任,弱势的老人和孩子都得到很好的照顾,和当时的黑暗社会形成鲜明的对比。这样一片乐土,并没有放在富丽堂皇的宫殿,也没有放在车水马龙的城市,而是放在人迹罕至的乡村,可见陶渊明对悠然自得的乡村生活的喜爱,经历官场的起伏后,安宁和乐的田园成为他心灵的寄托。自此文问世后,桃花源便成为中国人心中的仙境,具有永恒的魅力,本文也成为耕读诗文最经典的代表作品。

读后小思

(1) 陶渊明笔下的桃花源是怎样的一个社会?

(2) 文末太守所遣之人和刘子骥都没有找到桃花源,为什么?

采桑度·蚕生春三月

提示

《采桑度》也称为《采桑》，属南北朝民歌中的“清商曲辞”，收录在北宋文学家郭茂倩编撰的《乐府诗集》中，全诗由七首小诗组成，描绘了一幅清新明快的蚕乡风光，富有浓郁的生活气息。南北朝民歌是继《诗经·国风》和汉乐府民歌之后的百姓口头创作的诗歌，篇制相对短小，南朝民歌清丽缠绵，北朝民歌则粗犷豪放。南朝民歌中的“清商曲辞”是我国古代主要的通俗乐曲，由汉乐府中的相和歌结合南方地区民歌发展而成，有“吴歌”和“西曲”及一些杂类。

正文

一

蚕生春三月[1]，春桑正含绿[2]。女儿采春桑[3]，歌吹当春曲[4]。

二

冶游采桑女[5]，尽有芳春色[6]。姿容应春媚[7]，粉黛不加饰。

三

系条采春桑[8]，采叶何纷纷[9]。采桑不装钩[10]，牵坏紫罗裙[11]。

四

语欢稍养蚕[12]，一头养百堰[13]。奈当黑瘦尽[14]，桑叶常不周[15]。

五

春月采桑时[16]，林下与欢俱[17]。养蚕不满百[18]，那得罗绣襦[19]。

六

采桑盛阳月[20]，绿叶何翩翩。攀条上树表[21]，牵坏紫罗裙[22]。

七

伪蚕化作茧[23]，烂熳不成丝[24]。徒劳无所获，养蚕持底为[25]。

注释

[1] 春三月：阳春三月。

[2] 春桑：春天的桑叶。

[3] 女儿：小女子。

[4] 歌吹：歌唱吹奏。当春：正当春天。歌吹当春曲：歌唱吹奏正当春天的曲调。

[5] 冶游：男女外出游乐。

[6] 尽有：全部都有。芳春色：芬芳春天的颜色，此外指正值妙龄。

[7] 应春媚：顺应春天的妩媚。

[8] 系条：系结枝条。

[9] 何：何其。纷纷：纷乱众多的样子。

[10] 钩：采桑网篮上装着的提柄。

[11] 牵坏：牵扯坏。紫罗裙：紫色的轻软丝织品制作的裙子。

[12] 语欢：对心爱之人说话。欢：心上人。稍：稍许。

[13] 一头：一个蚕头。百嘔：一百块农田。嘔(qiū)：量词，用于被分隔开的一块块的农田。

[14] 奈当：无奈。黑瘦尽：黑瘦的都死尽。

[15] 不周：不齐全。

[16] 春月：春季二三月。

[17] 俱：在一起。

[18] 不满百：不满一百个蚕头。

[19] 那得：哪得。罗绣襦(rú)：罗襦和绣襦。襦，短衣，短袄。罗绣，有文绣的丝罗。

[20] 盛阳月：旺盛阳气的月份。

[21] 攀条：攀援枝条。树表：树的表面。

[22] 牵坏：扯坏。

[23] 伪蚕：野蚕，也指野蚕与家蚕的杂交蚕种。

[24] 烂熳：杂乱繁多的样子。不成丝：缫不成丝。

[25] 底为：何为？为何？

品读

这组小诗写了江南女子采桑的欢乐劳动场面，其中有对男女情爱的抒写，也有对生活艰苦的感叹。

第一首诗描绘了阳春三月，桑树正长得茂盛，少女们采着桑叶，唱着愉快的春天曲调。第二首写的是采桑女的容貌，正值妙龄的女子们，不需要过多的修饰，自然带着如春天一般美好的容颜。第三首及第六首均是书写繁忙的劳作，“采叶何纷纷”“绿叶何翩翩”，“纷纷”落下的是采桑女伸手从树上摘下的桑叶，“翩翩”飘落的则是从树上打下的桑叶，为了采桑，篮子上的提柄也不装了，甚至穿着长裙爬上枝头，哪怕扯坏紫罗裙也丝毫不在意。劳动本有辛苦的一面，但对采桑女而言，又充满着趣味，这些女子们天真烂漫、无拘无束，给春天增加了更多的生机。四、五、七首既有养蚕不易的感叹，又有爱情波折的暗示，“语欢稍养蚕""林下与欢俱"中的"欢"即是女子的心爱之人,在南朝乐府民歌里,"侬"是女子自称,"欢"是女子对情郎的称呼。桑叶的生长时好时坏,养出的蚕也可能"黑瘦",有时还会有缫不出丝的野蚕,就像男女间的爱情,总是充满了各种变数。古代的"桑林"常常和男女的情爱相联系,《诗经》美女邀约男子约会的地点便在桑林:"美孟姜矣!期我乎桑中。"(《鄘风·桑中》)在生机勃发的春天,青翠的桑林衬托着少女妩媚的容颜,怎能不滋生爱意呢?

中国是世界上最早开始养蚕、缫丝和织绸的国家,养蚕技术的起源可以追溯到公元前二十一世纪的夏朝,采桑养蚕是农耕文化的重要组成部分。《采桑度》以欢快的笔调写了采桑女在桑林劳作时的嬉戏欢闹,同时借养蚕双关爱情,将劳动与恋情相结合,别具特色。

读后小思

(1) 诗中两次提及"牵坏紫罗裙",表现了采桑女怎样的性格特点?

(2) 古代的"桑林"常常和男女的情爱相联系,你还能找出其他诗作证明这一点吗?

敕勒歌

提示

郭茂倩在编撰《乐府诗集》时,把乐府诗分为十二大类:郊庙歌辞、燕射歌辞、鼓吹曲辞、横吹曲辞、相和歌辞、清商曲辞、舞曲歌辞、琴曲歌辞、杂曲歌辞、近代曲辞、杂歌谣辞和新乐府辞。《敕勒歌》收录于《乐府诗集》中的第八十六卷"杂歌谣辞",是北齐斛律金所唱的敕勒民歌。

史书中最早提到《敕勒歌》的是唐初李延寿编撰的《北史·本纪·卷六》:"神武以无功,表解都督中外诸军事。魏帝优诏许焉。是时,西魏言神武中弩。神武闻之,乃勉坐见诸贵。使斛律金敕勒歌,神武自和之,哀感流涕。"梁武帝中大同元年(丙寅,546年),东西魏发生了一场大战,东魏丞相高欢(神武)率兵十万从晋阳南向进攻西魏的军事重镇玉壁(今山西稷山县西南),受到西魏名将韦孝宽坚决抵抗,高欢折兵七万,返回晋阳途中,西魏谣传他中箭将亡。为了提振军心,高欢带病亲自设宴面见大臣,席间命斛律金唱《敕勒歌》,他也跟着一起唱和,并"哀感流涕",听了《敕勒歌》后,将士怀旧,军心大振。

斛律金是已知《敕勒歌》最早的演唱者,作者不详,一般认为是民间集体创作的结晶,产生于五世纪中后期。敕勒最初名为狄历,是匈奴族的后裔。这首诗歌唱草原的辽阔和牛羊的繁盛,写出了西北大草原的特殊景色。

正文

敕勒川[1]，阴山下[2]。天似穹庐[3]。笼盖四野[4]。天苍苍[5]，野茫茫[6]，风吹草低见牛羊[7]。

注释

[1] 川：平原。敕勒川，得名于敕勒部族曾在此居住，在今山西、内蒙古一带。

[2] 阴山：山脉名，起于河套西北，绵亘于今内蒙古自治区南部一带，和内兴安岭相接。

[3] 穹(qióng)庐：用毡布搭成的帐篷，游牧民族所居的圆顶帐幕，即蒙古包。

[4] 四野：草原的四面八方。

[5] 苍苍：青色。

[6] 茫茫：辽阔无边的样子。

[7] 见(xiàn)：通“现”，呈现，显露。

品读

《敕勒歌》是北方敕勒族人唱的民歌，它最早由鲜卑语写成，后译为汉语，描写的是北方草原的景色。诗歌一开篇便与精致的江南小调不同，展现出极为雄伟壮阔的气势：一马平川的平原、绵延横亘的山脉，全然不似“风柔雨细、青山隐隐”的江南。同时，敕勒川、阴山下，还点明了敕勒川的地理位置。接着敕勒族人用自己熟悉的圆顶帐篷比喻将整个大草原笼罩起来的天空。无边无际、一片茫茫的草原，衬着青苍蔚蓝的天空，空旷绝美。末句是全诗点睛之笔，如果只是天空、草原，未免显得有些寂寥，而“风吹草低见牛羊”，“吹”“低”“见”三个动词的发出者“风”，让牛羊显现出来。牛羊的加入，画面瞬时灵动起来，牛羊的背后是人，是牧民。草低牛羊才显现，侧面说明草之丰茂，形象生动地写出了水草丰盛、牛羊肥壮的迷人景象。

全诗首先是色彩上的美，苍蓝的天空、绿色的草原、时隐时现的各色牛羊，形成一幅古代牧民生活的壮丽图景。其次是比喻和叠音等修辞手法的运用，让景色更形象，读起来更具音乐感。最后，动态描写与静态描写相结合的艺术手法，两者互相衬托，共同打造了生机勃勃的草原全景图。

敕勒川北依阴山、南临黄河，既适宜发展农业，又可以发展畜牧业，这种特别的自然环境，使之成为游牧文化和农耕文化的交汇处。游牧经济与农耕经济相结合，草原游牧文化和中原农耕文化长期交融形成独特的敕勒川文化。中国古代在农耕社会的大背景下，书写游牧生活的诗文在数量上远远不及耕田生活的。畜牧业是农业的一种，放牧同样属于广义上“耕”的范畴，《敕勒歌》表现与耕田不同的游牧生活，丰富了我国耕读诗文的宝库，生动体现了中华民族多元一体的格局。

读后小思

(1) 试着分析“风”在全诗中的作用。

(2) 你还能想出哪些描写草原风光的古诗?

(3) 试比较《采桑度》和《敕勒歌》,感受一下南朝民歌与北朝民歌不同的风格。

齐民要术(节选)

提示

《齐民要术》是北魏贾思勰所著的一本综合性农学著作,是中国现存最早的一部完整农书,被誉为“中国古代农业百科全书”。全书十卷九十二篇,系统地总结了公元六世纪黄河中下游地区劳动人民农牧业的生产经验。

“齐民”指一般老百姓,“要术”为从事生产生活所必须掌握的技术。贾思勰在《齐民要术》中强调“要在安民,富而教之”,要让民众生活安定,使他们富足并且得到教养。贾思勰总结记录普通人基本的生产生活经验,目的为使农民生活富足,国家也能增加财政和赋税的收入。

《齐民要术》一书几乎全方位探讨了农业生产生活的经验,涉及范围之广、讨论之丰富,令人惊叹。一至五卷主要谈种植,包括粮食、油料、纤维、染料作物、蔬菜、果树、桑树等植物的栽培技术,第六卷介绍禽畜和鱼类养殖,七至九卷是农副产品的加工、储藏,包括酿造、腌制、果品加工、烹饪、饼饵、饮浆、制糖,乃至煮胶和制笔墨等知识。书中不少农业经验和观点对于指导今天的农业生产仍有现实意义。

正文

杂说(节选)

夫治生之道[1],不仕则农;若昧於田畴[2],则多匮乏。只如稼穑之力[3],虽未逮於老农[4];规画之间[5],窃自同於“后稷”。所为之术,修列後行[6]。

凡人家营田[7],须量己力,宁可少好,不可多恶。假如一具牛[8],总营得小亩三顷——据齐地大亩,一顷三十五亩也[9]。每年一易,必莫频种[10]。其杂田地,即是来年谷资[11]。

欲善其事,先利其器。悦以使人,人忘其劳。且须调习器机[12],务令快利；秣饲牛畜，事须肥健；抚恤其人[13]，常遣欢悦。

观其地势，干湿得所[14]，禾秋收了，先耕荞麦地，次耕余地[15]。务遣深细，不得趁多。看干湿，随时盖磨著切[16]。见世人耕了，仰著土块[17]，并待孟春盖[18]，若冬乏水雪[19]，连夏亢阳[20]，徒道秋耕不堪下种[21]。无问耕得多少，皆须旋盖磨如法[22]。

如一具牛，两个月秋耕，计得小亩三顷[23]。终冬加料喂。至十二月内，即须排比农具使足[24]。一入正月初，未开阳气上[25]，即更盖所耕得地一遍[26]。

卷一（节选）

凡开荒山泽田[27]，皆七月芟艾之[28]，草干即放火，至春而开。〔根朽省功。〕其林木大者劖杀之[29]，叶死不扇[30]，便任耕种。三岁后，根枯茎朽，以火烧之。〔入地尽矣[31]。〕耕荒毕，以铁齿镉（lòu）楱再遍杷之[32]，漫掷黍穄[33]，劳亦再遍[34]。明年，乃中为谷田[35]。

凡耕高下田[36]，不问春秋，必须燥湿得所为佳[37]。若水旱不调，宁燥不湿。〔燥耕虽块，一经得雨，地则粉解。湿耕坚垎[38]，数年不佳。谚曰："湿耕泽锄，不如归去。"言无益而有损。湿耕者，白背速镉楱之[39]，亦无伤；否则大恶也。〕春耕寻手劳[40]，〔古曰"耰"，今曰"劳"。《说文》曰："耰，摩田器。"今人亦名劳曰"摩"，鄙语曰："耕田摩劳"也。〕秋耕待白背劳。〔春既多风，若不寻劳，地必虚燥[41]。秋田塌实[42]，湿劳令地硬。谚曰："耕而不劳，不如作暴[43]。"盖言泽难遇[44]，喜天时故也[45]。桓宽《盐铁论》曰[46]："茂木之下无丰草，大块之间无美苗。"〕

凡秋耕欲深[47]，春夏欲浅。犁欲廉[48]，劳欲再[49]。〔犁廉耕细，牛复不疲；再劳地熟。旱亦保泽也[50]。〕秋耕稀青者为上[51]。〔比至冬月[52]，青草复生者，其美与小豆同也[53]。〕初耕欲深，转地欲浅。[54]〔耕不深，地不熟；转不浅，动生土也。〕菅茅之地[55]，宜纵牛羊践之，〔践则根浮[56]。〕七月耕之则死[57]。〔非七月，复生矣[58]。〕

注释

[1] 谋生的正确方法。道，这里指正确的方法。

[2] 昧：受困于。昧於田畴：困于田地间。

[3] 稼穑：种植与收割，泛指农业劳动。

[4] 未逮：不及，没有达到。

[5] 规画：农业规划。

[6] 所为之术，修列後行：我所采用的方法，分条在后面说明。

［7］营田：耕种田地。

［8］一具牛：指拉动农具的畜力单位，各地情况不同，配合二头以上的牛共挽一犁，叫作“一具牛”。

［9］齐国的一顷为三十五亩。

［10］必莫频种：不要连续种植同类作物。

［11］其杂田地，即是来年谷资：今年种瓜豆等杂类，来年正好种谷类。谷资，指以这块地种谷子。

［12］调习：调整好。

［13］抚恤其人：关心民众生活。

［14］干湿得所：土地干湿的程度。

［15］余地：除荞麦地外的田地。

［16］盖磨：也称为“耢”，用荆条或藤条编成的长方形农具，耕田后碎土和平土，主要作用在土壤的保墒。

［17］仰著土块：土块立着不弄碎。

［18］盖：耙耢。

［19］冬乏水雪：冬旱。

［20］连：连着。亢阳：久旱且高温。

［21］此句意为：那就不要怪秋耕后无法播种了。

［22］旋：随即。

［23］此句意为：一具牛秋耕两个月，大概可耕三顷地。

［24］此句意为：到十二月将农具点清、备足。

［25］此句意为：正月初，土温还没有转暖。北方此时一般还是冰冻的时候。未开阳气上，指土温还没有转暖时的土面上。

［26］此句意为：将耕好的土地，重新耙耧一次。

［27］泽田：低洼地。

［28］芟艾(shān yì)：割治开荒地里的杂草木。艾，通“刈”，又通“乂”，治理的意思。

［29］劖(yīng)杀，用刀将树皮环割一圈，使树慢慢枯死。劖(yīng)：割。

［30］叶死不扇：树叶枯死，不再挡住阳光。扇：遮盖。

［31］入地尽也：连土里的枯根也能烧掉。

［32］铴楱(lòu zòu)：古代一种呈人字形的铁齿耙，可以将耕翻过的土块耙细(见图1)。“杷”即“耙”，也作“钯”“欛”。此处当动词用，“再遍杷之”是说耙二遍。

［33］漫掷：撒播。黍穄(jì)：黍和穄均是我国古代主要的粮食及酿造作物。

［34］劳：通“耢”，又称摩、盖、擦子等(见图2)，参见注释16。

［35］中：北方话，适合、可以的意思。

［36］高下田：高田低田。

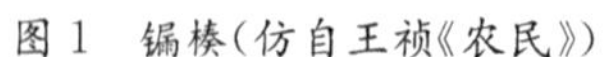

图 1 鍽楱(仿自王祯《农民》)

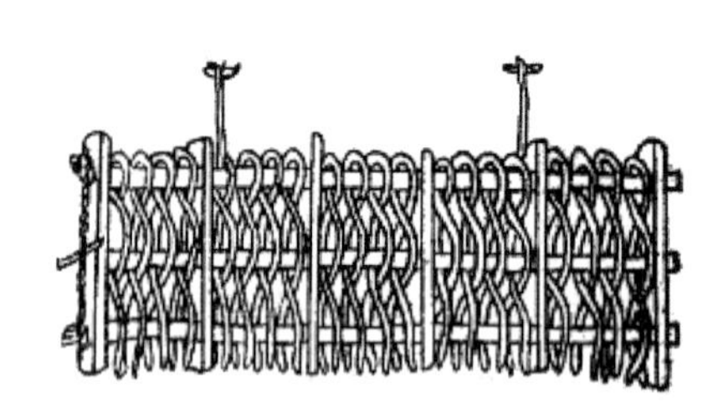

图 2 劳(仿自王祯《农民》)

[37] 燥湿得所:干湿得当。

[38] 坚垎(hé):土块坚硬。湿耕使土块干燥后坚硬不易破碎。垎:土块,俗称垡子、坷垃。

[39] 白背:土壤耕层表面干燥发白,内里仍旧湿润。现在鲁东仍把土壤稍干时土面变成白色称作"白背"。速鍽楱:从速用铁齿耙耙过。

[40] 寻手:顺手,随即。指耕后随手就要摩耮。

[41] 虚燥:土块间孔隙大,水分蒸发快,土地干燥。

[42] 埴(zhí)实:指土壤积水板结,适气性不良。

[43] 耕而不劳,不如作暴:这两句谚语说是的耙耮保墒的重要性。如果春天"耕而不劳",土块多而大,土地孔隙大,容易漏风跑墒,因此春天必须要随耕随耮,现在北方旱作地区仍旧在使用这一宝贵经验。作暴:作践,作耗,糟蹋。不如作暴:不如不耕。

[44] 泽:水分。

[45] 天时:这里指好天时(下雨)。盖言泽难遇,喜天时故也:人们都知道,雨水难遇,要适应天时。

[46] 桓宽:西汉人,官至庐江太守丞。

[47] 欲:要,必须。

[48] 犁欲廉:犁起的土条不要太宽,要狭窄些。廉,狭窄。起土狭窄则犁的拉力轻,犁条细,可以减少和消灭犁不到的犁脊,地就耕得细而匀透。下文所说"犁廉耕细,牛复不疲",指的就是这个。

[49] 劳欲再:要摩耮两遍。

[50] 保泽:保持土壤中的水分,即保墒。

[51] 稀(ǎn)青:把青草耕覆在土中。这是耕翻青草作为绿肥的最早记载。注内所称,指来春再耕翻越冬青草作绿肥。

[52] 比至:等到。

[53] 美:肥效。小豆:赤豆,赤小豆。

[54] 转地欲浅:第二次耕种。

[55] 菅(jiān)、茅均是难除的禾本科杂草。

［56］根浮：根露出地面

［57］此句意为：七月间耕地，高温烈日，可将杂草根晒死。

［58］此句意为：如果不在七月耕，杂草又会复活。

品读

贾思勰是北魏时期杰出的农业科学家，曾官至高阳太守（高阳郡：今属山东临淄）。作为一名政府官员，他始终心系百姓，先后到山西、河南、河北考察当时的农业生产情况，向一些有丰富经验的老农请教，中年后回到家乡，亲自参加农牧业生产。约在公元533至544年间，贾思勰将他积累多年的农业科学知识加以整理，在总结前人农业经验的基础之上，完成了农业巨著——《齐民要术》。

贾思勰写作时，坚持“采捃经传，爰及歌谣，询之老成，验之行事”的原则，重视前人的研究成果，也关注农业实践，一些珍贵的农书，经过贾思勰的引用，部分内容才得以保存。

节选的“杂说”部分，虽不是贾思勰所写，但也很好地体现了耕读思想：“夫治生之道，不仕则农”，即谋生的方法，不外乎做官或种田。农业是人生存的根本，而“学而优则仕”读书考取功名则为乡民发展的首选目标，通过农耕保障自身的基本生存，通过求学问道提高知识素养，知识素养既能改变自己的阶层，又能反哺提升农耕的水平，这是非常朴素的“耕读传家”的思想。

卷一中，贾思勰详细介绍了北方旱地种植时保墒的重要性。春天一定要随耕随耢，保持土壤的水分，这点对于北方干旱地区尤其重要。为了提高粮食单位面积的产量，不同季节应采用不同的耕作方法：“秋耕欲深，春夏欲浅”，因为“耕不深，地不熟，转不浇，动生土也”。黄河流域秋季作物已经收获，深耕有利于接纳雨水和冬雪，也有利于冻融风化土壤，而春夏之季，正值黄河流域的旱季，气温渐高，水分蒸发量也大，深耕动土，就会跑墒，影响播种。

贾思勰提倡种植绿肥，他认为绿豆的肥效最好，小豆、芝麻次之，而“青草复生者，其美与小豆同也”，“秋耕㮰青者为上”，耕翻青草形成的绿肥和小豆肥效相当，这是耕翻青草作为绿肥的最早记载。耕地时没有一味地剥夺大自然肥力，而是将用地和养地相结合，这是非常难得的理念。同一时期的欧洲还不懂得绿肥的作用，直到18世纪30年代，英国才开始实行绿肥轮作制。

《齐民要术》作为一部科学技术名著，是我国古代科学文化的一份珍贵遗产，在我国乃至世界农业科学史和生物史上都占有崇高的地位，书中众多精辟的见解和带规律性的认识，不仅对当时农业生产的发展起了促进作用，对于以后的农业科学家都有深刻的影响。

读后小思

(1) 结合中国传统的耕读思想,谈谈你对“夫治生之道,不仕则农”的理解。

(2) 秋耕时为什么要“稀青”?

(3) 卷一(节选)中提到的保墒法有哪些?

水经注(节选)

提示

《水经注》是古代中国地理名著,共四十卷,在中国和世界地理学史上都有极重要的地位。《水经》是一部记载全国水道的地理书籍,作者已不可考,原书十分简单,只记载了一百三十七条水道。郦道元就力之所及,收集了有关全国水道的记载以及他本人游历各地的见闻替《水经》作注。他广征博引了四百多种书,用一千二百五十二条注,三十多万字的注文,对《水经》中的记载加以详细的阐述和补充。

《水经注》的作者郦道元(466 或 472—527),北魏晚期人士,字善长,范阳涿县(今河北涿州市)人。在北魏宣武帝、孝明帝两朝为官,先后任冀州刺史的长史、鲁阳太守、东荆州刺史、河南尹,后任御史中尉,为官以严厉出名,《魏书》称他“执法严峻,颇有威名”。孝昌三年(527 年),镇守雍州的萧宝夤(yín)图谋叛乱,嫉恨郦道元的大臣阴险地上奏,推荐他进行安抚。萧宝夤害怕他来后于己不利,派兵将他杀害。

《水经注》以水道为脉络,记述水道流经地区的山陵、湖泊、郡县、城池、关塞、名胜,以及土壤、植被、气候、水文、经济、民俗等等,对水利设施也有关注。郦道元博学广识,足迹遍及长城以南,秦岭和淮河以北,书中的很多材料是他实际调查而得。《水经注》描绘了祖国各地的秀丽山川,记载了各地的地理古迹、风土人情和有关的神话传说,文笔简洁优美,是优秀的游记散文。《水经注》不仅是研究古代地理的一部重要著作,还是中国游记文学的开创之作,对后世的山水游记有很大的影响。

正文

瓠子河出东郡濮阳县北河[1]。

县北十里,即瓠河口也。《尚书·禹贡》:雷夏既泽[2],雍沮会同[3]。《尔雅》曰:水自河出为雍。许慎曰:雍者,河雍水也。暨汉武帝元光三年[4],河水南泆[5],漂害民居。元封二年[6],上使汲仁、郭昌发卒数万人[7],塞瓠子决河[8],于是上自万里沙还[9],临决河[10],沉白马、玉璧[11],令群臣将军以下，皆负薪填决河[12]。上悼功之不成[13]，乃作歌曰：瓠子决兮将奈何[14]？浩浩洋洋[15]，虑殚为河[16]。殚为河兮地不宁[17]，功无已时兮吾山平[18]。吾山平兮巨野溢[19]，鱼沸郁兮柏冬日[20]。正道弛兮离常流[21]，蛟龙骋兮放远游[22]。归旧川兮神哉沛[23]，不封禅兮安知外[24]。皇谓河公兮何不仁[25]，泛滥不止兮愁吾人[26]。啮桑浮兮淮泗满[27]，久不返兮水维缓[28]。一曰河汤汤兮激潺湲[29]，北渡回兮汛流难[30]。搴长茭兮湛美玉[31]，河公许兮薪不属[32]。薪不属兮卫人罪[33]。烧萧条兮噫乎何以御水[34]！隤竹林兮楗石菑[35]，宣防塞兮万福来[36]。于是卒塞瓠子口[37]，筑宫于其上，名曰宣房宫。故亦谓瓠子堰为宣房堰，而水亦以瓠子受名焉。平帝已后[38]，未及修理，河水东浸[39]，日月弥广[40]。永平十二年[41]，显宗诏乐浪人王景治渠筑堤[42]，起自荥阳，东至千乘[43]，一千余里[44]。景乃防遏冲要[45]，疏决壅积[46]，瓠子之水，绝而不通，惟沟渎存焉。

注释

[1] 出：发源于。濮阳县：据《河南文物地图集》，汉濮阳县的旧城大约位于今天濮阳县故县村。

[2] 雷夏：雷夏泽，也称雷泽，所说故址在今河南濮阳范县濮城和山东菏泽鄄城境内。

[3] 雍沮：雍水和沮水。雍沮会同：大禹治水时，将雍水和沮水这两支水脉沟通起来，并成一条河，流入雷夏泽。

[4] 汉武帝元光三年：公元前 132 年。

[5] 泆(yì)：通“溢”，漫溢。

[6] 元封二年：公元前 109 年。

[7] 汲仁：汉臣子，汲黯的弟弟，武帝时官至九卿。郭昌：汉将领，曾以校尉身份跟随大将军卫青攻打匈奴。

[8] 瓠子：瓠子河，古水名，在今河南濮阳县西南，亦称瓠子口。瓠子河由此分一部分黄河水东出经山东注入济水。决：决口。

[9] 上：汉武帝。还：回。

[10] 临：亲临。

[11] 沉：沉入水中。

[12] 负薪填决河：背着木柴堵塞决口。

[13] 悼：伤心，悲伤。功之不成：没有成功。

[14] 奈何：怎么办？

[15] 浩浩洋洋：水盛大貌。

[16] 虑殚为河：担心河水泛滥成灾。

[17] 为河兮地不宁：洪水泛滥，大地无法安宁。

[18] 吾山：古山名，又称鱼山，在今山东省东阿县南、黄河西。“吾”与“鱼”古音相同。功无已时兮吾山平：治河永无止境，连吾山也被掘平。

[19] 巨野：古湖泽名，巨野泽，亦称为大野泽、钜野泽、广野泽，上古九泽之一，故址在今山东菏泽市巨野县北，已湮没。

[20] 沸郁：众多的样子，亦可译为不安、不乐。鱼沸郁：鱼群不安的翻腾。柏：通“迫”，逼近。

[21] 正道：正常的河道。

[22] 蛟龙骋兮放远游：(河水乱流)，好像蛟龙跑出来恣意远游。

[23] 归旧川：回归到原来的河道。沛：安宁。

[24] 封禅：指元封元年(公元前 110 年)汉武帝去泰山举行祭祀天地的封禅大典。外：指外面河水泛滥的真实灾情。

[25] 皇：汉武帝。河公：河伯，神话传说中的黄河水神。

[26] 吾人：吾民，我的臣民。

[27] 啮桑：古邑名，在今江苏沛县西南。浮：被淹没。淮泗(sì)：泗水位于山东省中部，是淮河下游第一大支流，常同淮河一块连称淮泗。满：涨水。

[28] 反：通“返”。水维：河水的纲维，指河堤。缓：断，指决口。久不返兮水维缓：指河水不能返回故道，是因为护河大堤被冲断。

[29] 汤(shāng)汤：水流大而急的样子。激潺湲：激起很大的水声。潺湲：水慢慢流动的样子。一说指波浪。

[30] 北渡：向北流。北渡回兮汛流难：向北去的河道曲折遥远，全面疏浚很难完成。

[31] 搴(qiān)：拔取。茭(jiāo)：通“筊”，用薄竹片编成的篾缆以拉运土石。湛美玉：把玉璧沉入河底，是祭河神的一种隆重仪式。

[32] 许：赞许，佑助。薪不属(zhǔ)：堵河决的柴草不济、不足。薪，木柴。不属：不能连续供应。河公许兮薪不属：即使河神答应帮忙，堵塞决口的柴草都很难接续。

[33] 卫：古地名，在今河南淇县。罪：罪过。因卫人用草作燃料导致堵塞决口的柴草无法接续，对堵决口形成一种罪过。

[34] 萧条：草木零落稀疏貌。烧萧条：使用燃料过度以致田野荒凉。噫乎：叹息声。御：抵制。

[35] 隤(tuí)：崩落，败坏。这里指砍伐。楗：用竹条纵横编织成的竹络，中间填块石的构件。一般认为是“埽”的前身。隤竹林兮楗石菑：砍下卫地的树木和竹子，连同石头一起打桩。

[36] 宣防塞：堵塞住瓠子决口。

[37] 卒：最终，终于。

［38］汉平帝刘衎(公元前 9 年—6 年)，原名刘箕子，汉元帝刘奭之孙，中山孝王刘兴之子。

［39］浸：浸漫。

［40］弥广：受淹的范围愈来愈大。

［41］永平十二年：东汉永平十二年，即公元 69 年。

［42］显宗：汉明帝(28—75 年)刘庄，字子丽，庙号显宗，东汉第二位皇帝。汉光武帝刘秀的第四子。诏：下诏。乐浪：郡名，汉武帝灭朝鲜所置，今朝鲜平壤市。

［43］千乘(shèng)：古县名，西汉置，今山东省高青县。

［44］一千余里：治理河道一千多里。

［45］防遏冲要：在水道要冲处建造了堤防堰坝。

［46］疏决壅积：疏通壅塞的河道。

品读

水是生命之源，河流成就了文明，古代四大古国的诞生都与河流有关系。农作物的生长不可以缺少水，但水涝成灾，带给百姓的伤害也是巨大的。中国作为农业大国，从事农业生产时不可避免会遇到各种自然灾害，管仲认为自然灾害中“水、旱、风雾雹霜、疠、虫”这五害，水害的危害最大。明代徐光启也将“水、旱、蝗”列为造成凶饥的三大因素。

要善用水，需先治水。汉武帝时，瓠子河曾多次决口，给当地百姓带来深重灾难，对农业的打击更是毁灭性的。瓠子河决口后，农田长年被淹，导致土地沙化、盐碱化，粮食严重减产，百姓生活困苦。

汉武帝时瓠子河决口受到多重因素的影响，一般“将原因归结为人类活动的影响造成黄河上游的水土流失和泥沙的淤积，进而导致中下游河患的产生”①。西汉元光三年(公元前 132 年)瓠子河在濮阳县瓠子口决口，《史记·河渠书》载：“自河决瓠子(公元前 132 年)后二十余岁，岁因以数不登，而梁楚之地尤甚。”瓠子河决口后的二十余年间，农业年年歉收，而梁、楚两地尤为惨重。“是时，山东被河灾，乃岁不登数年，人或相食，方二三千里。”(《汉书·食货志》)

元封二年(公元前 109 年)汉武帝亲临瓠子河决口现场，百姓受灾的情况让他震惊，下决心解决瓠子河的水患。他发动了数万人筑塞治理瓠子河，由于决口时间太长，堵口的工程非常艰巨，通过不懈的努力，终获成功，并在决口之上修建了宣房宫。

武帝后，显宗让王景继续治理瓠子河，“自东汉王景治河后，上游自宣房以下为河堤所隔，水绝不通，仅存沟渎，不复有水；下游自梁山以下，以将渠为源，北流至今茌平县南注入大河”②。

① 冯乐辉. 汉武帝时瓠子河决及两次堵口问题探析[J]. 南都学坛，人文社会科学学报，2021，(5)：19.

② 中国历史大辞典编纂委员会. 中国历史大辞典. 上海：上海辞书出版社，2000：2676.

《水经注》详细记载了武帝及之后的其他帝王对瓠子河的治理，在科学描述的同时，引用汉武帝的《瓠子歌》，给略显枯燥的地理学著作增加了些许生动的文学色彩。皇帝登临治水现场，以白马玉璧沉入河底祭祀河神，不断投下的土石与竹木、不断反扑的洪水，场面令人震撼。治水不易，然而为了让百姓能够安心耕田、岁丰年稔，不易也要治。郦道元将历代治水经验记录下来，给后世农业生产带来很大帮助，实现了“读书人”对“耕”的反哺。

读后小思

(1) 一般认为汉武帝在堵瓠子河时，用了“负薪填决河”和“下淇园之竹以为楗”这两种方法，请你试着在《水经注》中的《瓠子歌》中找出相关文字，并简要谈谈你的理解。

(2) 瓠子河在公元前132年决口，此后一直到二十多年后的公元前109年才被治理，试着查找相关资料，寻找汉武帝没有及时解决瓠子河水患的原因。

小园赋（节选）

提示

庾信，字子山，小字兰成，南阳新野（今属河南）人，生于公元513年（梁武帝天监十二年），卒于公元581年（隋文帝开皇元年）。他自幼随父庾肩吾出入于萧纲的宫廷，后又与徐陵一起任萧纲的东宫学士，早年作品多为宫体性质，风格艳丽，雍容华贵，注重音节辞采之美。

侯景叛乱时，庾信逃往江陵，辅佐梁元帝，后奉命出使西魏，不料梁被西魏所灭，庾信被迫留在北方。当时北朝君臣均仰慕南方文化，庾信有着很高的文学修养，先后得到西魏和北周的优待，官至骠骑大将军、开府仪同三司。尽管如此，庾信内心却极为矛盾，一方面身居显贵，受皇帝礼遇，被尊为文坛宗师，另一方面又思念故国，为自己身仕敌国而惭愧羞耻，为失去自由而愤懑。种种复杂的心情为他后期的作品增添了苍劲沉郁的悲凉色彩。庾信六十三岁时，北周与南方的陈朝通好，曾允许流寓人士回归故国，却将庾信与王褒排除在外。六十七岁时庾信托病辞官，最终老死于北方。

庾信天资聪颖，“幼而俊迈，聪敏绝伦”，在梁这个南朝文学的全盛时期积累了很高的文学素养，到北方后，沉痛的生活经历又丰富了他的创作内容，加上南北文化的融合，形成独特的风貌。庾信可以说是南北朝文学的集大成者，在诗、赋、文等方面都有相当高的成就，他的作品对唐代诗赋的发展有颇大的影响。

《小园赋》是庾信晚年羁留北方，因思念故国而写的一首小赋。前半部写小园，后半部由小园转至抒写乡关之思，本篇节选为前半部分。

正文

若夫一枝之上，巢父得安巢之所[1]；一壶之中，壶公有容身之地[2]。况乎管宁藜床，虽穿而可座[3]；嵇康锻灶，既烦而堪眠[4]。岂必连闼洞房，南阳樊重之第[5]；绿墀青琐，西汉王根之宅[6]。余有数亩弊庐，寂寞人外，聊以拟伏腊[7]，聊以避风霜。虽复晏婴近市，不求朝夕之利[8]；潘岳面城，且适闲居之乐[9]。况乃黄鹤戒露，非有意于轮轩[10]；爰居避风，本无情于钟鼓[11]。陆机则兄弟同居[12]，韩康则舅甥不别[13]，蜗角蚊睫[14]，又足相容者也[15]。

尔乃窟室徘徊[16]，聊同凿坯[17]。桐间露落，柳下风来。琴号珠柱[18]，书名《玉杯》[19]。有棠梨而无馆[20]，足酸枣而非台[21]。犹得欹侧八九丈[22]，纵横数十步，榆柳三两行，梨桃百余树。拔蒙密兮见窗[23]，行欹斜兮得路。蝉有翳兮不惊[24]，雉无罗兮何惧[25]！草树混淆，枝格相交[26]。山为篑覆[27]，地有堂坳[28]。藏狸并窟[29]，乳鹊重巢[30]。连珠细茵[31]，长柄寒匏[32]。可以疗饥[33]，可以栖迟[34]，崎岖兮狭室[35]，穿漏兮茅茨[36]。檐直倚而妨帽，户平行而碍眉[37]。坐帐无鹤[38]，支床有龟[39]。鸟多闲暇，花随四时。心则历陵枯木[40]，发则睢阳乱丝[41]。非夏日而可畏[42]，异秋天而可悲[43]。

一寸二寸之鱼，三竿两竿之竹。云气荫于丛蓍[44]，金精养于秋菊[45]。枣酸梨酢[46]，桃榹李薁[47]。落叶半床，狂花满屋。名为野人之家[48]，是谓愚公之谷[49]。试偃息于茂林[50]，乃久羡于抽簪[51]。虽有门而长闭，实无水而恒沉[52]。三春负锄相识[53]，五月披裘见寻[54]。问葛洪之药性[55]，访京房之卜林[56]。草无忘忧之意[57]，花无长乐之心[58]。鸟何事而逐酒[59]，鱼何情而听琴[60]？

注释

[1] 巢父：传说中尧时的高士，因筑巢而居，人称巢父。《高士传》："巢父者，尧时隐人也。山居不营世利。年老以树器巢而寝其上，故时人号曰巢父。"

[2] 壶公：东汉时的卖药人，传说他悬一壶出诊，药卖完就跳入壶中，后来称颂医生常用"悬壶济世"。葛洪《神仙传》："堂公常悬一壶空屋上，日入之后，公跳入壶中，人莫能见。"

[3] "况乎"两句：管宁常跪坐在一木榻上，姿势端正，坚持了五十五年，以至于坐榻上的膝盖处都被磨穿了。《高士传》："(管宁)常坐一木榻上，积五十五年未尝箕踞(不拘礼节、傲

慢不敬的坐法)，榻上当膝皆穿。”蒺通“藜”，草名。蒺床，指用蒺草铺床。穿，破成洞。

[4]“嵇康”两句：嵇康在家中柳树下打铁。《曾青·嵇康传》：“性绝巧而好锻。宅中有一柳树甚茂，乃激水圜之，每夏月，居其下以锻。”锻：打铁。锻灶：打铁用的炉灶。煖(nuǎn)：温暖。

[5]“岂必”两句：岂必：何必。闼(tà)指门，小门。洞：通。连闼洞房：指重门深邃的房屋。樊重：东汉时南阳湖阳人，光武帝的舅父，所居“皆有重堂高阁”。

[6]“绿墀”两句：绿，一作赤。赤墀、青琐，两者都是皇宫里用的装饰。以上是说自己本为长安羁旅之人，只求有一枝一壶的容身之地，而不求有高堂大厦。

[7]伏：伏日；腊：腊月，是夏冬雨季的祭礼节名。拟伏腊，是说能行伏腊二祭。

[8]“虽复”两句：晏婴：春秋时齐大夫，以节俭力行著称。虽像晏婴住宅近市，但不求朝夕之利。

[9]“潘岳”两句：潘岳面城而居，却可享受安然闲居的快乐。潘岳：晋时人，闲居洛阳时作《闲居赋》，有“陪京泝伊，面郊后市”之语。

[10]“戒露”两句：鹤自警只是为了逃离危害，并非有意乘坐华贵的马车。戒露：鹤性机警，八月露降，滴草叶有声则高鸣相警。轮轩：车乘。《左传》闵二公年：“卫懿公好鹤，鹤有乘轩者。”

[11]“爰居”两句：爰居迁徙是为了躲避海上的灾害，并不想谋求人们的祭拜。爰居：海鸟名，又名杂县。钟鼓：祭祀时用的音乐。以上四句是比喻西魏、北周把禄仕强加在自己头上，自己本无意于此。

[12]“陆机”句：晋陆机，字士衡；弟陆云，字士龙。本为吴人，吴亡后入洛。兄弟两人曾同住，《世说新语·赏誉》：“蔡司徒在洛，见陆机兄弟住参佐廨中，三间瓦尾，士龙住东头，士衡住西头。”

[13]“韩康”句：晋韩伯，字康伯，为殷浩之甥。韩康曾与殷浩同住，《晋书·殷浩传》：“浩甥韩伯，浩素赏爱之，随之徙所。经岁还都，浩送至渚侧，咏曹颜远诗云：‘富贵他人合，贫贱亲戚离。’因而泣下。”庾信时流寓长安，故引陆机、殷浩羁旅他乡之事作类比。

[14]蜗角蚊睫：如蜗角蚊睫一般的狭小空间。蜗角，蜗牛之角。蚊睫，蚊虫的眼睫毛。

[15]本段写自己的意趣只要求容身之地，而无望于高楼大厦、轮轩钟鼓。

[16]窟室，垒土而成的土室。

[17]聊同凿坯：聊同于颜阖破避而逃的住处。坯：土坯。《淮南子·齐俗训》：“颜阖，鲁君欲相之而不肯，使人以币先焉，凿培而遁之。”培，房屋后面的土壁。后以“凿培而遁”形容甘心隐居，不愿为官。

[18]珠柱：琴名。琴有柱，以珠为之。

[19]《玉杯》：书名。汉代董仲舒锐《春秋》事，有《玉杯》《蕃露》《清明》《竹林》之属数十篇，十余万言。

[20]棠梨：馆名，在汉甘泉宫中。梨，原作“黎”。梨通“梨”；棠梨，野梨。

[21] 酸枣:县名,今河南省新乡延津县北。这两句是说园中但有梨枣而无奢华的台馆。

[22] 欹侧:偏在一边,倾斜。指小园地形不正。

[23] 蒙密:茂盛貌。

[24] 翳(yī 衣):覆蔽。

[25] 雉:俗称野鸡。罗:网。

[26] 枝格:树木的枝条。树高枝长叫格。这两句是说园中草树任其生长而不加修葺。

[27] 篑(kuì):这里指盛土的竹筐。覆:倾倒。《论语·子罕》:"譬如平地,虽覆一篑,进,吾往也。"

[28] 堂坳(ào):堂前可容小水的低洼。《庄子·逍遥游》:"覆杯水于坳堂之上,则芥为之舟。"这两句竭力说园之小,其中山水好像覆一筐土、一杯水而成。

[29] 狸,形似狐而小,俗呼野猫。

[30] 重巢:复迭为巢。

[31] 茵:席。这句是说细草连贯如珠,若铺茵席。

[32] 匏(páo):葫芦。《世说新语·简傲》:"陆士衡初入洛,诣刘道真。刘无他言,唯问:'东吴有长柄壶卢,卿得种来不?'"

[33] 疗饥:止饿。

[34] 栖迟:栖息。

[35] 崎岖:倾侧不安。

[36] 茅茨(cí):茅屋。茨:茅草盖的尾顶。

[37] 以上四句说园子小而居屋亦极狭陋。妨帽、碍眉都是形容房屋的低矮。

[38] 这句是说自己没有仙术,恐怕不能像介象一样归于建邺(南朝的京都,今南京)。《神仙传》:三国时吴人介象,死于武昌,归葬建邺,死后有白鹤来集座上。

[39] 这句是说作者久住长安,时间之长犹如龟之支床。一说:如龟终老不能移动。《史记·龟策传》:"南方老人用龟支床足,行二十余岁,老人死,移床,龟尚生不死。"

[40] 历陵:县名,汉时属豫章郡。故城在今江西省九江市东。应劭《汉官仪》:"豫章郡树生庭中,故以名郡矣。此树尝中枯,逮晋永嘉中,一旦更茂,丰蔚如初。"这句是说自己心如枯木。

[41] 睢阳:县名,故宋国地。故城在今河南省商丘市南。墨翟为宋人,尝见染素丝者而叹。这句是说自己因忧愁而鬓白如素丝。

[42] "非夏日"句:《左传》文公七年:"酆舒问于贾季曰:'赵衰、赵盾孰贤?'对曰:'赵衰冬日之日,赵盾夏日之日也。'"杜预注:"冬日可爱,夏日可畏。"

[43] "异秋天"句:宋玉《风赋》有"悲哉秋之为气也"之句。这两句是说与古人之畏夏日、悲秋者不同,自己一年四季心中无畏远悲,毫无乐趣。本段写小园的简陋和自己的悲愁情绪。

[44] 著(shī):古代卜筮用的草。

[45] 金精,《玉函方》:"甘菊,九月上寅日採,名曰金精。"古人把九月上寅日采的甘菊(现名杭菊)叫金精。

[46] 酢:古"醋"字。梨酢:梨之有酸味者。

[47] 榹(sī):山桃,似桃而小。薁(yù):山李。

[48] 野人:乡野之人,农夫。《高士传》:"汉滨老父者,不知何许人也。桓帝延熹中幸竟陵,过云梦,临沔水,百姓莫不观者。有老父独耕不辍。尚书郎南阳张温异之,使问曰'人皆来观,老父独不辍,何也?'老父笑而不答。温下道百步,自与言。老父曰:'我野人也,不达斯语。'"

[49] 愚公之谷,《说苑·政理》:"齐桓公出猎,逐鹿而走入山谷之中,见一老公而问之曰:'是为何谷?'对曰:'为愚公之谷。'桓公曰:'何故?'对曰:'以臣名之。'"以上两句是说自己过着隐居的生活。

[50] 偃息:闲居。茂林:深林。

[51] 抽簪:簪为连系冠发之物,抽簪即散发,指弃官不仕。

[52] "实无水"句:《庄子·则阳》:"方月与世违,而心不屑与之俱,是陆沉者也。"郭象注:"人中隐者,譬无水而沉,曰陆沉。"这里是说自己虽然显达,实则志在隐遁。

[53] 负锄:扛锄。相识:互相交谈。皇甫《高士传》:"林类者,魏人也。年且百岁。底春披裘,拾遗穗于故畦,并歌并进。孔子适卫,望之于野,顾谓弟子曰:'彼叟可与言者。'"

[54] 五月披裘:《高士传》:"披裘公者,吴人也。延陵季子出游,见道中有遗金,顾披裘公曰:'取彼金。'公投瞋镰目拂手而言曰:'何子处之高而视人之卑,五月披裘而负薪,岂取金者哉!'"以上两句意为自己所交往相识的人都是农人与有道贫士。

[55] 葛洪药性:葛洪,字稚川,晋丹阳句容人。师事南海太守上党鲍玄,传玄业。兼综练医术,有《金匮药方》一百卷,《肘后要急方》四卷(见《曾甚·葛洪传》)。

[56] 京房卜林:京房,字君明,汉东郡顿丘人。治《易》,以善于占卜著称(见《汉书·京房传》)。以上两句是说自己闲暇时可以访医问卜。

[57] 忘忧草:萱草,一名紫萱。

[58] 长乐花:紫华。以上两句是说因为自己被留长安,即景伤情,故园中花草似亦皆带蔓愁之色。

[59] 鸟逐酒,《庄子·至乐》:"昔者海鸟止于鲁郊,鲁侯御而觞之于庙,奏九韶以为乐,具太牢以为膳。鸟乃眩视忧悲,不敢食一脔,不敢饮一杯,三日而死。"

[60] 鱼听琴,《韩诗外传》:"昔伯牙鼓琴而渊鱼出听。"这两句是说自己如鱼鸟之失其故性,非其所乐。本段写自己本意愿在小园中过隐居生活,但身不由己,仕于魏周,因此触景伤情而感到痛苦郁闷。

品读

实际上庾信一生未曾隐居,《小园赋》所写的归隐生活均是作者想象中的世界。

全文开篇先表明自己无意于禄仕，不追求豪华的宅第，只要有小小的一个安身之所即可：巢父只要一个树枝便可安家，壶公只需一把葫芦就可容身，管宁破成洞的床榻依旧可以坐，嵇康打铁炉边，暖和又好安眠。庾信在北朝，自然是能住上“连闼洞房”“绿墀青琐”的豪宅，然而生活上的富足却是以远离故土、出仕敌国为代价，反而令他更为痛苦。他心中的理想之所虽然破小，能度日就行，即使靠近闹市（近市、面城），也可以享受闲居的安乐，这很容易让人联想到陶渊明的“结庐在人境，而无车马喧。问君何能尔？心远地自偏”。接着作者以“黄鹤自警”“爰居迁徙”说明自己不过是为了躲避灾害，而非追求高官厚禄，借典故表达了自己在北朝做官的无奈。

第二段作者写了理想中的小园风光及景物，他求归隐而不得，只能将自己的心愿寄于文字。小园不需要方正，园中种有棠梨酸枣、榆柳梨桃，草树任其生长而不加修葺，清晨露水自桐树间落下，柳枝随风摇曳，在园中读读书、弹弹琴，是何等的惬意。园里不需要奢华的台馆，有屋檐低矮的简陋小屋即可。此外还有不高的小山，有小小洼地，有鸣蝉，有孵雏的鸟鹊，有野雉野猫，有葫芦……幻想终归只是幻想，很快作者又回到现实：自己没有介象一样的仙术，无法回到南方，只能如老龟般久住长安，终老不能移动。四周鸟儿悠闲、花儿随心，作者却心如枯木、头发蓬乱。

第三段再写小园景物，有小鱼、翠竹，花草丛生，果树繁多，枯叶纷飞，落花遍地。作者再借“野人之家”“愚公之谷”表达了自己期望过着隐居的生活，“虽有门而长闭，实无水而恒沉”，自己虽然显达，实则志在隐遁。归隐后闲暇时访医问卜，偶有来往的，不是荷锄的农夫就是披裘的高士，“三春负锄相识，五月披裘见寻”，此处的农夫也许是真正耕田的农人，也可能是与屈原笔下的“渔父”一样的隐者。

梦想中的归隐生活自在闲散，现实却是滞留长安，充满愁苦。触景伤情，园中花草也带上愁绪，忘忧草和长乐花也不能让作者快乐，诗人感慨：“鸟何事而逐酒，鱼何情而听琴？”鸟儿不能饮酒而偏让它饮酒，鱼儿不愿听琴而偏让它听琴，就像让鸟儿饮酒、鱼儿听琴一样，让做官也是违背本心的事啊。再次表达不愿为官、盼望归隐的志向。

古代文人的归隐多在人生失意后，庾信则不同，他对归隐的期盼，原因略为复杂，说他不得志，他深受皇室重用，说他得志，所得的又不是他心中渴望的志向，“飞黄腾达”后心中“忠信”的理念折磨着他，让他无法认可自己的“成功”，只能从隐者的生活中求得安慰。读书人的归隐，多是耕读自给式的，庾信设想的也不例外，园中的花草树木、虫鱼鸟兽可以提供物质资料，在园里弹琴读书则是精神上的满足，离开小园，往来的人物多是农夫或高士，半耕半读的农耕生活成为庾信躲避世俗的最后归宿。

读后小思

（1）“三春负锄相识”，这里背着锄头相见的真的是农夫吗？为什么？

（2）第三段最后一句，作者想借“鸟逐酒、鱼听琴”表达什么？

搜神记(节选)

提示

《搜神记》是东晋文学家、史学家干宝所著的笔记体志怪小说集，共有古代神异故事四百多篇，原书二十卷，已经散佚，今本是后人从古籍中辑录而成。作者在《自序》中称著书的目的是"发明神道之不诬也"，通过搜集前人著述和传说故事，证明鬼神确实存在，所以书中多是记载神灵怪异的事。不过书中也保存了不少优秀的神话传说和民间故事，是六朝志怪小说的代表，对后世影响深远。

干宝(生卒年不详)，字令升，祖籍新蔡(今河南省新蔡县)，年幼时随父干莹南迁，定居浙江海盐。自幼好学，博览群书，"宝少勤学，博览书记"(晋书·干宝传)。晋初被晋元帝召为著作郎，负责国史的修撰，著有《晋纪》二十卷。

正文

神农鞭百草

神农以赭鞭鞭百草[1]，尽知其平毒寒温之性[2]，臭味所主[3]，以播百谷[4]，故天下号神农也。

雨师赤松子

赤松子者[5]，神农时雨师也，服冰玉散[6]，以教神农，能入火不烧。至昆仑山[7]，常入西王母石室中[8]，随风雨上下[9]。炎帝少女追之[10]，亦得仙，俱去。至高辛时[11]，复为雨师，游人间。今之雨师本是焉[12]。

赤将子轝(yú)[13]

赤将子轝者，黄帝时人也。不食五谷，而啖百草华[14]。至尧时，为木工。能随风雨上下。时于市门中卖缴[15]，故亦谓之缴父。

宁封子自焚

宁封子，黄帝时人也。世传为黄帝陶正[16]，有异人过之[17]，为其掌火。能出五色烟[18]。久则以教封子[19]，封子积火自烧[20]，而随烟气上下。视其灰烬，犹有其骨[21]。时人共葬之宁北山中。故谓之宁封子。

偓佺(wò quán)采药

偓佺者，槐山采药父也。好食松实[22]。形体生毛，长七寸。两目更方[23]。能飞行逐走马[24]。以松子遗尧[25]，尧不暇服[26]。松者，简松也。时受服者，皆三百岁[27]。

注释

[1] 赭(zhě)鞭：相传是神农用来检验草木性味的红色鞭子，在古代被用作驱邪之物。第二个“鞭”字为动词。

[2] 平毒寒温之性：草木无毒有毒及寒热温凉的药性。平：草药无毒性。

[3] 臭(xiù)味：气味。所主，所能治疗的疾病。

[4] 播：播种。百谷：各种庄稼。

[5] 赤松子：又名赤诵子，号左圣南极南岳真人、左仙太虚真人，传说中司雨的神。

[6] 冰玉散：传说中可长生不老的药。

[7] 昆仑山：传说中西方的仙山。

[8] 西王母：神话中的女仙人，又被称为“金母”“瑶池金母”“瑶池圣母”。

[9] 上下：上天下地，来来去去。

[10] 少女：小女儿。追：追随。

[11] 高辛：帝喾(kù)的别号，姬姓，名俊，五帝之一。传说中的古代部族首领，司马迁说他是黄帝曾孙，出生并兴起于高辛(今河南商丘市睢阳区高辛镇)，故名高辛氏。

[12] 今之雨师本是焉：意为现在的雨师即来源于赤松子(赤松子是雨师们的祖师)。

[13] 轝：通“舆”。

[14] 啖：吃。华：通“花”。

[15] 缴(zhuó)：系在腰上的生丝绳，射鸟时方便收回，也指系在箭上的丝绳或系有丝绳的箭。

[16] 陶正：主掌陶器的官员。

[17] 过：拜访。

[18] 出：出入，意为神异之人可以在五色烟火中出入。

[19] 以教封子：把在烟火中出入的法术教给宁封子。

[20] 自烧：自焚。

[21] 其：指宁封子。

[22] 好：喜好。松实：松子。

[23] 两目更方：两只眼睛能看向不同的方向。

[24] 逐走马：追得上飞驰的马。

[25] 遗：送。

[26] 不暇服：没有时间吃。

[27] 皆：都。

品读

《搜神记》故事篇幅短小，充满奇幻色彩，富有浪漫主义。作为一本志怪小说，《搜神记》开篇便是神农氏的传说，接着写“雨师赤松子”“食百草的赤将子舆”“陶工宁封子”“药师偓佺”，这些仙人所拥有的技能，或多或少都与农业生产有关。

神农是中华民族的始祖和农耕文明的始创者，他用红色的鞭子检验草木的特性，教授百姓种植庄稼。先民们最初的耕作，困难重重，哪些植物有毒，哪些无毒，哪些易成活，哪些产量高，仅“选种”这一项，便充满诸多不易。神农率先发展了农业，教导人们选择适宜的土壤和气候条件，种植各种农作物，还发明了农耕、种植和养殖等技术。他还发现了许多草药和植物，为人们提供了丰富的药材资源，开创了草药学的先河。

赤松子掌管的雨水正是农业种植中的关键要素，由于缺少气象学知识，也没有影响天气的人工手段，旱灾和洪灾都会打击本就不发达的种植业，如果此时能够有一个呼风唤雨的神仙出现，干旱时降雨，水灾时止雨，种田就会容易很多，赤松子的出现正是满足了人们这种朴素的愿望。赤将子舆尝百草可以视为渡过荒年的方法，粮食减产或绝收的年份，只能靠“百草”代替食物。加上一些植物本身就有药性，服食也可以延年益寿。

陶工宁封子，为制陶献出生命，陶器的发明在人类社会发展史上具有划时代的意义，它标志着人类已从以采集、渔猎活动为基础的迁徙生活过渡到以农业为基础的定居生活，意味着人类由野蛮状态向文明状态转变的开始，在人类发展史上开辟了新纪元。有人说引导他进入烟火中自焚的即是前面的雨师赤松子，赤松子有“入火不烧”的神力，制陶时对火的把控尤为重要，作为陶工的宁封子渴望能与火共舞，可惜他没有掌握到精髓，反而误将自己烧死，也有人说宁封子没死，而成为了神仙，居住在四川青城山。

偓佺以药助人长寿，文中提到的松子，便具有延年益寿的功效。与松子一样，药材是农业中的经济作物，偓佺相当于现在的医师兼药师。在后世文人心中，“体逸眸方”的偓佺也成为仙家的代表，《上林赋》中便有“偓佺之伦，暴于南荣”的描写。因此，在后世的耕读诗文中，采药、松树等也有特殊的象征含义。

志怪小说着眼于“怪”，自然有不合常理之处，被火焚烧而不死、天上地下来去自由、身上长七寸长的毛、两只眼睛看向不同的方向、活到两三百岁甚至更久……这些超自然的元素和事件，与现实世界存在着本质的差异。但志怪小说描写的又不是完全独立于现实生活的另一个世界，它的许多元素、理念和故事情节终究源自于人类社会和自然环境，反映了人们对世界的认知和理解。干宝编写《搜神记》时，将与农业相关的人物放在卷首，说明当时社会对农业的重视，也是用神话的方式记载了先民们逐步掌握农业技术的过程。

读后小思

(1)《搜神记》的篇章虽然不长，但描写细致，请结合所选段落试做分析。

(2) 你还听过哪些关于槐山采药老人偓佺的故事？试着说一说。

冬　十　月

·提示·

曹操(155—220)，本姓夏侯，字孟德，沛国谯郡(今安徽省亳州市)人。东汉末年的政治家、军事家、文学家，曹魏政权的奠基者。二十岁时举孝廉为郎，后任骑都尉，参与镇压黄巾起义。建安元年(196 年)，将十六岁的汉献帝从洛阳迎到许昌，挟天子以令诸侯，大权在握，灭吕布、破袁绍、征乌桓，统一中国北方。在世时位至大将军、丞相，封魏王，其子曹丕称帝后，追尊其为魏武帝。

曹操是建安文学的开创者，他的诗歌往往用乐府旧题来表现新内容，有对汉末社会的实录，也有抒写个人理想抱负无法实现的苦闷，南朝人钟嵘在《诗品》中称“曹公古直，甚有悲凉之句”，点明曹诗苍凉悲壮的风格特点。

·正文·

孟冬十月[1]，北风徘徊，天气肃清[2]，繁霜霏霏[3]。鹍鸡晨鸣[4]，鸿雁南飞，鸷鸟潜藏[5]，熊罴窟栖[6]。钱镈停置[7]，农收积场[8]，逆旅整设[9]，以通贾商[10]。幸甚至哉！歌以咏志[11]。

·注释·

[1] 孟冬：每年冬季的第一个月，农历十月。

[2] 肃清：形容天气明朗高爽。

[3] 繁霜：繁多的霜雾，即浓霜。霏霏：形霜雪盛密的样子。

[4] 鹍(kūn)鸡：鸟名，似鹤，羽毛黄白色。

[5] 鸷(zhì)鸟：凶猛的鸟，如鹰、雕、枭等。潜藏：潜伏隐藏。

[6] 熊罴(pí)：熊和罴皆为猛兽，罴是熊的一种，也叫棕熊、马熊或人熊，古称罴，毛棕褐色，能爬树游水。窟栖：在洞穴里栖止。

[7] 钱镈(bó)：古代两种农具名，这里泛指农具，借指农事。钱：铁铲。镈：锄一类的农具。

[8] 收：收获。积场：囤积在场院。

[9] 逆旅：客店。整设：整理设置。

[10] 以通：用以通商。贾(gǔ)商：商人。贾，坐商，设店售货的商人。商，行商，行走在外的商人。

[11] 这两句是合乐时所加，跟正文没有什么关系。

品读

曹操现存的诗歌有二十多首，《冬十月》是《步出夏门行》组诗的第二首，《步出夏门行》是曹操用乐府旧题创作的组诗，属于《相和歌辞·瑟调曲》，亦称《陇西行》，共有《观沧海》《冬十月》《土不同》《龟虽寿》四章，《冬十月》为第二章，描写征讨乌桓胜利归来途中所见的风物。

建安十二年(207年)夏天，曹操做了一个让众多谋士反对的决定：北征乌桓。乌桓的祖先是先秦时的东胡人，东胡后分化成乌桓与鲜卑两支，其中乌桓人生活的区域离中原更近，与汉人的关系也更密切。东汉末期，乌桓在蹋顿单于的带领下，发展成一股不可小觑的力量，而且还成为袁氏的伙伴。曹操想在乌桓势力壮大之前，消灭这个心腹大患，然而困难重重。当时曹军刚刚在官渡之战中灭了袁绍的主力，百姓疲惫不堪，加上前往辽东路途遥远，辽东地势复杂、天气恶劣，如果拖到冬天决战，对不适应寒冷天气的曹军来说，非常危险。因此，谋臣们多数不赞同此时北征。谋士郭嘉却力主用兵，并提出兵贵神速，应出其不意获胜。曹操采纳郭嘉的建议，以闪电战的方式血洗乌桓，在阵前将蹋顿单于斩首，“虏众大崩，斩蹋顿及名王已下，胡、汉降者二十馀万口”(《三国志》)。平定乌桓三郡不仅解除了乌桓对中国北部的威胁、扫清袁氏残余势力，而且还收编了乌桓精锐的骑兵，大获全胜。

返回中原的途中，曹操心里除了欢快喜悦，还有自得与满腔的豪情，《冬十月》就写在这样的背景之下。诗歌前八句写初冬的景象，初冬十月，北风呼呼，天气明朗高爽，寒霜纷繁绵密。鹍鸡在清晨鸣叫，大雁南飞，猛禽和猛兽都躲藏起来了。在这个万物休养生息的冬季，虽然自然界一片肃杀，诗人心情却不低沉，刚刚打赢了一场艰苦卓绝的战斗，萧瑟的冬景在诗人看来明亮又开阔。

中间四句由自然转写人事，描绘了冬闲时农人的生活。秋收冬藏，农民放下农具不再劳作，收获的庄稼堆满了谷场，旅店也整理布置，准备迎接来往的客商。此时的诗人和农人一样，也是收获满满。

曹操与古代其他文人很大的一个不同点是，他首先是一个军事家，诗人只是他的副业。因此，他的诗作多不囿于个人的小得失，而是以客观的手法表现社会大现实，从宏观角度关注民生，有领袖人物的宏大气魄。朱乾在《乐府正义》卷八说：“《冬十月》，叙其征途所经，天时物候，又自秋经冬。虽当军行，而不忘民事也。”《冬十月》中，曹操没有大书特书自己打败乌桓的艰辛，而是落笔于战后局部地区百姓过上了安居乐业的生活，由此说明国家统一、政治安定多么重要，平定乌桓恰恰能给人民带来安宁祥和的生活，曹操独特的视角显示出政治家的大格局。

读后小思

《冬十月》中描绘冬闲时农人的生活有何深意？

颜氏家训（节选）

提示

颜之推（531—约597），字介，生于江陵（今湖北省江陵县），祖籍琅邪临沂（今山东省临沂市），中国古代文学家、教育家。他一生经历了南梁、北齐、北周、隋四个朝代，在动荡之中，他不仅保全了性命，还在每个朝代都做官任职，足见其深谙为人处事之道。

《颜氏家训》成书于隋开皇九年（589年），共七卷二十篇。颜之推在书中阐述了立身治家的方法，强调教育应该以儒学为核心，在儒学、文学、佛学、历史、民俗、社会、伦理等方面都提出独到的见解，宋人陈振孙评价《颜氏家训》："古今家训，以此为祖。"

正文

生民之本[1]，要当稼穑而食[2]，桑麻以衣[3]。蔬果之畜[4]，园场之所产；鸡豚之善[5]，埘圈之所生[6]。爰及栋宇器械，樵苏脂烛[7]，莫非种殖之物也。至能守其业者，闭门而为生之具以足，但家无盐井耳。今北土风俗，率能躬俭节用，以赡衣食；江南奢侈，多不逮焉[8]。

古人欲知稼穑之艰难，斯盖贵谷务本之道也。夫食为民天，民非食不生矣，三日不粒，父子不能相存[9]。耕种之，茠锄之[10]，刈获之[11]，载积之，打拂之，簸扬之[12]，凡几涉手，而入仓廪[13]，安可轻农事而贵末业哉[14]？江南朝士，因晋中兴，南渡江，卒为羁旅[15]，至今八九世，未有力田，悉资俸禄而食耳。假令有者，皆信僮仆为之，未尝目观起一墢土[16]，耘一株苗；不知几月当下，几月当收，安识世间余务乎？故治官则不了，营家则不办，皆优闲之过也。

注释

[1] 生民：人民。

[2] 稼穑(sè):春耕为稼,秋收为穑,即播种与收获,泛指农业劳动。

[3] 桑麻:桑树和麻。种植桑树养蚕缫丝,种麻获取纤维,这些都是制作衣服的材料。

[4] 畜:积,积聚。

[5] 善:美味。

[6] 埘(shí):墙壁上挖洞做成的鸡窝。圈:畜栏,猪羊的圈。

[7] 樵苏:充当燃料的柴草。

[8] 不逮:不及,比不上。

[9] 相存:互相问候。

[10] 茠(hāo):通"薅",除草。

[11] 刈(yì)获:收割,收获。

[12] 簸(bǒ)扬:扬去谷物中的糠秕等杂物。

[13] 仓廪:盛粮食的仓库。

[14] 末业:古代指手工业、商业,与称为"本业"的农业相对。

[15] 羁旅:寄居他乡

[16] 墢(fá):量词,相当于"次""番"。

品读

颜之推在治家篇中总结了一些治家的基本理论和方法,涉务篇则讨论如何正确对待社会事务。节选的两段文字,颜之推都提出农业是根本,要春耕秋收才有饭吃,种桑植麻才有衣穿,蔬菜瓜果、鸡肉猪肉、房屋器用、柴草蜡烛等等,一切生活必需品"莫非种殖之物也",都需要通过耕种养殖而获得。民以食为天,吃不上饭,百姓无法生存,三天不吃饭,父子之间都顾不上礼节。不了解农业的人,"治官则不了,营家则不办",做官不识政务,治家不办产业,无论是对个人的小家还是对大的国家都是无用的。

颜之推还深知务农的辛苦,种庄稼需要"耕种之,茠锄之,刈获之,载积之,打拂之,簸扬之",经过耕地、播种、除草、松土、收割、运载、堆积、脱粒、扬场等复杂的工序后,粮食才能进仓。在门第等级森严的魏晋南北朝时期,作为读书人,颜之推不仅深入了解耕种的各种程序,而且尊重农人的付出,这是极为难能可贵的。颜之推推崇读书,认为学习是人生的大事,同时又不轻视耕种,提出要以农为本,《颜氏家训》一书非常完整地体现中国耕读文化。

读后小思

节选的第二段文字,作者讽刺了哪一类人?

第四章　唐代耕读诗文品读

中国是农业大国，也是农业古国。我国农耕文明源远流长、博大精深，是中华优秀传统文化的根脉。在中华大地上，农耕时代很长。这正是人和人的关系最为密切的时代，也是人和大自然的关系最为密切的时代。耕读文化正是来源于漫长的农耕时代，为中国社会所独有，且数千年延续不断。以耕养读，以读馈耕，承载并完成了一个个家庭家族基因的延续，为中国社会创造了充足健康的物质基础，保障了文化传承。

在中国传统古代家庭中，耕读传家一直是作为家训的存在，是中国古人对于自我理想生存状态的凝练表达。耕读之“耕”不仅是传统意义上的农业生产劳动，且可以扩展为事稼穑，丰五谷，养家糊口，以立性命；“读”也不仅仅是传统四书五经的学习，而是指知诗书，达礼义，修身养性，以立高德。

中国诗歌的长河，兼收并蓄，奔流直下到了唐代。唐诗是中国诗史上空前浩大的汇流，是时代的呼唤，是文学自身求变、厚积薄发的结果。唐代的耕读文化也迎来了飞跃发展的阶段。唐末五代章仔钧的《章氏家训》提出“传家两字，曰耕与读；兴家两字，曰俭与勤”，唐代许浑的《题倪处士旧居》提出“儒翁九十馀，旧向此山居。生寄一壶酒，死留千卷书。槛摧新竹少，池浅故莲疏。但有子孙在，带经还荷锄”这都是唐代耕读的事例。

我们或许不可能再回到农耕文明，但读唐诗可以帮助我们恢复对土地的记忆，或许还能重新找回故乡的气息。唯“知农”才能“爱农”，“爱农”后的“立德树人”会更有力量。在此意义上，我们与唐诗的关系，不是消遣，更不是娱乐，而是一种生存的必需。

习近平总书记指出：“农耕文化是我国农业的宝贵财富，是中华文化的重要组成部分，不仅不能丢，而且要不断发扬光大。”通过探究唐诗中所折射出的羡农、悯农、爱农情怀，加深我们对于农耕文化内涵的理解，帮助我们树立文化自信与传承农耕文化传统的使命感。从一首首唐诗中探求一代代文人墨客的风骨、一代代劳动人民的智慧、一个朝代的历史与魅力。

过故人庄

·提示·

《过故人庄》是唐代诗人孟浩然创作的一首五言律诗，写的是诗人应邀到一位农村老朋友家做客的经过。在淳朴自然的田园风光之中，主客举杯饮酒，闲谈家常，充满了乐趣，抒发了诗人和朋友之间真挚的友情。这首诗初看似乎平淡如水，细细品味就像是一幅画着田园风光的中国画，将景、事、情完美地结合在一起，具有强烈的艺术感染力。

孟浩然(689—740)，本名浩，字浩然，号孟山人。孟浩然出生在襄阳城(在今湖北省)，所以人们又称他为“孟襄阳”，是盛唐著名的田园隐逸派和山水行旅派诗人。

受有唐一代科举入仕的影响，孟浩然生平结交干谒权贵公卿，也曾参加科举考试，但终其一生几乎没有真正踏上仕途。和同时代许多仕宦诗人相比，他的仕进之路显得尤为坎坷。诗与王维并称“王孟”，其诗清淡，长于写景，多反映山水田园和隐逸、行旅等内容，诗风清淡自然，以五言古诗见长，在艺术上有独特的造诣。有《孟浩然集》三卷，今编诗二卷。

·正文·

《过 故 人 庄》

孟浩然

故人具鸡黍[1]，邀我至田家[2]。

绿树村边合[3]，青山郭外斜[4]。

开轩面场圃[5]，把酒话桑麻[6]。

待到重阳日[7]，还来就菊花[8]。

·注释·

[1] 具：准备，置办。鸡黍：指农家待客的丰盛饭食(字面指鸡和黄米饭)。黍：黄米，古代认为是上等的粮食。

[2] 邀：邀请。至：到。

[3] 合：环绕。

[4] 郭：古代城墙有内外两重，内为城，外为郭。这里指村庄的外墙。斜：倾斜。因古诗中须与上一句押韵，所以斜应读 xiá。

[5] 开：打开，开启。轩：窗户。面：面对。场圃：场，打谷场、稻场；圃，菜园。

[6] 把酒：端着酒具，指饮酒。把：拿起。端起。话桑麻：闲谈农事。桑麻：桑树和麻。

这里泛指庄稼。

[7] 重阳日：夏历的九月初九。古人在这一天有登高、饮菊花酒的习俗。

[8] 还：返，来。就菊花：指饮菊花酒，也是赏菊的意思。就，靠近，指去做某事。

品读

这首田园诗描写了诗人应邀到一位农村老朋友家做客的经历。在淳朴自然的田园风光之中，主客饮酒赏花、闲谈家常，一幅充满乐趣的重阳风俗图景呈现眼前，感情真挚，诗意醇厚。

“故人具鸡黍，邀我至田家。”开头一句，如话家常。故人“邀”而作者“至”，开门见山，简单而随便，这正是不用客套的至交之间才可能有的形式。而以“鸡黍”相邀，既显出田家特有风味，又见待客之简朴。朋友之间就应该坦诚相待，根本不需要什么虚礼和排场，这句诗充分体现了老朋友之间的深厚情谊。同时，这种简单淳朴、憨直坦诚的待客之道，也与官场上尔虞我诈、口蜜腹剑的为官之道形成鲜明对比。田野耕地的宽阔，不仅在风物，更在人心，这也是在官场失意的文人们之所以能在乡野田间获得抚慰的原因。诗歌的首二句虽然简单，却因其热忱，令读者对接下来的会面场景充满期待。

“绿树村边合，青山郭外斜。”诗人用一种很朴素的言语来描写田园、山水之景，透出一种清远的意味，这就是他生活环境的一部分。绿树、青山，两个简单而又平常的意象，在诗人笔下由近及远，徐徐展开，故人庄的自然美景也随之映入眼帘。村前村后，绿树环绕，满眼皆是绿色，充满生趣；往远处眺望，青山从城外绕村而去，蜿蜒逶迤，延伸至天边。受诗人好心情的影响，绿树青山也变得可爱美好起来。“合”“斜”二字画龙点睛，展现了诗人高超的语言艺术。

“开轩面场圃，把酒话桑麻。”前两句写的是故人庄外景，此二句转写故人庄内景，描写主客饮酒交谈的情景。“开轩”一词巧妙衔接了前后诗句，窗户一开，前句所写的绿树、青山立刻成为背景，近处的谷场和菜圃则成为特写镜头，聚集在读者眼前。谷场上应该有人忙着晒谷、收谷，菜圃中应该也有人在浇水、锄草，直面热闹的劳动景象，连主客间的对话，都紧紧围绕着桑麻这类农业话题。在诗人的细致描绘下，我们通过诗句，仿佛能闻到农庄空气的泥土气息，仿佛能听到主客饮酒的欢声笑语。陶渊明笔下的桃花源只存在于幻想中，孟浩然笔下的故人庄，却是真实可感的，农户们自己自足的安定生活，也完全符合人们对盛唐社会的想象。

“待到重阳日，还来就菊花。”最后一句，诗人宕开一笔，以与友人的再次约定作结。孟浩然不正面抒发此次作客的心情，而是通过与朋友敲定下一次做客日期，来侧面烘托自己对农庄生活的喜爱与不舍之情。“重阳”一词，源于中国传统文化的阴阳观念，根据《周易》的理论，九月阳数九月九日就是阳数相重的日子，故称“重阳”。在古人心中，重阳节是份量很重的节日，孟浩然选择如此重要的日子与友人相约，足见他对农庄生活心有所属，也看得出他对下一次聚会充满期待。故人相待的热情，农庄清新的景致，劳动生产的气息，宾主饮酒的畅快……万物依附大地生长，土地仿佛具有一种魔力，再疲惫沉重的心灵，都能在这里被治愈。无论是盛唐难以实现政治抱负的大诗人，还是今天被水泥森林束缚身心的都市人，在回归农庄的本真生活时，都会在脸上，找到久违的笑容。

读后小思

(1) 诗中哪两句最能表现出作者对农家生活的喜爱?

(2) 结合作者生平，谈谈作者为何对农家生活心生向往呢?

田家元日

提示

《田家元日》是唐朝诗人孟浩然所作的五言律诗。此诗当作于开元十五年(727年)春节，诗人写他自己去长安应试时的亲身感受。诗人借诗抒情，隐隐透露了不甘隐居躬耕的心情。

正文

田家元日[1]

孟浩然

昨夜斗回北[2]，今朝岁起东[3]。
我年已强仕[4]，无禄尚忧农[5]。
桑野就耕父[6]，荷锄随牧童[7]。
田家占气候[8]，共说此年丰。

注释

[1] 元日：农历正月初一。

[2] 斗：北斗星。回北：指北斗星的斗柄从指向北方转而指向东方。古人认为北斗星斗柄指东，天下皆春；指南，天下皆夏；指西，天下皆秋；指北，天下皆冬。

[3] 起：开始。东：北斗星斗柄朝东。

[4] 强仕：强仕之年，即四十岁。

[5] 无禄：没有官职。禄：官吏的薪俸。尚：还。

[6] 桑野：种满桑树的田野。就：靠近。耕父：老农。

[7] 荷：扛，担。

[8] 占(zhān)：推测。占气候：根据自然气候推测一年收成的好坏。

品读

诗的首联“昨夜斗回北，今朝岁起东”写斗转星移，岁月不居，昨晚除夕还是寒冷的隆冬，今朝大年初一起来就已经是和煦的春天。古人认为北斗星斗柄指东意味着天下皆春，指向南方是指夏天到了，转向西方标志着时至秋天，而指向北方则天下皆冬。这两句通过斗柄指北向东转动的快速过程显示时间的推移、节序的更替，暗点了题中的“元日”。

颔联“我年已强仕，无禄尚忧农”写诗人已进入四十岁的壮年时期，本应出仕，大有作为，但未曾得到一官半职，虽然如此，他对农事还是非常重视，惦念农家之事，心系农人之苦。这一联概述了诗人仕途的遭际，表露了他的农本思想。诗人初隐于鹿门，不仅结交了大批淳朴善良的农夫野老，同时又直接参与了田事劳作，自然有了对农村的深厚的感情。但另一方面，作为一个有理想的知识分子，他又无法放弃经世治国的理想，正是这样，他才有如此感叹。隐者并非忘世，他们都有远大的志趣。此句正是诗人忧国忧民的体现。

颈联“桑野就耕父，荷锄随牧童”展示了一幅田园牧歌图。白天，诗人和农父一起扶犁耕作；傍晚，诗人荷锄伴牧童一道回归村庄。诗人笔下的隐居生活是美好的，他与农父并肩劳动，与牧童结伴归家，享受着挥洒汗水后的自由畅快。这两句描绘了一幅田园牧歌画卷，恬淡闲适之情淋漓尽致，从而使读者深深地体味到田园风光的美好，田园生活的快乐。

尾联“田家占气候，共说此年丰”写出了农民最大的新年祈愿，即获得一个丰收年。虽然没有描绘新年辞旧迎新的热闹场面，却着重书写人们预测年成的喜悦，以此作为诗歌的结尾，体现了诗人对农民的了解，也凝聚了他对农村生活的无限热爱。

全诗没有明显的起伏，语调平和，而意味深长。主要表达了两个方面的涵义：一方面，表达了躬耕田园，对乡土真挚的喜爱；另一方面，又希望有朝一日，能够一飞冲天，实现以天下为己任的抱负。尾句“共说此年丰”也包含了双重含义：一是指农田耕种的丰收，二是企盼即将去长安赴试有一个好的结果。由此一语双关，足见耕与读在文人心中的不分伯仲。

读后小思

(1)“元日”指的是农历正月初一。你还读过哪些以“元日”为题作的诗词，选择一首你喜欢的作品和大家共同品读。

(2) 有人认为尾联中“年丰”具有双关义，请结合诗的相关内容简要说明。

渭川田家

提示

《渭川田家》是唐代著名诗人王维创作的一首诗。此诗描写的是初夏傍晚农村夕阳西下、牛羊回归、老人倚杖、麦苗吐秀、桑叶稀疏、田夫荷锄一系列宁静和谐的景色，表现了农村平静闲适、悠闲可爱的生活，流露出诗人在官场孤苦郁闷的情绪。开头四句，写田家日暮时一种闲逸景象；五、六两句，写农事；七、八两句，写农夫闲暇；最后两句，写因闲逸而生羡情。全诗不事雕绘，纯用白描，自然清新，诗意盎然。

王维(701—761)，字摩诘，唐代诗人，原籍祁(今属山西)，其父迁居蒲州(现今山西永济西)，遂为河东人。王维生于世家，自幼受过良好的贵族教育，诗书乐画无一不通，又受其母影响，性好参禅悟理。这些早年的生活经历，都在王维山水诗中留下鲜明的印记。北宋苏东坡盛赞王维“诗中有画，画中有诗”，便是对其诗画造诣的充分肯定。

开元(唐玄宗年号，713—741)进士，累官至给事中。安禄山叛军陷长安时曾受职，乱平后，降为太子中允，后官至尚书右丞，故亦称王右丞。晚年居蓝田辋川，过着亦官亦隐的优游生活。王维诗与孟浩然齐名，并称“王孟”。前期写过一些以边塞题材的诗篇，但其作品最主要的则为山水诗，通过田园山水的描绘，宣扬隐士生活和佛教禅理；体物精细，状写传神，有独特成就，兼通音乐，工书画，有《王右丞集》。

公元737年，曾经对王维有过知遇之恩的宰相张九龄罢相，盛唐开始没落，王维深感政治上失去依傍，又不愿意和李林甫等人为伍，尤其是安史之乱后，他被俘自吞哑药，心灵遭受重创。在这种心绪下他来到渭川田家，看到一幅晚归图，萌发了“归田园居”的念头。

正文

渭川田家[1]

王　维

斜阳照墟落[2]，穷巷牛羊归[3]。

野老念牧童[4]，倚杖候荆扉[5]。

雉雊麦苗秀[6]，蚕眠桑叶稀[7]。

田夫荷锄至[8]，相见语依依。

即此羡闲逸[9]，怅然吟式微[10]。

注释

[1] 渭川：渭水，源于甘肃鸟鼠山，经陕西，流入黄河。田家：种田之家，农家。

[2] 墟落：村庄。斜阳：一作“斜光”。光：《文苑英华》《全唐诗》作“阳”。

[3] 穷巷：深巷。

[4] 野老：村野老人。牧童：一作“僮仆”。

[5] 倚杖：靠着拐杖。荆扉：柴门。

[6] 雉(zhì)雊(gòu)：野鸡鸣叫。《诗经·小雅·小弁》：“雉之朝雊，尚求其雌。”《礼记·月令》：“(季冬之月)雁北乡，鹊始巢，雉雊鸡乳。”雉鸟鸣叫是冬天结束的信号之一。秀＝禾＋乃，禾是结穗的谷类作物，乃是女性双乳。秀的本义是谷类作物抽穗，扬花灌浆。《尔雅》：“荣而实者谓之秀。”抽穗灌浆叫秀，不灌浆结实叫秃。“麦苗秀”是说麦苗抽穗灌浆。

[7] 蚕眠：蚕是蚕蛾的幼虫，家蚕以桑叶为食。蚕眠是蚕蜕皮前不动不食的状态。六、七日眠一次，经四眠后上簇结茧。蚕眠时，喂食桑叶减量，所以“蚕眠桑叶稀”。

[8] 荷(hè)：肩负的意思。至：一作“立”。

[9] 即此：指上面所说的情景。

[10] 式微：出自《诗经·国风·邶风·式微》，其中有“式微，式微，胡不归”之句，是服役者思归的怨诗。本诗中表示弃官归隐之意。微字的本义是拄着拐杖行动缓慢的老人，后引伸出衰落、隐匿、细小、精妙等含义。

品读

诗人描绘了一幅恬然自乐的田家暮归图，虽都是平常事物，却表现出诗人高超的写景技巧。全诗以朴素的白描手法，写出了人与物皆有所归的景象，抒发了诗人渴望有所归、羡慕平静悠闲的田园生活的心情，流露出诗人在官场的孤苦、郁闷。

“斜光照墟落，穷巷牛羊归。”夕阳斜射将整个村落照亮，牛羊回家向巷子深处走去。开头两句虽然只有十个字，但是“斜光”“墟落”“穷巷”“牛羊”这些极富田园色彩的画面接踵而至，为读者展现出田园牧歌似的恬静画面。

诗的核心是一个“归”字。诗中描绘了牛羊徐徐归村的情景，很像是《诗经》里的几句诗：“鸡栖于埘，日之夕矣，羊牛下来。君子于役，如之何勿思？”诗人痴情地目送牛羊归村，直至没入深巷。

“野老念牧童，倚杖候荆扉。”家中老人牵挂放牧牛羊的孩童，站立门口，手拄拐杖，翘首盼归。这一句以“念”字突显老人对孩子的牵挂，以“候”字进一步加深老一辈对下一代的关心期待。在老人心里，孩子们平安归家才是天大的事。常见的景致折射出淳朴的情感，形象生动。顿时，诗人感到这田野上的一切生命，在这黄昏时节，似乎都在思归。

“雉雊麦苗秀，蚕眠桑叶稀。”麦地里的野鸡叫得多动情啊，那是在呼唤自己的配偶；桑

林里的桑叶已所剩无几，蚕儿开始吐丝作茧，营就自己的安乐窝，找到自己的归宿了。这一句远处落笔，写春天的田野，近处细观，是蚕宝宝春睡图，读来趣味盎然。

“田夫荷锄至，相见语依依。”田间劳动结束，农人荷锄而归。这是一幅寻常的晚归图，诗人却无比渴望这样的生活。他们一路聊着年景，话着家常，就像一家人一样，亲亲热热，依依不舍。淳朴的乡情跃然纸上。相比于官场上的尔虞我诈，这朴实的乡音乡情让人倍感亲切。

“即此羡闲逸，怅然吟式微。”最后一句是全诗的灵魂，作者发表了对村中所见的感慨，那就是“羡慕”。创作本诗时，正是王维政治上进退两难之时，仕途上的彷徨与原野上的人皆有所归形成了鲜明对比。由此引发了诗人对乡野生活的羡慕之情，并以《诗经》中的诗句用典，表达自己急欲归隐田园的心情。

这首诗展现了诗意栖居的美好意象，绝大部分的篇幅是在写农村和农民。然而，诗人还是持一种旁观者的姿态，顶多只是寻得了一种借题发挥的缘起。尽管人世充满劳作的艰辛，人类仍可诗意地栖居在天地山水之间。人在日常劳作之余，还能仰望天空、俯瞰大地，置身于山水之间体悟宇宙天道未显明的东西。王维丰裕的经济地位，且仕且隐的名士风度，以及其绝对占上风的庄禅思想的支配，使他绝不会像陶渊明那样贴近田园而做自食其力的耕作，他的感触和体验是隐士的而非农民的。

作者以白描手法，把农耕文明孕育的田园生活，从自己的视角，在一个斜光晚照的大背景下，将所见之人、之景、之情，用泼墨技法，完成了一幅水墨丹青，流露出诗人在官场郁郁不得志，向往桃花源的心志。

虽是归隐，但对于农事，王维的喜悦是真诚的。王维以诗人和画家的敏感，写下不少经典的田园诗。《渭川田家》可谓最具典型意义的一首。与作为读者的我们一样，诗人站在旁观者的角度，即使走在村里，他也是一个局外人，眼前的生活是一幅画，就像凡·高画中的农耕场景。王维的田园诗具有隐喻色彩，呈现出的是农耕文明的生存景观。他由此而感发的喟叹，乃是他对生存意义的追问，对生命本真的深情呼吁并渴望回归。这也是耕读诗文中，文人对“耕”的意义的真实表达。

读后小思

（1）这首诗中的关键字眼是“归”，这个字表达了作者怎样的人生追求？

（2）有人评说本诗的“即此羡闲逸，怅然吟式微”两句是点睛之笔，是本诗的灵魂，请你结合全诗做简要赏析。

新晴野望

提示

《新晴野望》是唐代诗人王维的作品。此诗描绘了在初夏雨后诗人眺望原野所见到的田园风光，写出了农民抓住了雨过天晴的有利时机而突击耕种的情形，表达了诗人热爱自然、眷恋田园的情怀。这首诗格调明朗、清新，为读者呈现的田园画景也是色彩丰富、层次分明、格局开阔，诗人热爱自然、热爱生活的心境更是跃然纸上，感染人心。

此诗当作于唐开元二十八年(740年)之后，王维已年过四十。其时王维的人生态度有着比较明显的转变，过上了一种亦官亦隐的特殊生活，集中创作了大量栖心于田园山水的诗篇。《新晴野望》即为其中的一首。

正文

新晴野望[1]

王 维

新晴原野旷[2]，极目无氛垢[3]。
郭门临渡头[4]，村树连溪口。
白水明田外[5]，碧峰出山后。
农月无闲人[6]，倾家事南亩[7]。

注释

[1] 新晴：初晴。野望：放眼向田野眺望。

[2] 原野：平原旷野。旷：空旷开阔。

[3] 极目：穷尽目力向远处看。氛垢：雾气和尘埃；氛：雾气，云气；垢：污秽，肮脏。

[4] 郭门：外城之门。郭：外城。

[5] “白水”句：田埂外流水在阳光下闪闪发光。

[6] 农月：农忙季节。

[7] 倾家：全家出动。事南亩：在田野干活。事，动词：从事。南亩：《诗经》有“今适南亩，或耘或耔”句，指到南边的田地里耕耘播种，后来南亩便成为农田的代称。

品读

此诗描写初夏的乡村，雨过天晴，诗人眺望原野所见到的景色和农耕活动，抒写了诗人爱自然、爱田园、爱生活的思想感情。诗的语言秀丽，情调明朗健康，意境清新、明净、开阔，宛若一幅优美迷人的水彩风景画，表现了王维高超的写景艺术才能。一般地说，刻画自然景色并不难，难的是用极精练的文字，描绘出特定的时间、空间和特定的季节、气候中的景色。这必须有敏锐的观察力和想象力，并善于抓住景物的主要特征，突出自己最鲜明的印象和感受。这首诗就是王维的一次成功的艺术实践。

首联"新晴原野旷，极目无氛垢"中的"原野旷"和"无氛垢"六个字，展现了雨过天晴后，原野格外空旷开阔，看不见半点雾气尘埃的景象。由于抓准了环境特征，一下子就把读者引进雨后新晴的原野上去，同诗人一起极目远眺，一道呼吸新鲜的、潮润的空气。后六句则是具体地描写纵目四望所见的乡村田野景色，写得远近有致，层次分明。

颔联"郭门临渡头，村树连溪口"，即远处，能够看到外城的门楼临靠着河边的渡头；近处，则可以看到村边的绿树连着溪口。由总写原野的新晴、开阔，到写乡村周围景色，过渡自然。诗人用"临"和"连"这两个动词，把望中所见的乡村主要景物联系起来，构成了一幅优美的画面。正因为空气洁净，增大了"望"中的透明度和深远度，才有可能如此清晰地看到郭门、渡头、村树、溪口。所以这一联所写景色，仍是雨后新晴之景。

颈联"白水明田外，碧峰出山后"最为精彩：在田野外面，溪水与河水正闪烁着粼粼白光；一座座青翠的峰峦则是突兀地出现在山脊背后。上句的"白"字和"明"字、非常准确地表现出雨后水涨，晴日辉映，河流溪涧比平时显得明亮夺目；下句的"碧"字和"出"字，也十分逼真地描绘了雨洗远山，格外碧绿，山背峰峦得以叠现的美景。这两句诗也是绘画中明与暗、光与色的和谐运用的体现，与王维画家的身份十分吻合。

尾联"农月无闲人，倾家事南亩"中的农月，就是农事最繁忙的月份，一般是农历五、六月。倾家，就是全家出动，每户农家不分男女老幼，都投入抢收抢种的紧张劳动之中。事，这里作动词用，相当于"从事于"，也就是干活的意思。南亩，泛指农田。因为现在正是农忙时节，所以这里没有悠闲的人，每家每户全都在田亩间忙碌。如果说前面所写的景色是静景的话，那么这两句便是动景了，且是充满农村生活气息，以及无限生意的动景。因此王维以此二句结尾，不仅丰富了诗的生活内容，又因为动静映衬的手法，使这首诗、这幅画活了起来，让强烈的农村风味和浓郁的泥土气息扑面而来。

苏轼评王维"诗中有画"。作为诗人兼画家的王维，是同时以诗人的心灵和画家的锐眼感受自然美的。王维诗中的画意不仅有形似，而且富有神韵和气象，不仅有形态、色彩和构图，而且有光线和颜色的和谐映衬、明与暗的对比。王维尤其喜欢并擅长描写雨中或雨后的景物，着意表现它们清新、洁净、鲜明、悦目的美。《新晴野望》描写雨后原野格外空旷，空气特别明净，小河在阳光照耀下银波闪亮，雨洗过的峰峦青翠欲滴。这样的雨中景和雨后景，富于色彩美和新鲜感，格外赏心悦目。

王维以他画家的身份，在诗句中通过远近高低、大小虚实的巧妙布局，营造了独特的层次感和纵深感，为耕读诗文的写作丰富更新了技法，也将农耕田野之美呈现得更加细腻别致。

读后小思

(1)“新晴原野旷，极目无氛垢”一句，描绘了雨后乡村景色的什么特点？

(2)尾联写了农忙时节，农人全家在农田里忙于耕作的景象。作者为何要写此情景呢？

(3)诗人在具体描写时，远近相称，动静结合，给我们展示了一幅天然绝妙、充满生机的画面，请你发挥想象，把这幅画面描绘出来。

同王十三维偶然作十首[1]（其一）

提示

储光羲(约707年—约763年)，润州延陵(今江苏丹阳西南)人，祖籍兖州(今属山东)，唐代官员、诗人。储光羲是盛唐时代以田园诗扬名于世的诗人，可与王维、孟浩然比肩而立。《四库全书总目》卷一四九中对其诗歌做出了极高的评价：“其诗源出陶潜，质朴之中，有古雅之味，位置于王维、孟浩然间，殆无愧色。”

储光羲于开元十二年(724年)、十三年(725年)，连应进士举不第，十四年(726年)，登科。初任冯翊县尉，后转任安宜、下邽、汜水尉。深感身沉下僚，难以实现济世抱负，二十一年(733年)，辞官还乡，后隐居终南山，与王维、裴迪畅游啸咏。天宝六载(747年)，拜官太祝，不久转监察御史。安史之乱中，为叛军俘获，被迫受署，后自脱身归朝，远谪岭南，卒于贬所。

正文

仲夏日中时[2]，草木看欲燋[3]。
田家惜工力[4]，把锄来东皋[5]。
顾望浮云阴[6]，往往误伤苗[7]。
归来悲困极，兄嫂共相譊[8]。
无钱可沽酒[9]，何以解劬劳[10]。
夜深星汉明[11]，庭宇虚寥寥[12]。
高柳三五株，可以独逍遥[13]。

注释

[1] 王十三维：唐朝诗人王维。

[2] 仲夏:夏季的中间月份,即午月。日中时:太阳已经运行到中天,即为正午的时辰。日中表示每天的11:00～13:00。这一时段用地支命名,称作"午时"。

[3] 燋:通"焦"。"看"是一种心情,草木焦枯喻忧心似焚。

[4] 工力:所需的人力或人工。惜工力:爱惜已耗费于农事的时间和劳力。

[5] 把锄:扛着锄头。东皋:东方的田野或高地,多指归隐后的耕地。

[6] 浮云:飘浮在天空中的云彩。

[7] 往往:(副)常常,指某种情况时常存在或经常发生。误伤:无意中弄伤。

[8] 譊:争辩,喧嚣,引申为责骂。汉乐府《孤儿行》:"里中一何譊譊。"

[9] 沽酒:从市上买酒。

[10] 劬劳(qú láo):劳累,劳苦。劬:音渠。《诗经·小雅·鸿雁》:"之子于征,劬劳在野。"《说文新附》:"劬,劳也。"何以:用什么。

[11] 星汉:天河,银河。曹丕《燕歌行》:"明月皎皎照我床,星汉西流夜未央。"

[12] 庭宇:庭院屋宇。寥寥:空寂貌。

[13]《庄子·逍遥游》释文:"义取闲放不拘,怡然自得。"屈原《离骚》:"聊逍遥以相羊。"王逸注:"逍遥,相羊皆游也。"洪兴祖注:"逍遥犹翱翔也,相羊犹徘徊也。"

品读

储光羲这一题组的诗共十首,是他同王维交游期间创作的,"偶然作"说明它的随意性和不连贯性,并非严格意义的组诗。从诗的内容写法看,也各不相同。

首六句为一节,仲夏时节的中午,大旱不雨,田里的禾苗,看着就枯萎了。农民爱惜已耗费的劳力,大中午来到田地里,给干旱的土地松土。结果站在田里,仰头看着云彩的方向,心里虽忧愁,手却没有停,结果误锄了几棵苗。全是寻常口语和平淡语气,从行为中写景写人,且把矛盾与心情典型化。"看"是一种心情,草木焦枯与忧心似焚相表里;"惜"是一种心情,盛夏酷暑之际,为抗旱保苗,本应万般珍惜的工力也不计较了;"望"是又一种心情,若大旱之望云霓,盼滂沱之解暑渴,可却只有浮云薄翳。"顾"和"误"传神之笔,更刻画此种心不在焉的惶惑。按理说,仲夏日中锄苗,不符合生活真实,可为了造成环境典型化与突出矛盾尖锐性("锄禾日当午,汗滴禾下土"类此),并不违背艺术真实,且有助于作深层心理透视。

中间四句为一节。农民田间归来,体力与精神都已疲惫,"悲困极"三字足见疲惫程度之深,与上文照应;而"兄嫂共相譊"则加深孤苦无依气氛,与下文提挈。"共相"兼指兄嫂唱和;"譊",争辩,引申为责骂。汉乐府《孤儿行》:"里中一何譊譊。"该农夫亦茕独孤苦,既无衣食父母,又无沽酒青钱。这里,"酒"的形象不仅贯通"无钱"与"劬劳",还应该看作是孤独的象征物和孤独者解闷的伴侣。李白可以"把酒邀明月,对影成三人",而他却连这一点慰藉都无法得到。"劬劳":劳累,劳苦。《诗·小雅·鸿雁》:"之子于征,劬劳在野。"甚或还暗示失群孤雁的悲哀呢！这一节无只字写孤独,而孤独的浓重阴影却笼罩字里行间,化解不开。如果说干旱乃天时灾变的赐予，孤独则是社会家庭人间关系所造成，叙事深度与抒情浓度相互渗透，带出诗歌的层次感。

最后四句一节。依旧是孤独环境与心境的拓展和深化。围绕着末句"独"字，写夜深，写星汉，写寂寥虚庭，写三五高柳，这彻夜不眠的愁人、这无法排遣的悲哀，把四周的氛围渲染得更为沉重。黑白分明的层次、朦胧幽昧的背景，构成一幅立体的写意画面，把实景虚化了。努力耕田，困乏已极，但无钱买酒解除疲劳，如果本诗只到这里，那就只能归入悯农诗了，但诗人储光羲不愧为诗人，他在星汉、庭宇和高柳中得到了宁静。正如清人管世铭在其《读雪山房唐诗序例》中称赞的："储光羲真朴，善说田家。""逍遥"一词为反语，可理解为"穷开心"，诗人旨在用这种"反拨"手法，营造特殊的艺术效果。但是，从整体布局与格调看，这一节似乎与全诗不很协调，或许可以有两种解释：一是储光羲客串农夫角色，总难免有隔膜之处，尤其到抒情写意时，不禁显现士大夫本相；二是作为盛唐田园山水诗派的一员，虽然唱古风古调，不经意间杂点唐音唐腔，透露时易世移消息，这也是符合逻辑的。这也正是储光羲田园诗歌的特点，将自己对耕的体会感悟与文人的情操雅趣结合；将华夏先民们总结出的农业经验与唐人所长的诗歌技法结合，呈现出耕读诗文的唐代气韵。

今人张海沙认为："储光羲的隐居既不同于孟浩然也不同于王维，他没有孟浩然那份祖上传下来的丰饶的家产，因而就没有那份舒适与悠闲；他没有王维那份丰厚的俸禄，因而就没有那份超脱与高雅。他必须亲自参加劳动生产，身处异地他乡，又辞官隐居，他必须实实在在地过一份农家的生活，勤勤恳恳地为自己挣一份衣食，也就真真切切地体会农人的情感。他珍惜自己的生活和体验，尽管这种生活有时是很艰苦的，这种体验有时是很痛苦的。他不怨天尤人，他没有愤懑与失落。他将平平淡淡的田家生活写入诗歌，他使文人所作的农家诗有了生活和情感表现的真切。"

读后小思

(1) 诗歌中主人公的生活状态怎么样？

(2) 诗歌末两句"夜深星汉明，庭宇虚寥寥。高柳三五株，可以独逍遥"有何作用？

江村即事[1]

提示

司空曙，字文明，一作文初，广平(现今河北省永年县东南)人，唐代诗人。曾举进士，入剑南节度使韦皋幕中任职，历任洛阳主簿、水部郎中、虞部郎中等职。享有"大历十才子"之一的美誉。司空曙性情耿介，纵然家境贫寒，也不肯趋炎附势。其诗多写自然景色和乡情旅思，或表现幽寂的境界，或直抒哀愁，较长于五言律诗。有《司空文明诗集》，《全唐诗》录其诗二卷。

这首《江村即事》写诗人在江村所见之事，仅仅是生活中极为平常的钓罢归来不系船的这么一件小事，诗人却善于生发开来，通过对动作和心理的描写，描绘出了江村生活的一个侧面。虽未铺写江村美景，却写出江村渔翁的淳朴感情和悠闲心态，给读者留下了深刻的印象。

正文

钓罢归来不系船[2]，江村月落正堪眠[3]。
纵然一夜风吹去[4]，只在芦花浅水边。

注释

[1] 即事：以当前的事物为题材所做的诗。

[2] 罢：完了；系：系好。不系船：《庄子》曰“巧者劳而智者忧，无能者无所求，饱食而遨游，泛若不系之舟”，即以“不系之舟”为无为思想的象征。

[3] 正堪眠：正是睡觉的好时候；堪：可以，能够。

[4] 纵然：即使。

品读

此诗载于《全唐诗》卷二九二。诗写江村眼前事情，但诗人并不铺写村景江色，而是通过江上钓鱼者的一个细小动作及心理活动，反映江村生活的一个侧面，写出真切而又恬美的意境。

“钓罢归来不系船”，首句写渔翁夜钓回来，懒得系船，任由渔船随意飘荡。“不系船”三字为全诗关键，不系船而在江船独眠，任其飘流，岂不有船荡舟覆之虞？这像一块石子投到平静的水面，在读者心中激起了阵阵波澜。诗人通过这一举动，抓住读者的好奇心，顺势引出后三句。“江村月落正堪眠”，船停靠在江村，时已深夜，月亮落下去了，正是进入梦乡的好时光，诗人夜归，足见垂钓时心情畅快愉悦，虽诗中未提只字，但是完全可以使人想象到，在月色朦胧的江中，小舟在飘荡，诗人望明月而生情，对江水而吟诵，浑然忘我，只有当月亮渐渐隐去，诗人才翩然而归。但是，不系船怎可安然入睡？这就引出了结句：“纵然一夜风吹去，只在芦花浅水边。”这两句紧承第二句，回答了上面担心的问题。“纵然”“只在”两词前后呼应，作者在此宕开一笔，然后立即收拢了，即使吹散了，小船也不过飘到长满芦苇的浅水边，是无关紧要的。在此点明江村的风平浪静，“风”既为画面增加了动感，使人联想到摇曳的芦苇、飘拂的芦花、微波荡漾的江水，又刻画出江村的宁静。这里，诗人没有刻意描写优美的月夜景色，然而江村宁静优美的景色却跃然纸上，表达了诗人随性生活的态度。

这首小诗虽然未写耕种农事，却通过“钓罢归来不系船”的小事将江村随性自适的生活刻画得生动别致。短短四句诗，以退为进，笔法跌宕，语言率真，把读者带进诗意的江村生活的同时，也将“渔樵耕读”豁达洒脱的人生境界定格成了永恒。

读后小思

(1) 请概括诗中表现的是一种怎么样的生活情调。

(2) 有人说“不系船”三字之意在全诗中首尾相贯，请结合全诗分析。

雨过山村

提示

《雨过山村》是唐代诗人王建所写的一首七言绝句。前两句通过对景物的描写来表达山村的静谧。第三句写妇女冒雨浴蚕，表现农家之忙。第四句通过花的“闲”反衬农人的忙。全诗描绘了一幅清新秀丽的山村农忙图景，既富有诗情画意，又充满劳动生活的气息，颇值得称道。

这首《雨过山村》具体创作年代未知，当是诗人王建在雨中来到田园山村时，看到优美的山水田园风景以及农忙时节真实的农村生活景象，为抒发对和平宁静的田园生活的赞美而写。

王建，字仲初，颍川（今河南省许昌市）人，唐代诗人，大历（唐代宗年号，公元766—779年）进士，晚年为陕州司马，又从军塞上。与张籍友善，乐府与张齐名，世称张王乐府。其以田家、蚕妇、织女、水夫等为题材的诗篇，对当时社会现实有所反映，所作《宫词》一百首颇有名，有《王司马集》。

正文

雨里鸡鸣一两家，竹溪村路板桥斜[1]。
妇姑相唤浴蚕去[2]，闲着中庭栀子花[3]。

注释

[1] 竹溪：岸边长满翠竹的溪流。

[2] 妇姑：农家的媳妇和婆婆。相唤：指彼此之间互相呼唤。浴蚕：古代一种选育优良蚕种的方法，即将蚕种全都浸在盐水中进行筛选。

[3] 闲着：农人忙碌让栀子花显得是在徒然盛开。栀子：一种常绿的灌木，春夏之交盛开白色的花朵，散发很浓的香气。

品读

这是一幅描写生动的山村风俗画，诗人通过对雨中路过山村所见所闻的描绘，表现了他对和平宁静的田园生活的赞美。

“雨里鸡鸣一两家”，这是入山村前的所闻。因为是雨天，山村的轮廓在远处未必看得分明，但鸡鸣声却听得清晰。《诗经》有“风雨如晦，鸡鸣不已”的诗句，下雨天，天气晦明无常，会诱发鸡鸣，所以说“雨里鸡鸣”是符合生活真实的。但诗人听到的鸡鸣不是联绵不绝的一大片，而是稀稀落落的“一两家”。山村地形使得居民点分散，因此，这个山村不会是《桃花源记》中描绘的那种阡陌交通、鸡犬相闻的大墟落，而是住户不多，各抱地势因而零零散散的小山村。小雨淅淅沥沥地下着，笼罩了整个村子，时而传来一两家的鸡鸣声，既反衬出山村的幽静，也为诗句增添了颇多生活气息与动感。

如果说首句已显出山村之“幽”，那么，次句则由曲径通幽的过程描写显出山居的“深”，并让读者随诗句的向导，体验山行的趣味。一条溪水从山村流过，竹林夹岸，小径蜿蜒，小路尽处是一座用木板随便搭成的小桥。“竹”“溪”“路”“桥”四个名词连用，凸现了山行所见景致，这座设在竹溪村路间的板桥，歪斜地摆放着，这种随性不羁不仅和周围景物和谐统一，而且也显示出山民淳朴的作风。王建只是将妥当的物象进行了妥当组合，就让整幅画面自动丰富起来，牵引着读者的那颗诗心和渴望探求美的眼眸。

“妇姑相唤浴蚕去”，第三句写入村所见，着重写农事活动。“浴蚕”指古时用盐水选蚕种，一般在二月进行。仲春时节，在这淳朴的山村里，妇姑相唤而行和睦亲切。在人际关系里，婆媳关系一般被认为是比较难处的，但在这小山村里看到的是这般融洽和谐的情景。诗人以其敏锐的洞察力，发现了山村精神世界的美，这种融洽和谐的人际关系也正是乡村最具吸引力的地方。

“闲着中庭栀子花”，最后一句，诗人宕开笔触，转而描绘中庭栀子花。写花而用“闲着”形容，很有韵味：花闲着，主要在于表明春深农忙，村中没有一个闲人。花与女人从来都有着紧密联系，女人如花，女人也爱花，本该是妇女们围着花嬉闹欣赏，折花簪鬓……但这时候却恰恰相反，让栀子花闲在那里。栀子花是一种花型硕大、色泽素雅、香气浓郁的花，又因为有“同心花”的别名，故深受青年男女的喜爱。而现在，它被“闲”在中庭，无人欣赏采撷，这就从另一方面说明，农忙时节山村里的居民们一门心思忙于农事，连谈情说爱的“闲”工夫也没有，独留那庭院中的栀子花静静盛开在雨里。这种侧面着笔的手法，把田家农忙的气氛表现得相当充分，以虚代实，妙趣横生。

诗人从景物写到人事，从人事写到环境气氛，运用新鲜活泼的语言、鲜明生动的意象，传出浓郁的乡土气息，而字里行间又流露出诗人对田家生活的赞叹和欣赏之情。可谓“心思之巧，辞句之秀，最易启人聪颖”（《唐诗别裁》卷八评张王乐府语）。

读后小思

(1) 品读此诗前两句，说说山村有什么样的特点，作者是用哪些意象写出这些特点的？

(2) 田家少闲月，如何理解诗中的“闲”字的表达效果？

悯农二首[1]

提示

《悯农二首》是唐代诗人李绅的组诗作品。李绅生活在唐王朝由盛转衰时期，眼见各级贪官污吏、各地土豪劣绅对农民的剥削压榨日益苛重，作为头脑清醒、具有良知和正义感的知识分子，他用《悯农》诗揭露社会的黑暗，寄寓了强烈的悲悯之情。此诗题为“悯农”，明白告示了作者的创作动机和诗作的感情倾向。这组诗深刻地反映了中国封建时代农民的生存状态。第一首诗具体而形象地把硕果累累的丰收景象和农民辛勤劳作却两手空空甚至惨遭饿死的情景相对比，深刻地反映了当时农民悲惨的生活状态；第二首诗描绘了在烈日当空的正午农民在田里劳作的景象，概括地表现了农民终年辛勤劳动的生活，最后以语近意深的格言，表达了诗人对农民真挚的同情之心。

两首《悯农》，仅仅四十个字，但语言通俗质朴，将农家生活的艰辛生动地展现在了大家的眼前，让我们体会到了一粥一饭皆来之不易的道理。两首诗风格简朴厚重，语言通俗质朴，音节和谐明快，并运用了虚实结合与对比手法，增强了诗的表现力。李绅的《悯农》诗，是具有强烈现实关怀的政治家之作，反映了安史之乱后唐王朝农业衰败的状况和横征暴敛导致的农民极度贫困的现实，开创了诗歌创作的新范式，无论在思想性和艺术性上都具有重要的诗史意义。

李绅(772—846)，字公垂，润州无锡(今江苏无锡)人，唐宪宗元和元年(806)进士，曾因触怒权贵下狱。唐武宗时为宰相，后出任淮南节度使，与元稹、白居易等人交往密切，在元、白提倡“新乐府”之前，就首创新乐府二十首，今失传，是新乐府运动的倡导者之一。《全唐诗》录其《追昔游诗》三卷，《杂诗》一卷。

正文

其　一

春种一粒粟[2]，秋收万颗子[3]。

四海无闲田[4]，农夫犹饿死[5]。

其　二

锄禾日当午[6]，汗滴禾下土。
谁知盘中餐[7]，粒粒皆辛苦[8]？

注释

[1] 悯：怜悯，这里有同情的意思。这两首诗的排序不同版本有分歧。
[2] 粟：泛指谷类。
[3] 秋收：一作“秋成”。子：指粮食颗粒。
[4] 四海：全国。闲田：没有耕种的田。
[5] 犹：仍然。
[6] 禾：谷类植物的统称。
[7] 餐：一作“飧”，熟食的通称。
[8] 皆：都，都是。

品读

农业、农人，虽在农耕社会里是天大地大的事，但是，因为某些时段的朝政颓败、战乱纷争、天灾人祸，最易受打击的，也是农业和农人。《新唐书》在“本纪”和“五行志”里所记载的天灾人祸比比皆是，尤其是猝不及防的“安史之乱”，更是击穿了大唐盛世的假面，悯农、哀农的诗，也因此成为唐代农事诗里的重要部分。

正是由于李绅的《悯农》（《全唐诗》也作《古风二首》），“悯农”题材的诗成为中国文学史和文化史的显著标识之一。尤其是《悯农》的第二首，其传颂的范围和力度，不亚于李白的《静夜思》。

第一首诗一开头，就以“一粒粟”与“万颗子”作对比，具体而形象地描绘了丰收景象，用“种”和“收”赞美了农民的劳动。第三句再推而广之，展现出四海之内，荒地变良田，这和前两句联起来，展现出一幅四海之内良田遍布的画卷。“引满”是为了更有力的“发”，这三句诗人用层层递进的笔法，表现出劳动人民的巨大贡献和无穷的创造力，这就使下文的反诘变得更为凝重、更为沉痛。“春种一粒粟，秋收万颗子”，正是农耕文明最真实的写照，也蕴含着中国人最朴素的生活哲学，有劳动才有收获，有付出才有回报。听着诗里的句子，眼前仿佛闪过农民的挥汗如雨，闪过他们弯腰种麦，又或是秋收时他们脸上笑着而堆起的皱纹……这幅绵延千年的农耕文明的壮美景象，时至今日，依然有着震慑人心的力量美！

第四句话风一转，以“农夫犹饿死”与前三句构成了巨大的转折，它不仅使前后的内容连贯起来了，也把问题突出出来了。勤劳的农民以他们的双手获得了丰收，而他们自己却是两手空空，惨遭饿死。该诗迫使人们不得不带着沉重的心情去思索“是谁制造了这人间的悲剧”这一问题。诗人把这一切放在幕后，让读者去寻找、去思索。如果把这两方面综合起来，那就正如马克思所说的：“劳动替富者生产了惊人作品（奇迹），然而，劳动替劳动者生产了赤贫。劳动生产了宫殿，但是替劳动者生产了洞窟。劳动生产了美，但是给劳动者生产了畸形。”由文人之笔替农人喊出这世间的巨大不公，正是中国知识分子以“读”反哺、回馈“耕”的自发行为，也是儒士们兼济天下情怀的现实投射。

第二首诗，诗中没有叙述复杂的农业生产过程和农民劳动的辛苦，而是选取了农民在烈日下锄禾而汗流不止的景象，给人一种印象深刻的镜头感。这就补叙出由“一粒粟”到“万颗子”，到“四海无闲田”，乃是千千万万个农民用血汗浇灌起来的；也为下面“粒粒皆辛苦”撷取了最富有典型意义的形象，可谓一以当十。它概括地表现了农民不避严寒酷暑、雨雪风霜，终年辛勤劳动的生活。“谁知盘中餐，粒粒皆辛苦”，不是空洞的说教，不是无病的呻吟。这两句流传极广，妇孺皆知，已经成了历代珍惜粮食、尊重劳动的格言。

《悯农二首》是自唐宋以来广为流传、妇孺皆知的名篇，不断地被历朝历代的人们所吟诵、品味，并不是没有原因的。

首先，诗句蕴意深远，引人深思。“春种一粒粟，秋收万颗子”，何况“四海无闲田”，用今天的话说就是产量高、种植面积大，应该是收获很多粮食，可是实际结果是什么？是“农夫犹饿死”，由此可见农民受到的剥削是多么深重，社会对他们是多么不公！再如“盘中餐”，这原是人们天天接触、顿顿必食的，然而并没有谁想到把这粒粒粮食和农民在烈日之下的汗水联系在一起。诗人敏锐地观察到了，并凝聚成“粒粒皆辛苦”的诗句。这就给人们以启迪，引人去思索其中的道理，从而使那些不知珍惜粮食的人受到深刻的教育。

其次，采用鲜明的形象和深刻的对比来揭露问题和说明道理。“春种”对“秋收”，“一粒粟”对“万颗子”，工整匀称、言简意明地勾画出了一幅春华秋实图。这些辛苦换来了大量的粮食，该说农民是可以生活下去的，但最后一句却凌空一转，来了个“农夫犹饿死”的事实。灾荒与冻饿联系在一起，人们可以接受，而丰收与饿死怎么能联系在一起呢？正是这违悖道理的事实，产生了强烈的艺术效果，深深地触动了读者的心，引起读者的思考，如此就比作者直接把观点告诉读者要深刻有力得多。“锄禾日当午”点明了农民干活的时间和环境，已隐含了农民劳作艰辛之意，为第二句“汗滴禾下土”做了极好的铺垫。这两句诗又为第一首的“春种一粒粟，秋收万颗籽”做了具体、形象的说明。种一收万，并不是轻而易举的事，它是由千百万农民用辛勤的劳动和血汗换来的。而这来之不易的劳动成果却被不劳而获者占有，结果是“农夫犹饿死”，所以诗人最后用反问语气道出的“谁知盘中餐，粒粒皆辛苦”，成为了经典警句，成为农耕文明的缩影，成为炎黄子孙的文化记忆。

这两首相对独立，又互有联系的五言绝句，从内容上看，思想深刻，感情真实，毫无矫揉造作之意。最后，诗的语言通俗、质朴，音节和谐明快，朗朗上口，容易背诵，也是这两首小诗长期在人民中流传的原因。

读后小思

(1)“农夫犹饿死”一句表现出作者对农民怎样的感情？

(2)在生活中，当我们看到有人浪费粮食，我们可以用诗中的哪两个句子来提醒人们要爱惜粮食？

观刈麦[1]

·提示·

《观刈麦》是作者早期一首著名讽喻诗。这首诗大约作于唐宪宗元和元年(805年)至元和二年(806年)间，是白居易任陕西盩厔(今陕西省周至县)县尉时有感于当地人民劳动艰苦、生活贫困所作。当时作者主管当地治安和催租，有更多机会体察劳动人民的生存状态，所以他对劳动人民在这方面所受的灾难也知道得最清楚。

此诗描写了麦收时节的农忙景象，对造成人民贫困之源的繁重租税提出指责，对于诗人自己无功无德又不劳动却能丰衣足食而深感愧疚，表现了一个有良心的封建官吏的人道主义精神。在写作手法上，诗人将全景式刻画与特定人物描写相结合，夹叙夹议，使全诗成为一个有机的整体。

白居易(772—846)，字乐天，号香山居士，唐代诗人。生于河南新郑，其先太原(今属山西)人，后迁下邽(今陕西渭南东北)。贞元进士，授秘书省校书郎，元和年间任左拾遗及左赞善大夫，后因上表请求严缉刺死宰相武元衡的凶手，得罪权贵，贬为江州司马。长庆初年任杭州刺史，宝历初年任苏州刺史，后官至刑部尚书。在文学上，主张“文章合为时而著，歌诗合为事而作”，是新乐府运动的倡导者。其诗语言通俗，人有“诗魔”和“诗王”之称，和元稹并称“元白”，和刘禹锡并称“刘白”，有《白氏长庆集》传世。

·正文·

田家少闲月，五月人倍忙。夜来南风起，小麦覆陇黄[2]。妇姑荷箪食[3]，童稚携壶浆[4]，相随饷田去[5]，丁壮在南冈[6]。足蒸暑土气[7]，背灼炎天光[8]，力尽不知热，但惜夏日长[9]。复有贫妇人，抱子在其旁[10]，右手秉遗穗[11]，左臂悬敝筐[12]。听其相顾言[13]，闻者为悲伤[14]。家田输税尽[15]，拾此充饥肠。今我何功德[16]？曾不事农桑[17]。吏禄三百石[18]，岁晏有余粮[19]，念此私自愧[20]，尽日不能忘[21]。

注释

［1］刈(yì)：割。

［2］覆(fù)陇(lǒng)黄：小麦黄熟时遮盖住了田埂。覆：盖。陇：通“垄”，农田中种植作物的土埂，这里泛指麦地。

［3］妇姑：媳妇和婆婆，这里泛指妇女。荷：背负，肩担。箪食：装在箪笥里的饭食。《左传·宣公二年》：“而为之箪食与肉，寘诸橐以与之。”

［4］童稚(zhì)携壶浆(jiāng)：小孩子提着用壶装的汤与水。浆：古代一种略带酸味的饮品，有时也可以指米酒或汤。

［5］饷(xiǎng)田：给在田里劳动的人送饭。前蜀韦庄《纪村事》诗：“数声牛上笛，何处饷田归？”

［6］丁壮：青壮年男子。《史记·循吏列传》：“(子产)治郑二十六年而死，丁壮号哭，老人儿啼，曰：‘子产去我死乎！民将安归？’”南冈(gāng)：地名。

［7］足蒸暑土气：双脚受地面热气熏蒸。

［8］背灼炎天光：脊背受炎热的阳光烘烤。

［9］但：只。惜：盼望。

［10］其：指代正在劳动的农民。傍：通“旁”。

［11］秉(bǐng)遗穗：拿着从田里拾取的麦穗。秉：拿着。遗穗：指收获农作物后遗落在田的谷穗。

［12］悬：挎着。敝(bì)筐：破篮子。

［13］相顾言：互相看着诉说。顾：视，看。

［14］闻者：白居易自指。为(wèi)悲伤：为之悲伤(省略“之”)。

［15］输税(shuì)：缴纳租税。输：送达，引申为“缴纳，献纳”。《梁书·张充传》：“半顷之地，足以输税，五亩之宅，树以桑府。”

［16］我：作者自己。

［17］曾(céng)不事农桑：一直不从事农业生产。曾：一直，从来。事：从事。农桑：农耕和蚕桑。

［18］吏(lì)禄(lù)三百石(dàn)：当时白居易任周至县尉，一年的薪俸大约是三百石米。石：古代容量单位，十斗为一石。吏禄：官吏的俸禄。《史记·平准书》：“量吏禄，度官用，以赋于民。”

［19］岁晏(yàn)：一年将尽的时候。晏：晚。

［20］念此：想到这些。

［21］尽日：整天，终日。

品读

这首诗叙事明白，结构自然，层次清楚，顺理成章。“田家少闲月，五月人倍忙。夜来南风起，小麦覆陇黄。”诗歌开篇四句交代背景，一“少”一“倍”，写出了农人的繁忙，同情之意已现。对农民而言，一年四季都很少有闲暇时光，到了农历五月份和芒种时节，这种忙碌就更是不言而喻。一夜之间，田埂的小麦便成了金黄色，庄稼已经成熟了，到了可以收获的季节。“妇姑荷箪食，童稚携壶浆，相随饷田去，丁壮在南冈。”妇女们用竹筐挑着食物，孩童们的手中提着盛满汤水的壶。他们一前一后相伴着到田间，给家里的壮丁们送饭。可以说，家里的男男女女、老老少少，没有一个闲人，最辛苦的是家里的壮丁们。

“足蒸暑土气，背灼炎天光，力尽不知热，但惜夏日长。”这四句既呈现出了青壮年农民在南冈割麦的辛苦劳碌场景，更着力刻画了特定情景下农民的异常心理。在受着烈日火一般烘烤并且累得筋疲“力尽”的时刻，恐怕谁都愿意太阳早点落山，以便得到及时的休息。可是，农民们却“但惜夏日长”，舍不得浪费一点白天的时间，恨不得白天再长一点，这是为什么？因为如果不抓紧较长的白天时间去收割麦子，万一天气变化，来一场狂风暴雨，即将到手的收成就会受到严重影响。因此，尽管天气如此之热，尽管白天又如此之长，尽管已经“力尽”，但农民们却似乎完全忘记了炎热，忘记了疲劳，只想趁夏天天长多干点活。这种异常心理无情揭示了当时农民面临的巨大生活压力。

接下来八句，又描写了另一种令人心酸的情景，“复有贫妇人，抱子在其旁，右手秉遗穗，左臂悬敝筐。听其相顾言，闻者为悲伤。家田输税尽，拾此充饥肠”。一个贫困妇人怀里抱着孩子，手里提着破篮子，在割麦者旁边拾麦，她来拾麦的原因是她家的田地已经“输税尽”——为缴纳官税而卖光了，如今无田可种，无麦可收，只好靠拾麦充饥。这两种情景交织在一起，有差异又有关联：前者揭示了农民的辛苦，后者揭示了赋税的繁重。繁重的赋税既然已经使贫困妇人失掉田地，那就也可能使这一家正在割麦的农民失掉田地。她的昨天正是刈麦者的今天，而她的今天，或许正是刈麦者的明天啊！在繁重的赋税徭役之下，农民只有这样一种悲惨的命运！强烈的讽谕意味，自在不言之中。

“今我何功德？曾不事农桑。吏禄三百石，岁晏有余粮，念此私自愧，尽日不能忘。”描写了农民在酷热夏天的劳碌与痛苦之后，诗人也联想到自己。他深感自己没有“功德”，又“不事农桑”，可是每年却享有“三百石”俸禄，到年终还“有余粮”，因而“念此私自愧，尽日不能忘”。在那个时代，诗人能够主动将自己和农民作对比，并自我“解剖”，是儒士精神的体现，是儒士使命的驱动。白居易写讽谕诗，目的是“唯歌生民病，愿得天子知”，是他实现治国安民、经世致用理想的方式。在这首诗中，他以自己切身的感受，把农民和作为朝廷官员的自己进行鲜明对比，就是希望“天子”有所感悟，手法巧妙而委婉，可谓用心良苦。诗人在诗中对劳动人民蒙受的苦难鸣不平，强烈抨击了当时的赋税制度，充分体现知识分子群体对“耕者”的关注与同情。“达则兼济天下，穷则独善其身”，是白居易的处世哲学与为官之道，也是他在审视耕读关系时，做出的人生选择。

读后小思

(1) 在《观刈麦》中，白居易面对辛勤耕种却食不果腹的农人深深自责，发出的自问自省的句子有哪些？

(2) “力尽不知热，但惜夏日长”是对刈麦者心理加以刻画，分析其表达作用。

(3) 同学们是否有帮助家里务农的经历？还记得你的家乡农忙是在什么时候吗？你家收秋有全家出动的时候吗？为什么要全家出动？

农　家[1]

提示

科场才俊——颜仁郁，字文杰，号品俊，福建德化三班泗滨人，生于唐大和(827—835)间。祖籍河南温县，祖父颜景茂，为兵曹参军，入闽任福州侯官县令。父颜芳(787—860)，随其父入闽，辗转来到永福(今永泰)县归德场归义乡山亭里(今德化县三班镇泗滨村)，受聘于金员外为家塾教师，后怡情当地山水，定居肇基于此。仁郁为颜芳第七子。

清吴任臣《十国春秋》卷九十六亦载：“时土荒民散，仁郁抚之。一年襁负至，二年田莱辟，阅三岁而民足用。”颜仁郁不仅是一位诗人，还是一位政绩颇丰的官员。

正文

夜半呼儿趁晓耕，羸牛无力渐艰行[2]。

时人不识农家苦[3]，将谓田中谷自生[4]。

注释

[1] 农家：从事农业的人家，即农户。

[2] 羸：瘦弱的。

[3] 时人：当时的人。

[4] 将谓：就以为。

品读

这首诗最绝妙之处在于对比手法的运用。一则农家与时人的对比。二则父子趁晓耕、羸牛无力耕的辛苦与富家公子不识农家苦的对比。

这个场景生动地展示了农人们不畏艰辛、勤劳耕作的精神。然而，时人却对农家的辛苦一无所知，他们错误地认为农作物是自然生长的，没有意识到农人们辛勤的付出。通过这种对比，作者呼吁社会上的人们应该更加了解和尊重农人的辛苦劳作，不要轻视他们的贡献。后两句与李绅《悯农》诗中的“谁知盘中餐，粒粒皆辛苦”所表达的意思相似，但感情更加强烈，批判力度也更猛烈，过去常用来讥讽那些不知耕作辛苦、不懂谋生艰难、耽于吃喝玩乐的人们。由于颜仁郁为基层地方官员，与当地百姓交往较多，其诗歌注重描写民生疾苦，体恤下民，知道“夜半呼儿趁晓耕”的辛劳，也知“羸牛无力”的无奈。

读后小思

(1) 简要概括诗中的“时人”是哪类人，具有怎样的形象特点。

(2) 概括出这首诗中作者对农家的感情。

耒耜经·序文(节选)

·提示·

陆龟蒙(？—约881)，字鲁望，自号天随子、甫里先生、江湖散人，唐代苏州(今属江苏)人。中国唐代诗人、文学家、农学家，与皮日休齐名，人称“皮陆”。

陆龟蒙的一生大致可分为三个时期。第一个时期是二十岁之前的人生初期，他在家族遗风的影响下，以儒家经典为本，怀揣着“兼济天下”的志向。陆龟蒙在《甫里先生传》写道：“先生性野逸无羁检，好读古圣人书，探六籍，识大义，就中乐《春秋》，抉擿微旨。”儒家学说直接影响了他积极出仕的人生理想。第二个时期是二十岁至四十岁之间，在这二十年间为科举奔波，第一次科考落榜后依旧坚持原来的理想。但是大约在咸通十年时出现了他人生的一个重要转折点，这一年他因停贡举返乡卧床不起，从此在他生命的最后十几年中(第三个时期)便以归隐生活为主，不再与世俗交流。

由陆龟蒙撰写的《耒耜经》是一部专门记述农具的作品，他在序文中交待了写作动机。他指出，人类开始农耕以来，无论统治者还是老百姓，都不能离开农具。他甚至说如果一个人饱食终日而不了解农业和农具，那不就和禽兽一样了吗！他主张上层人士应该向农民学习，应该仿效古圣人一样参加农业劳动。作为当时文学名流的陆龟蒙，肯将一般文人看不起的农具作为著述主题，表达自己的农本思想，实在难能可贵。作为农学家，陆龟蒙的贡献不仅在于农业器具方面，在其他诸如植物保护、动物饲养等方面也多有建树。

·正文·

耒耜者[1]，古圣人之作也。自乃粒以来至于今[2]，生民赖之[3]，有天下国家者[4]，去此无有也[5]。饱食安坐，曾不求命称之义[6]，非扬子所谓如禽者耶[7]？余在田野间，一日呼耕甿[8]，就而数其目[9]，恍若登农皇之庭[10]，受播种之法[11]。淳风泠泠[12]，耸竖毛发[13]，然后知圣人之旨趣[14]，朴乎其深哉[15]！孔子谓"吾不如老农"，信也[16]。因书为《耒耜经》，以备遗忘[17]，且无愧于食[18]。

注释

[1] 耒耜[lěi sì]：①古代民间耕地翻土的农具。耒是耒耜的柄，耜是耒耜下端的起土部分。《礼记·月令》〔孟春之月〕："天子亲载耒耜，措之于参保介之御间。"郑玄注："耒，耜之上曲也。"②农具总称。《孟子·滕文公上》："陈良之徒陈相，与其弟辛，负耒耜而自宋之滕。"③借指耕种。唐·韩愈《寄卢仝》诗："国家丁口连四海，岂无农夫亲耒耜。"

[2] 乃粒：《书·益稷》："烝民乃粒。"乃粒，即百姓以谷物为食的意思。此处则代指谷物。

[3] 生民：人民。《清史稿·世祖纪二》："国家设官，必公忠自矢，方能裨益生民，共襄盛治。"之：指代耒耜。赖之：农民都靠耒耜进行耕作。

[4] 有天下国家者：统治者。

[5] 去：离开。此：指代农具。去此无有也：无论统治者还是老百姓都是不能离开农具的。

[6] 命称：命名。曾不求命称之义：不了解如何使用农具。

[7] 扬子：扬雄(公元前 53—18)，又作杨雄，字子云，蜀郡成都(今四川成都)人。中国西汉末年哲学家、文学家、辞赋家、思想家。

[8] 耕甿[gēng méng]：旧称农民。唐代柳宗元《与萧翰林俛书》："收召魂魄，买土一廛为耕甿，朝夕歌謡，使成文章。"

[9] 就而数其目：在耒耜旁边，谈起了耕作和种植。

[10] 农皇：神农氏，传说中教民稼穑的人。汉·应劭《风俗通·皇霸·三皇》："遂人为遂皇，伏羲为戏皇，神农为农皇。"恍若登农皇之庭：就好像到了神农的家里。

[11] 受播种之法：学到耕作种植的方法。

[12] 淳风：敦厚朴实的风度。泠泠：形容声音清越、悠扬，这里是指清晰真挚的话语。

[13] 耸竖毛发：使人惊叹，发人深省。

[14] 然后知圣人之旨趣：然后我体会到了圣人制作农具的宗旨和乐趣。

[15] 朴：朴实。深：深刻。朴乎其深哉：真是朴实且深刻啊。

[16] 信也：诚实不欺也。《论语·学而》："为人谋而不忠乎？与朋友交而不信乎？"

[17] 以备遗忘：目的就是避免遗忘这些农具及使用方法。

[18] 且无愧于食：以此表达自己没有白吃粮食。

品读

隋唐以后，随着科举制度的建立，很多读书人因考试落榜，不得已在乡间过着隐居般的生活，中国古代有相当一部分农学家就是因这样的经历成长起来的。唐代陆龟蒙，出身官宦世家，其父陆宾虞曾担任过御史之职。早年的陆龟蒙也曾热衷于科举。他从小就精通《诗》《书》《仪礼》《春秋》等儒家经典，特别是对于《春秋》更有研究，但他在进士考试中以落榜告终。此后，陆龟蒙跟随湖州刺史张博游历，并成为张的幕僚。后来他回到了故乡松江甫里，过起了隐居的生活。陆龟蒙有《村夜》诗："世既賤文章，歸來事耕稼，伊人著農道，我亦賦田舍。"他的农学成就，就是在他隐居期间做出的。

我国素有"耕读传家久、诗书继世长"的传统，农本思想在诸多经史典籍中都有很重要的位置。晚唐隐逸诗人陆龟蒙不仅是一位文学家，同时还兼具农学家身份，他编写《耒耜经》专门介绍古农具，对农业发展影响深远；同时他的诗歌创作内容多与乡村的耕读生活有关，体现了传统的"农本位"和"天、地、人"协调发展的思想，是诗歌史上少有的关心农民生产、生活的诗人。耒耜，扮演着将人的生存、娱乐同土地紧密联系在一起的重要角色，是农民与土地联系的重要纽带，更是人与土地产生关系的最初中介物。《耒耜经》全文六百三十三字，记载了四种农具，重点描述了唐代发明的曲辕犁。作为一个读书人，陆龟蒙提倡上层人士向农民学习，这在当时是难能可贵的。《耒耜经》是我国最早的一部农具专著，也是最早讨论江南水田农业生产的专文。

躬耕是由隐士而成为农学家所迈出的最关键的一步。陆龟蒙和陶渊明一样，是真正能够融入田园生活的。他在唐乾符六年(879 年)卧病期间编写了《笠泽丛书》，其中便有许多反映农事活动和农民生活的田家诗，如"放牛歌""刈麦歌""获稻歌""蚕赋""渔具""茶具"等。陆龟蒙在甫里有田数百亩、屋 30 楹，虽然他有牛 10 头，帮工 20 多人，但他还是亲自参加大田劳动，中耕除草从不间断。他还从事捕鱼等副业生产，平日稍有闲暇，便带着书籍、茶壶、文具、钓具等往来于江湖之上，当时人称其为"江湖散人""天随子"。他将自己比作是涪翁、渔父、江上丈人，这些自称既是他隐士身份的体现，也是他耕读诗文创作的源泉。陆龟蒙的隐逸生活，真正实现了耕与读的巧妙结合，以诗歌描摹农业生活，以文章记述农事理论。在暮气四溢的晚唐，陆龟蒙在农耕渔钓的生活中，交出了自己的耕读答卷，也在中国农史上留下了浓墨重彩的一笔。

读后小思

(1) 陆龟蒙的成就不仅体现在诗文上，他对农学的贡献也很大。他的人生经历对我们的职业规划有何启示？

(2) 陆龟蒙有《村夜》诗："世既贱文章，归来事耕稼，伊人着农道，我亦赋田舍。"从中可以看出陆龟蒙具有怎样的性格特点？

(3) 你认为陆龟蒙的重农思想在我们实现乡村振兴的过程中有何意义？

社　日[1]

提示

《社日》是诗人王驾创作的一首七绝。此诗写了鹅湖山下的一个村庄社日里的欢乐景象，描绘出一幅富庶、兴旺的江南农村风俗画。全诗虽没有一字正面描写社日的情景，却表达出了社日的热闹欢快，角度巧妙，匠心独运。

王驾（851—?），字大用，自号守素先生，河中（今山西永济）人，唐末诗人。大顺元年（890年）进士，仕至礼部员外郎，后弃官归隐，与郑谷、司空图友善，诗风亦相近。其绝句构思巧妙，自然流畅。《全唐诗》存其诗六首，却以其淳朴敦厚的诗风，在浩瀚的唐诗中占据了一席之地。

正文

鹅湖山下稻粱肥[2]，豚栅鸡栖半掩扉[3]。
桑柘影斜春社散[4]，家家扶得醉人归[5]。

注释

[1] 社日：古代祭祀土神的日子，分为春社和秋社。在社日到来时，民众集会竞技，进行各种类型的作社表演，并集体欢宴，不但表达他们对减少自然灾害、获得丰收的良好祝愿，同时也借以开展娱乐活动。

[2] 鹅湖：在江西省铅山县，一年两稻，故仲春社日，稻粱已肥。稻粱肥：田里庄稼长得很好，丰收在望。粱：古代对粟的优良品种的通称。

[3] “豚栅”句：猪归圈，鸡归巢，家家户户的门还半开着，村民们祭社聚宴还没回来。豚栅（tún zhà）：小猪猪圈。鸡栖（qī）：鸡舍。对：相对。扉：门。

[4] 桑柘（zhè）：桑树和柘树，这两种树的叶子均可用来养蚕。影斜：树影倾斜，太阳偏西。春社散：春社的聚宴已经散了。

[5] 醉人：喝醉酒的人。

品读

社日是古代例行的祭祀土神的日子。古时的春秋季节有两次例行的祭祀土神的日子，分别叫作春社和秋社。春社主要是祈求土地神保佑农业丰收，秋社则以收获酬报感恩土地神。这种区分，即所谓“春祈秋报”。古代百姓通过作社活动表达他们对减少自然灾害、获得丰收的良好祝愿，同时作社活动也兼有祭神和乡邻会聚、宴饮两种功能。

诗一开始不写“社日”的题面，却从村居风光写起。鹅湖山，在今江西铅山县境内，湖的名字使人想到鹅鸭成群、鱼虾满塘的南方农村风光。春社时属仲春，“稻粱肥”的“肥”字传神地描绘出禾苗蓬勃的长势，带出丰收在望的喜悦。村外风光迷人，村内则处处是富裕之景，猪满圈、鸡栖埘，真可以说是五谷丰登、六畜兴旺，虽只字未提作社的事，却写出了节日的喜庆气氛。这两句也没有写到村居的人，“半掩扉”三字暗示村民都不在家，门都半掩着。古人常用“夜不闭户”表示环境的太平安宁，“半掩”而不上锁，可见民风淳厚，丰年富足。这个细节描写极有表现力，同时，它又暗示村民家家参加社日，巧妙地将诗意向后联过渡。

后两句写“社日”正题。本来，首二句已经从侧面描写出社日的背景，为下文正面描写社日的祭祀、宴饮做了艺术上的铺垫；然而，诗人在后二句中却依然从侧面取景，描写社散后的景象。“桑柘影斜”，夕阳西下，树影在地越来越长，说明天色将晚。古代习惯，祭社之处必植树。所谓“故园乔木”，即指社树，它象征乡里，故受人崇拜。桑、梓二木即古人常用为社树的树种，诗中“桑柘”一词即与社日紧密相关。同时，村里植有“桑柘”，暗示出了山野蚕业的火红，遣词用语体现出诗人的艺术匠心。春社散后，人声渐少，到处都可以看到喝得醉醺醺的村民，被家人邻里搀扶着回家。“家家”是夸张说法，说明醉倒情形之普遍。诗未写社日的热闹与欢乐场面，却选取高潮之后渐归宁静的尾声来表现它，是颇为别致的，读者通过这个尾声，会自然联想到作社、观社的全过程。“醉人”这个细节又使人联想到村民观社的兴高采烈，畅怀大饮，而这种欣喜之情又是与丰收分不开的。

诗人回避了对作社场面平白、吃力的正面描写，而是从侧面入手，通过屋门半掩、人皆走空以及村社结束之迟、醉人之多等极富典型性、寓意性的细节，把社日的欢乐和人们作社、观社的兴趣巧妙地暗示、传达给了读者，引起读者关于社日的美妙联想。

当然，在封建社会，农民的生活一般不可能像此诗所写的那样好，诗人把田家生活作了“桃花源”式的美化。但也应看到，在自然灾害减少、农业丰收的情况下，农民过节时显得快活，也是很自然的。

读后小思

（1）开头两句描写了怎样的乡村景象？反映了农家怎样的生活情景？

（2）末句“扶得醉人归”这一细节描写的作用是什么？

（3）从2018年开始，秋分这一天设立了“中国农民丰收节”，庆祝五谷丰登。请你查阅资料，看看古时的人们如何过丰收节？为何将丰收节定在秋分日？

溪居即事[1]

提示

《溪居即事》是一首田园诗，诗人采用白描手法，给我们描绘了一幅淳朴的江南水乡图。这首诗写景叙事，平淡自然，诗味浓郁，意境悠远，从中我们似乎可以领略到诗人积极乐观的生活态度和闲适恬淡的生活情趣。

崔道融（？—907），自号东瓯散人，荆州（今湖北江陵）人，晚唐诗人。早年曾游历陕西、湖北、河南、江西、浙江、福建等地。乾宁二年（895年）前后，任永嘉（今浙江温州）县令，后入朝为右补阙，避战乱入闽（福建）。工诗，其诗大都自然明快、通俗易懂，与司空图、方干为诗友，有《东浮集》九卷。《全唐诗》录存其诗近八十首，编为一卷。

绝大部分晚唐诗人，尤其是唐末诗人在“无事”之中，情感趋于淡泊，情趣渐向市井通俗之风转移，崔道融即属此类。黄巢起义时，崔道融避地东浮，隐居温州仙岩山，此诗应作于此段时间，是诗人居住在水乡小河畔的村舍里所见到的一幕水乡风情，信手拈来成诗。

正文

篱外谁家不系船[2]，春风吹入钓鱼湾。

小童疑是有村客[3]，急向柴门去却关[4]。

注释

[1] 溪居：溪边村舍。即事：对眼前的事物、情景有所感触而创作。

[2] 系（xì）：拴，捆绑。

[3] 疑：怀疑，以为。

[4] 柴门：木制的门，诗中泛指家门。去却：却是助词，去却意思为去掉。关：这里指关闭柴门的栓卡、钩环之类。

品读

这首诗很短，抓住一件日常小事下笔，却生趣盎然。

“篱外谁家不系船，春风吹入钓鱼湾。”首二句以小船的意外驶入开篇，给溪居生活营造了“春风”带来的意外之喜。诗人笔下的自然，被赋予了人的情感，呈现出人与自然和谐相处的生活图景。这种白描手法，朴素自然，仅简单两笔便使溪居生活的恬静平和、淳朴自然跃然纸上。

“小童疑是有村客，急向柴门去却关。”前二句写景，后二句写人。一位小童误将进湾的船认为是有客到访，匆匆忙忙赶去开门迎客。前二句的宁静被后二句的活动打破，却又顺理成章，极具诗意。“疑”“急”二字用得极妙，将儿童天真、急切、莽撞、好奇的心理刻画得十分传神。

这首诗平白如话，却不失美感。诗人抓住水乡生活的细节，静中寓动，动中见静，将它定格成了永恒。从诗人的描写中，读者感受到溪居生活的闲适平静。这种和谐悠然的生活，正是新时代美丽乡村的魅力所在。回归乡村，就是回归自然、回归本心。耕读诗文呈现出的田园乡居之美，总是这么令人过目不忘。

读后小思

(1) 简要分析诗中小童的形象。

(2) 本诗勾画了一幅恬静平和的水乡春景图。请概括本诗的主旨。

过山农家[1]

· 提示 ·

《过山农家》是唐代诗人顾况创作的一首访问山农的六言绝句。

全诗二十四个字，作者按照走访的顺序，依次摄取了山行途中、到达农舍、参观焙茶和晒谷的四个镜头，层次清晰地再现了饶有兴味的访问经历。作者绘声绘色，由物及人，传神入微地表现了江南山乡焙茶晒谷的劳动场景，体现了山农爽直的性格和淳朴的感情。全诗格调明朗，节奏轻快，具有独特的艺术风格。

顾况(生卒年不详)，字逋翁，号华阳真逸(一说华阳真隐)，晚年自号悲翁，汉族，唐朝海盐(今在浙江海宁境内)人，唐代诗人、画家、鉴赏家。他一生官位不高，曾任著作郎，因作诗嘲讽得罪权贵，贬饶州司户参军。晚年隐居茅山，有《华阳集》行世。

· 正文 ·

板桥人渡泉声[2]，茅檐日午鸡鸣。
莫嗔焙茶烟暗[3]，却喜晒谷天晴。

· 注释 ·

[1] 过山农家：一本题为“山家”，说为张继所作。过：拜访，访问。

[2] 板桥人渡泉声：人过板桥，泉声入耳

[3] 嗔：嫌怨。焙茶：用微火烘烤茶叶，使返潮的茶叶去掉水分。焙：用微火烘。山村产茶，此时家家烘茶，茶烟弥漫。

品读

这是一首访问山村农家的纪行六言绝句。六言绝句这种体裁，整个唐代作者寥寥，作品很少。四言诗，《诗经》中比比皆是。五言诗、七言诗，也都不算新鲜。唯有六言诗，在中国诗歌史上算是凤毛麟角。《过山农家》就是一首罕见的六言绝句。六言诗，每句字数都是偶数；六个字，一般由三个词组成，一句话经常分三次停顿。六言诗看似简单，实则对偶骈俪、精致整饬，要求极高，写好不易。顾况的这首六言绝句质朴清淡、萧散自然，写出了地道的农家本色。

首句“板桥人渡泉声”，极易让人联想到“鸡声茅店月，人迹板桥霜”一句，可见“板桥”与山行主题的契合度之高。诗人写山却不见山字，而是通过“板桥”“泉水”侧面写山。这样落笔，一能突出山的幽静，二能给人以在山中穿行之感。起句六字三词，使人如临其境，与诗人在山中同游。

次句“茅檐日午鸡鸣”，时间上变化了，空间上也变化了。“鸡鸣”打破了山的幽静，也将深山农舍的生活野趣带到读者眼前。“茅檐”与深山农舍的建筑特点相吻合，“日午”则交待了诗人在山中行走了较长的时间。所以，走累了的诗人开始停下脚步，既是休息歇脚，也便于观察了解山居人家的生活。

前两句可以说是各自独立又紧相承接的两幅图画。前一幅“板桥人渡泉声”，画的是山农家近旁的一座板桥，桥下有潺湲的山泉流过，人行桥上，目之所接，耳之所闻，都是清澈叮咚的泉色水声。后一幅“茅檐日午鸡鸣”，画的是山农家的生活景象，在温煦的阳光下，茅檐静寂无声，只传出几声悠长的鸡鸣。这里写日午鸡鸣的闲静，正是为了反衬闲静后面的忙碌。从表现手法说，这句是以动衬静；从内容的暗示性说，则是以表面的闲静暗写繁忙。故而到了三四两句，笔触便自然接到山农家的劳作上来。

“莫嗔焙茶烟暗，却喜晒谷天晴。”这两句是诗人到了山农家后，正忙于劳作的主人对他讲的表达歉意的话。诗人到山农家的前几天，这里连日阴雨，茶叶有些返潮，割下的谷子也无法曝晒；来的这天，雨后初晴，全家正忙着趁晴焙茶、晒谷。屋子里因为焙茶烧柴充满烟雾，屋外晒场上的谷子又时时需要翻晒。好客的主人为此感到歉意，这份淳朴好客之情给旅途中的诗人带来了温暖。作者在“焙茶烟暗”之前，加上“莫嗔”二字，从山农请客人不要责怪被烟熏的口吻中，反映了他的爽直性格和劳动者的本色。“莫嗔”二字，入情入理而又富有情韵。继“莫嗔”之后，第四句又用“却喜”二字再一次表现了山农的淳朴和爽朗，深化了对山农形象的刻画，也增添了全诗的明朗色调。

六言绝句，绝大多数对起对结，语言较为工丽。顾况的这首六言绝句虽也采取对起对结格式，但由于纯用朴素自然的语言进行白描，前后幅句式又有变化，读来丝毫不感单

调、板滞，而是显得相当轻快自然、清新朴素，诗的风格和内容呈现出一种高度的和谐美。如果按司空图的《诗品》归类，这首诗似属于“俯拾即是，不取诸邻，俱道适往，着手成春”的“自然”一品。

顾况的《过山农家》是目前发现的最早讲述“焙茶”工艺的茶诗。此诗的珍贵之处在于，它可与《茶经》互为佐证，说明“焙茶”工艺已有一千多年的历史了。这首诗由物及人、绘声绘色，仿佛漫不经心地道出一件生活小事，却写得饶有兴味，给人美的感受。

读后小思

（1）作者在这首诗中写出了山村环境怎样的美？请你作简要赏析。

（2）三、四两句是以山农的口吻写的，你认为诗句中传达了山农的什么性格和感情？

（3）《过山农家》是目前发现的最早讲述“焙茶”工艺的茶诗。你还读过哪些和“茶”相关的诗歌？

子初郊墅[1]

·提示·

李商隐（812—858），字义山，号玉溪生、樊南生，晚唐著名诗人。祖籍怀州河内，生于河南荥阳（今郑州荥阳）。唐文宗开成三年（847 年）进士及第，曾任弘农尉、佐幕府、东川节度使判官等职。早期，李商隐因文才而深得牛党要员令狐楚的赏识，后因李党的王茂元爱其才而将女儿嫁给他，他因此而遭到牛党的排斥。此后，李商隐便在牛李两党争斗的夹缝中求生存，辗转于各藩镇当幕僚，郁郁而不得志，后潦倒终身。李商隐和杜牧齐名，人称“小李杜”，与温庭筠合称为“温李”，又与李贺、李白合称“三李”，有《李义山诗集》。这首诗是李商隐前往探访令狐绪在长安南郊的别墅而作。

·正文·

看山对酒君思我，听鼓离城我访君。
腊雪已添墙下水，斋钟不散槛前云[3]。
阴移竹柏浓还淡，歌杂渔樵断更闻。
亦拟村南买烟舍，子孙相约事耕耘[3]。

注释

[1] 子初：当是令狐楚子令狐绪之字，见王达津《唐诗丛考》。此郊墅当为令狐绪在全溪的别业。此诗可能是开成元年春令狐绪任国子博士期间所作。

[2] 斋钟：佛家过午不食为斋，故正午为斋时。斋钟，即斋时之钟。白居易《同钱员外题绝粮僧巨川》："斋时往往闻钟笑，一食何如不食闲。"

[3] 子孙：儿子和孙子，泛指后裔。相约(xiāng yuē)：彼此约定。耕耘(gēng yún)：耕田与除草。泛指农田耕作的事情。此谓两人交往之亲密，如白居易《欲与元八卜邻先有是赠》："可独终身数相见，子孙长作隔墙人"之谓，不必拘泥于李商隐其时是否已有子女。

品读

此诗开门见山，首联直写因思念朋友而拜访。前一句是设想之词，后一句是写实之笔。"看山对酒"，写子初独酌之孤寂；"听鼓离城"，言自己访友之急切。颇有《世说新语·任诞》中王子猷雪夜访戴的味道，给读者以随性而至的快意洒脱之感。

"腊雪已添墙下水，斋钟不散槛前云。"是写朋友郊墅外的景物：腊月的雪随下随化，墙下已蓄满了融化的雪水；寺庙午时的斋钟虽响，却不能驱散佛宇栏杆前的云雪。颔联之景，前句写近景，刻画得真切细致；后句写远景，因钟声远眺，却迷茫不清。虽是写景，却也含情，将诗人心中的愁绪借墙下雪水、槛外云雾委婉带出。

颈联转笔，将视角移入别墅内部：竹子与松柏的阴影忽浓忽淡，渔夫樵夫的歌声时断时续。此句妙处在于未见"风"字，却感风在，更营造出清幽雅致，隐逸缥缈的居住氛围。

尾联抒志表达了诗人对田园生活的向往，打算也在附近买个农舍，与朋友相约子孙后代以种田为生。李商隐生活在牛李党争的夹缝中，屡遭排挤，他虽常生归隐之心，却未付诸实践。"亦拟"二字将他这种矛盾徘徊的心情表露无遗，耕与读的思想博弈，在李商隐身上，显得格外激烈。

中国文人一旦在政治上受挫，几乎都会选择最简朴、最无技巧的田园，为受挫的心灵选择一块得以安放之地。生命的积极意义应该表现在活泼自足的生活、志趣相投的朋友、怡人的景致中，人的生命才不会扭曲。整首诗构思细密，文字晓畅，于清健之中蕴含沉郁，平易之中不失肤浅，虽不是为人熟知的李商隐诗歌的典型风格，却不失李商隐七律诗的本色。或许，让诗人放下繁富的文采、密集的用典技法的原因正是内心深处对田园自然的向往。

读后小思

(1) 结合全诗，谈谈作者为何"亦拟村南买烟舍"。

(2) 简评这首诗和李商隐以往的诗歌风格有何不同。

第五章　宋代耕读诗文品读

随着社会的发展变革，到了宋代，由于经济繁荣以及重文轻武的国家政策，耕读文化达到高潮。成因有三：一是教育普及，以农民为主的广大底层民众有学习文化的机会与条件，农人可以做到农闲时读书学文，农忙时下地耕作。二是科举制度的完善与成熟，平民百姓、农家子弟可以通过读书参加科举而入仕，实现“鲤鱼跳龙门”式的身份跨越。因而，民众开始自觉地接受文化教育，为求取功名，半耕半读、耕读合一，成了社会常态。三是未能入仕或罢官归家的士子，沉淀在农村家乡，以耕读为人生中转或最终归宿，既能赏山玩水、提笔抒怀，又能耕田种地、感悟自然。

耕读一词就是在宋代出现的。最早将“耕读”二字连用的，似是北宋中期的曾巩，他在孔延之墓志铭中写道：“昼耕读书垄上，学艺大成，举进士第一。”北宋后期官员唐庚所拟的考试策论题目就是《耕读》，正式将耕读一词搬上了历史舞台。至南宋，耕读一词进一步扩展，耕读文化渐趋成熟。有的人将“耕读”二字以对联、牌匾的形式写于家中，警醒自己、告诫后辈。有的人用“耕读”命为别号，自称“耕读居士”。

这些情况充分表明，流传了千年之久的耕读最终上升至文化层面，耕读文化将农业文明与知识分子结合在一起，形成了独具一格的发展模式，在宋代大行其道，也对后世文化教育产生了深远的影响。

宋代的耕读文化诉诸于文学创作形态大致存在三种情况：一是创作者隐逸田园，寄情山水，作品多描绘清新秀丽的乡野风光，塑造富有生活气息和人情味道的桃花源般的世界，抒发归隐之情、羁旅之思，寻求心灵的栖息之地。这类作品往往交织着隐与仕、穷与达的矛盾心理。二是创作者有丰富的与乡村接触的经历，因其强烈的社会责任感，体察民生疾苦，作品多反映农家生活劳作之艰辛，揭露批判朝廷弊端，流露出厚生爱民意识。这类作品体现了乡村本身的矛盾性，即“田家乐”与“田家苦”。三是创作者不再是以旁观者身份介入，而是作为亲历者，投身农事生产，真正融入乡村生活，在躬耕自足之余，体味身心内外的和谐。这类作品来自于创作者自身的农耕体验，能用真实的田家语传达农人真实的心声，他们将从陶渊明诗作中沿袭而来的田园精神融入到了每一个生活细节中，看淡荣辱、享受田园，积极面对人生的哲学理念蕴含在字里行间，饶有趣味。

宋代的乡村不同于陶渊明笔下的桃花源，它是世俗化的、生活化的。由此，宋代的耕读作品在情感主题上，更贴近生活与政治，蕴涵了宋人独特的文化意识和文化价值取向，同时在体裁上更注重词体的创作，并开创了用组曲联章的模式来描摹山水田园的先河。总而言之，宋代是中国古代耕读文学发展史上的集大成时期，宋人在对前朝历代耕读作品的创作经验进行沿袭继承的基础上，又有所突破与创新，使这一类型的诗文达到了一个新的艺术高峰，并为后世的创作提供了宝贵的文学经验和多样的艺术范式。

田家语

提示

梅尧臣(1002—1060)，字圣俞，北宋著名现实主义诗人。汉族，宣州宣城(今属安徽)人。宣城古称宛陵，故世称宛陵先生。少时应进士不第，历任州县官属。中年后赐同进士出身，授国子监直讲，官至尚书都官员外郎。在北宋诗文革新运动中，梅尧臣与欧阳修、苏舜钦齐名，并称梅欧或苏梅。梅尧臣强调《诗经》《离骚》的传统，摒弃浮艳空洞的诗风。在艺术上，注重诗歌的形象性、意境含蓄等特点，提倡“平淡”的艺术境界：“作诗无古今，惟造平淡难”(《读邵不疑学士诗卷》)，主张“状难写之景如在目前，含不尽之意见于言外”(欧阳修《六一诗话》引)。梅尧臣关心现实，接近人民，所作多反映社会现实和民生疾苦。他了解农村生活，在早期就写了一批关心农民命运的作品，如《田家四时》《伤桑》《观理稼》《新茧》等。以后，他又写了《田家语》，描写沉重的赋税、徭役给农民带来的灾难和痛苦。其诗风古淡含蓄，语言朴素自然，对宋代诗风的转变影响很大，与欧阳修同为北宋前期诗文革新运动领袖。刘克庄在《后村诗话》中称其为宋诗的“开山祖师”。大史学家司马光云：“我得圣俞诗，胜有千金珠。”

正文

谁道田家乐？春税秋未足！
里胥[1]扣我门，日夕[2]苦煎促。
盛夏流潦[3]多，白水[4]高于屋。
水既害我菽[5]，蝗又食我粟。
前月诏书来，生齿[6]复版录[7]；
三丁藉一壮，恶使[8]操弓韣[9]。
州符[10]今又严，老吏持鞭朴。

搜索稚与艾[11]，惟存跛无目[12]。
田闾[13]敢怨嗟[14]，父子各悲哭。
南亩[15]焉可事？买箭卖牛犊[16]。
愁气变久雨，铛缶[17]空无粥；
盲跛不能耕，死亡在迟速[18]！
我闻诚所惭，徒尔[19]叨君禄[20]；
却咏《归去来》[21]，刈薪向深谷[22]。

注释

[1] 里胥(xū)：地保一类的公差。

[2] 日夕：朝夕；日夜。

[3] 流潦：潦通“涝”，指积水。

[4] 白水：发洪水。

[5] 菽(shū)：豆的总称。

[6] 生齿：人口。

[7] 版录：通“板录”。在簿册上登记人口，称版录。版：籍册。

[8] 恶使：迫使。

[9] 弓韣(dú)：弓和弓套。

[10] 州符：州府衙门的公文。

[11] 艾：五十岁叫艾。这里指超过兵役年龄的老人。

[12] 无目：瞎眼。

[13] 田闾：田间，乡间。这里指乡里人。

[14] 怨嗟：怨恨叹息。

[15] 南亩：农田。南坡向阳，利于农作物生长，古人田土多向南开辟，故称。

[16] “买箭”句：汉代龚遂为渤海大守，教民卖剑买牛，卖刀买犊(见《汉书·龚遂传》)。这里反用这个故事。

[17] 铛、缶(chēng fǒu)：锅和罐。

[18] 迟速：慢和快；缓慢或迅速。意思是是迟早的事。

[19] 徒尔：徒然。叨：不配享受的待遇而享受了叫“叨”。

[20] 君禄：官俸。

[21] 归去来：辞赋篇名。晋陶潜所作的《归去来兮辞》。

[22] 刈(yì)薪：砍柴。刈：割。

品读

《田家语》是梅尧臣创作的一首五言古诗。这首诗前原有一篇序："庚辰（1040 年，即康定元年）诏书，凡民三丁籍一，立校与长，号弓箭手，用备不虞。主司欲以多媚上，急责郡吏；郡吏畏，不敢辩，遂以属县令。互搜民口，虽老幼不得免。上下愁怨，天雨淫淫，岂助圣上抚育之意耶？因录田家之言次为文，以俟采诗者。"此序交待了本诗的创作背景，宋仁宗康定元年（1040 年），为防御西夏，宋仁宗匆忙下诏征集乡兵，百姓三丁抽一，编成队伍，称弓箭手，用以备战。各路主管官员，为迎合上旨，征集得十分紧迫，层层下压，连老人及未成年人也不能例外。百姓苦不堪言，怨气冲天，天因此而久雨不停。梅尧臣满含同情地记录下田家之言，期待有关心民间疾苦的朝臣因关注此诗而前来问询，以此达到为民请命的目的。

开头四句是说，谁说我们种田人快乐呢？春天欠下的租税，到秋天还未能交足。乡中的小吏敲打我的家门，从早到晚地催迫我们交税。这四句写租税繁重，农人感叹春税到秋天都未能交完，又要面对乡吏没完没了的催促，田家度日的艰难可想而知。次四句写盛夏五、六月，大雨如注，内涝成灾，大水涨得比房屋还高。稻菽被大水淹没冲走，粱粟又被蝗虫吃光。在水灾、蝗灾的双重侵袭下，秋收已是不可能完成的任务。梅尧臣此时正在河南襄城县做县令，这里靠近许昌，池临汝河。河水涨时，河岸里面常常形成内涝；河中之水频频高过堤岸下的人家居屋。这四句写天灾频发，田家处境更加悲惨。接着"前月诏书来"以下八句，说的是 1040 年夏天，西夏攻宋，朝廷增置河北、河东、京东西诸路弓手。襄城地处京西路，之前朝廷诏书下来挨家挨户登记人口，三个人中间就要抽一个作为弓箭手编入军伍。州里的命令十分急迫，老吏拿着鞭子到乡下来搜索，不断催着上路。只剩下跛子与盲人，老人与小孩也逃不过，造成田家都无壮丁在室，情况倍加凄惨。由此可见，除了租税沉重和天灾频发，兵役又是百姓头上的一层重压。"田闾敢怨嗟"以后八句，写在租税、水灾、兵役等天灾人祸的重重逼迫下，田家生活艰难，欲诉无门，走投无路。即使如此，田家不敢叹气抱怨，父子只能各自悲伤痛哭。为了买下弓箭，牛犊都已卖掉，田里的活怎么去干？怨愁之气化作连绵秋雨，锅子里、罐子里连稀粥都装不上。跛子与盲人如何耕种？死亡只在早晚之间了。以上各节，全是田家自诉之语，是诗的第一部分。

结尾四句，是作者听了田家语所兴发的感喟，也是诗的第二部分。"我闻诚所惭，徒尔叨君禄。却咏《归去来》，刈薪向深谷。"作者身为地方官，听完田家悲苦愁怨的诉说，深感内心惭愧，自己身为父母官，领着俸禄，却不能拯救民众于水火之中，只能吟诵《归去来辞》，学陶渊明弃官归田，隐身深山幽谷，自食其力。全诗语言朴质平淡，情感真挚深厚。唐代诗人韦应物《寄李儋元锡》诗说："身多疾病思田里，邑有流亡愧俸钱。"作者这首诗的结尾四句，和韦诗同样令人动容。

读后小思

梅尧臣曾说:“关于作诗,立意新颖,语言工巧,能够写出前人所没写到的,这就算是好诗了。再能把极难名状的景物写得如同摆在读者的眼前一样,把深邃的含意在言词之外体现出来,这就该算是最好的诗了。”结合梅尧臣的创作,谈谈你如何理解他的这句话。

吴中[1]田妇叹(和贾收[2]韵)

·提示·

苏轼(1037—1101),字子瞻,号东坡居士,世称苏东坡、苏仙、坡仙,眉州眉山(今属四川省眉山市)人,祖籍河北栾城,北宋文学家,书法家、画家,历史治水名人。父为苏洵,弟为苏辙,父子三人并称“三苏”。

苏轼是北宋中期文坛巨擘,在诗、词、文、书、画等方面都有极高的成就。其诗题材广阔,清新豪健,与黄庭坚并称“苏黄”;其词开豪放一派,与辛弃疾同是豪放派代表,并称“苏辛”;其文汪洋恣肆,豪放畅达,与欧阳修并称“欧苏”,与韩愈、柳宗元、欧阳修、苏洵、苏辙、王安石、曾巩合称“唐宋八大家”;擅书法,与黄庭坚、米芾、蔡襄合称“宋四家”;擅长文人画,尤擅墨竹、怪石、枯木等。

宋神宗熙宁五年(1072年)冬苏轼赴湖州视察堤岸利害时,创作了《吴中田妇叹》。当时,王安石的一系列新法正在全国范围内逐步施行,虽起到一定积极作用,但由于王安石急于事功,在吏治没有改革的情况下急于推行新政,导致一些原为利民的新法条款因为部分贪官污吏钻空子,反而给人民带来了严重的危害。加之,江南又适逢秋雨成灾,百姓负担沉重,难以为生。全诗以田妇的口吻,一个“叹”字贯穿全篇,刻画了江浙一带农民的悲惨生活。全诗分为两大段:前八句为第一大段,写雨灾造成的苦难;后八句为第二大段,写苛政甚于天灾、民不堪命的悲惨景象。抛开苏轼对新法的抨击,关心农事、同情民生疾苦是这首诗歌的主基调。

·正文·

今年粳[3]稻熟苦迟,庶[4]见霜风来几时[5]。
霜风来时雨如泻[6],杷头出菌镰生衣[7]。
眼枯[8]泪尽雨不尽,忍见黄穗卧青泥[9]!
茅苫[10]一月垅上宿,天晴获稻随车归。

汗流肩赪[11]载入市，价贱乞与[12]如糠粞[13]。
卖牛纳税拆屋炊，虑浅[14]不及明年饥。
官今要钱不要米[15]，西北万里招羌儿[16]。
龚黄[17]满朝人更苦，不如却作河伯妇[18]！

注释

[1] 吴中：江浙一带。

[2] 贾收，字耘老，乌程人，对苏轼极佩服，作过一卷诗，名《怀苏集》。

[3] 粳(jīng)：稻的一种，米粒短而粗。

[4] 庶：副词，表示希望。

[5] 几时：何时。

[6] 泻：倾泻。

[7] 杷(pá)：通“耙”，一种带齿的爬梳农具。出菌：发霉。镰(lián)：收割谷物和割草的农具。生衣：这里指生出铁锈。

[8] 眼枯：谓泪水流尽。

[9] 忍：这里指不忍。黄穗(suì)：成熟的稻穗。

[10] 茅苫(shān)：茅棚。苫，用草、席等物遮盖。

[11] 赪(chēng)：红色。

[12] 乞与：给与。

[13] 粞(xí)：碎米。

[14] 虑浅：考虑得不长远，只顾眼前。

[15] “官今”句：当时推行的新法规定，交税、免役均用现钞。农民必须把实物换成钱币。结果市场上出现了“钱荒米贱”的现象，导致田地荒疏，农民躲避税收而流离失所。

[16] 招羌儿：宋神宗为了消灭西夏，采用王韶的“平戎之策”，花了不少钱去招抚西北的羌人部落。

[17] 龚(gōng)黄：龚遂、黄霸，均是汉代宽政恤民的清官。这里借指推行新法的官员，是反语。

[18] 河伯：黄河水神。战国魏文侯时，邺地水灾为患，三老、廷掾等与女巫勾结，假托“河伯娶妇”，每年挑选一个女子投进河里，算是嫁给河伯，借此大肆敲诈。西门豹为邺令，设计为民除害，河伯娶妇之事乃绝。这一句极言民不堪命，与其作农妇活受罪，还不如作“河伯妇”——死了的好。

品读

苏轼有不少作品真实地反映了北宋农人的困苦生活，表达对于百姓苦难的深深同情，这首诗就是代表作之一。诗的开头二句写今年粳稻迟迟没有成熟，老百姓眼巴巴地盼望秋风能早一点起，庄稼能早一点成熟。不曾想，秋收的季节到了，却遭遇大雨如注、连下月余的恶劣天气，导致农人根本无法开镰收割。晒谷时用的农具因长期大雨潮湿发了霉，镰刀也生了锈。“出菌”“生衣”的细节描写，不仅真实地表现了秋雨成灾、农事荒废的情景，而且反映了诗人对农家生活细致入微的观察。纪昀说此句将“常景写成奇句”（《纪评苏诗》卷八），绝不是偶然的事。

“眼枯泪尽雨不尽”，此句化用自杜甫《新安吏》：“莫自使眼枯，收汝泪纵横；眼枯即见骨，天地终无情。”在即将收割的秋季遇上滂沱无歇的大雨，农妇眼睁睁地看着金灿灿的稻穗倒伏在泥水中，还有比这更揪心挖肝的事吗！忧心的眼泪都要流干了，可是大雨还在没停没歇地下着。此时，田妇的叹息已经变成了悲伤的哭诉。为了抢救粳稻，农妇在田埂边搭起了茅草棚，住在里面苦守了一个月。好不容易盼到了天晴，赶紧抢收稻谷，用车运回家。这八句诗将看天吃饭、命运多舛的农人生活刻画得令人揪心。

本以为抢割了稻谷，农妇可以松一口气，没想到还有更大的灾祸在等着她。“汗流”以下八句，诗人先叙述农妇担粮入市，大汗淋漓，肩头都磨得红肿起来，可是米价却非常低贱，好米只能卖到糠和碎米的价钱，如同白送一样。天灾之下，农妇流了那么多的汗水和泪水，最后只能获得少得可怜的一点点钱。更悲惨的是差役们根本不管百姓受了灾，一个劲儿地催缴繁重的赋税，农妇被逼无奈只能卖牛换钱去交税，为了烧饭，只得拆下房屋的木头来煮吃的。只能先解决眼前的问题，哪里还管明年怎么解决温饱问题。为什么农家有米却还要卖牛换钱去交税呢？这是因为新法规定赋税只要钱不收米。当时百姓有米而官府不要米，百姓无钱而官府非要钱。这就造成当时米贱钱荒的社会问题。诗中“官今要钱不要米”，正是诗人对新法弊端的抨击。“西北万里招羌儿”涉及的是当时为了抗击西夏，宋神宗采用王韶的建议，花费了大量的钱财招抚西北沿边羌人蕃部以孤立西夏。这两项措施，导致了当时严重的钱荒。这必然加重人民的负担，使农人走投无路，苦不堪言。倒数第二句“龚黄满朝人更苦”中的“龚”，指的是任勃海太守的龚遂，“黄”指的是任颍川太守的黄霸，这二人都是因恤民宽政而闻名的官吏。都说满朝都是龚遂、黄霸这样的好官吏，到头来百姓反倒更遭罪，此句带有明显的讽刺意味。最后，田妇绝望地发出了“不如却作河伯妇”的哀嚎，使全诗的悲剧达到了高潮。诗人借用典故来表明百姓被逼得无路可走，活着受罪还不如死了好。元祐元年，作者在《乞不给散青苗钱斛状》中，曾有“二十年间，因欠青苗，至卖田宅、雇妻女、投水自缢者，不可胜数”的记述。这是作者对甚于天灾的苛政的强烈控诉和斥责。

全诗结构精巧，紧扣诗题中的“叹”字，逐层深入，连发三叹，一叹稻熟苦迟，二叹秋雨成灾，三叹谷贱伤农，最后嘲讽新政伤民，百姓被逼上绝路，令读者无不为农家艰辛而揪心叹惋。同时，诗人对农家生活有着细致入微的观察，能够选取典型的生活情景和人物的行动，形象地反映社会现实。整个诗篇的字里行间充满了诗人对农民苦难遭遇的深切同情。正是这种关心农人、同情农人，坚持在诗歌中反映农人疾苦、表达农人呼声的立场和感情，使得《吴中田妇叹》这首诗能够写得如此真切感人、具有如此震撼人心的力量。

梅尧臣的《田家语》与苏轼的《吴中田妇叹》在创作风格与艺术手法上有何异同？

《浣溪沙》五首（其五）

提示

元丰元年（1078 年）苏轼任职徐州太守，当年春天，徐州遭逢严重的旱灾，苏轼率众前往城东二十里的石潭为民祈雨；得雨后，苏轼又和百姓同赴石潭谢雨。返程途中，兴之所致，作就一组《浣溪沙》，共计五篇。在这组词中，他以纪实手法多角度描绘了江南蚕乡的村野风光、村姑农叟的生活情态以及当地的风俗民情，充满了生活气息，宛如一幅幅生动的田园画卷。

正文

软草平莎过雨新[1]，轻沙走马路无尘。何时收拾耦耕身[2]。
日暖桑麻光似泼，风来蒿艾气如薰[3]。使君元是此中人[4]。

注释

[1] 平莎（suō）：莎草，多年生草本植物。
[2] 耦（ǒu）耕：两个人各拿一耜并肩耕作，此处泛指耕作。
[3] 蒿（hāo）艾：艾蒿，多年生草本植物。薰（xūn）：一种香草。
[4] 元：通“原”。此：指农村。

品读

1078 年，四十一岁的苏轼创作了《浣溪沙》第五首，描绘了雨后初霁的田园美景，再次表达了回归田园的心之所愿。词作上阙以景起笔，“软草平莎过雨新，轻沙走马路无尘”写的是柔软的青草和整齐的莎草经过雨洗后显得格外清新葱翠，在雨后薄薄的沙土路上骑马不会扬起尘土。这是雨后乡村独有的景致。从“软草”“轻沙”的意象，明显感受到词人在这种满目苍翠、清新明快的环境之中的畅快惬意。路面经雨后，净而无尘，策马徐行，自是十分舒快。混沌政治世界之外难得这一处静谧之地，词人置身其中，无比畅快，于是脱口而出：“何时收拾耦耕身？”“耦耕”，指二人并耜而耕，典出《论语 · 微子》：“长沮、桀溺耦而耕。”长沮、桀溺是春秋末年的两个隐者。二人因见世道衰微，遂隐居不仕。此处“收拾耦耕身”，是词人心灵经由美景涤荡，由衷发出的慨叹：不知我何时才能抽身归田呀？苏轼的内心一直有一颗渴望归隐的心。纵观他一生创作，“归”字总共出现100余次，尤其是在他的仕途受到阻碍，梦想没有办法实现的时候更是如此。在这个时候，他通常表现出一种豁达开阔的人生态度，屡屡写出“诗酒趁年华”“一蓑烟雨任平生”“人生如逆旅，我亦是行人”这样的句子。但同时在他的内心深处，时时渴望能够远离世俗纷扰，隐身归田。所以词人倾心描绘淳美田园，实是为寻找说服自己的理由。

词作下阙仍是以景起笔，着眼点落于田间风光。“日暖桑麻光似泼，风来蒿艾气如薰”：雨过天晴，春日洒落在桑麻叶上残留的雨滴时，光芒四射，翠色欲滴。这个“泼”字尤为灵动，即写出了日光倾斜的惊喜，又表现出词人长久压抑心情的瞬间释放。接着，词人从视觉转向嗅觉，一阵暖风拂面，携裹着蒿艾的薰香扑鼻而来，沁人心脾。这两句将春日雨过天晴乡野的勃勃生机渲染得酣畅淋漓，有色有味，野趣盎然。为后句抒发“使君元是此中人”做了铺垫。末句是全作的点睛之笔：我虽为使君，原是农夫出身啊。它道出了词人“收拾耦耕身”的思想本源，是其醉心乡野、归隐田园的情感溯源，同时也是词人在跌宕人生中消解困厄、自我说服的精神支柱。

读后小思

请结合苏轼的作品，谈谈你如何理解他所谓的“海北天南总是归”。

补充阅读

《浣溪沙》五首（其一）

照日深红暖见鱼，连溪绿暗晚藏乌。黄童白叟聚睢盱。

麋鹿逢人虽未惯，猿猱闻鼓不须呼。归家说与采桑姑。

《浣溪沙》五首（其二）

旋抹红妆看使君，三三五五棘篱门。相排踏破蒨罗裙。

老幼扶携收麦社，乌鸢翔舞赛神村。道逢醉叟卧黄昏。

《浣溪沙》五首（其三）

麻叶层层苘叶光，谁家煮茧一村香。隔篱娇语络丝娘。

垂白仗藜抬醉眼，捋青捣麨软肌肠。问言豆叶几时黄。

《浣溪沙》五首（其四）

簌簌衣巾落枣花，村南村北响缫车。牛衣古柳卖黄瓜。

酒困路长唯欲睡，日高人渴漫思茶。敲门试问野人家

《浣溪沙·万顷风涛不记苏》

提示

此词作于元丰五年(1082年)冬,适逢天降大雪,本词即为此所作。词前苏轼有小序云:“十二月二日,雨后微雪,太守徐君猷携酒见过,坐上作《浣溪沙》三首。明日酒醒,雪大作,又作二首。时元丰五年也。”据此可知苏轼于元丰五年(1082年)十二月二日和三日先后作了五首《浣溪沙》。此篇为三日“又作二首”中的第二首。词的上阙描写大雪纷飞的江景和由此而想象的来年丰收景象,以及对“雪兆丰年”的欣喜;下阙回忆前一天徐君猷过访时酒筵间的情景。全词表现了苏轼对于民生疾苦的深刻关怀。

正文

万顷风涛不记苏[1]。雪晴[2]江上麦千车。但令人饱我愁无。

翠袖[3]倚风萦柳絮[4],绛唇得酒烂樱珠。尊前呵手镊[5]霜须。

注释

[1] 苏:苏醒。

[2] “雪晴”两句:想象黄州一带由于大雪而明年将获得“麦千车”的大丰收,而“人饱”将使“我愁”消除。

[3] 翠袖:绿色的衣袖,这里代指舞女。

[4] 柳絮:柳树吐出的花,这里代指雪。

[5] 镊(niè):拔除。　霜须:白须。

品读

从词前小序可知,词作上阕首句“万顷风涛不记苏,雪晴江上麦千车。但令人饱我愁无”说的是词人在徐君猷过访的第二天酒醒之后,只记得昨夜酒醉后依稀听见风雪大作,却记不清何时苏醒过来。待到天明酒醒,只见天地一片银装素裹,词人立刻从瑞雪丰年的联想中,想象到麦千车的丰收景象,想到百姓能够饱食无忧,词人顿感欣慰。“但令”一词表现出词人的殷殷期盼及生怕出现变故的淡淡忧愁,足可见其关心之切。下片回叙前一日徐君猷过访时酒筵间的情景。在如柳絮般洁白、空灵的雪花萦绕中,伶人的翠袖上下翻飞,她的红唇在酒后愈加鲜艳饱满,就像熟透了的樱桃。一“烂”字,活画出酒后朱唇的红润欲滴。“白雪”“翠袖”相映成趣,“樱桃”“绛唇”红艳烂漫,但在这样艳丽欢闹的场景中,词人却在端起酒杯前，吁气搓手，捋着已经变白了的胡须。“呵手镊霜须”这一动作细节特写，深刻地揭示了抒情主人公在谪贬的特定环境中的忧思。这一忧思的形象，与白雪翠袖和樱桃绛唇形成强烈对比，含蕴丰厚。词作上片明快，下片深婉，以乐景表忧思，以艳丽衬愁绪。它们彼此呼应，互为表里，表现了词人一个昼夜的活动和心境。

这是一篇在词史上值得重视的作品。在此之前的文人词中，还未发现过用词这种形式来表达关心民生疾苦的。乌台诗案后，苏轼被贬到黄州（今湖北黄冈），在经历了一段时间的消沉与孤独后，生性豁达的苏轼慢慢不再孤寂，他在给李端叔的信里说：“得罪以来，深自闭塞，扁舟草屦，放浪山水间，与渔樵杂处，往往为醉人所推骂，则自喜渐不为人识。”从名满天下到无人认识，再到“自喜渐不为人识”，苏轼脱胎换骨了。除去他乐观旷达的性格，还有一部分原因是黄州太守徐君猷同情他的遭遇，把黄州城东缓坡上一块废地划给了苏轼。苏轼带领全家老小清除瓦砾，刈割荆棘，终于整理出五十亩田地来。他又购买了一头耕牛，冬种麦，夏种稻，还种了蔬菜瓜果。从未劳作过的苏轼尝到了开荒种地的艰辛。唐代诗人白居易曾在贬地耕植，写过《东坡种花》二首，其中有“持钱买花树，城东坡上栽”“东坡春向暮，树木今何如”的诗句。苏轼仰慕白居易，从此自号“东坡居士”。在东坡的辛勤耕作慰藉了人生困厄时期的苏轼，他说：“某现在东坡种稻，劳苦之中亦自有其乐，有屋五间，果菜十数畦，桑百余木，身耕妻蚕，聊以卒岁也。”

一方面，苏轼用文学家、哲人的慧眼，从辛勤耕作中提取淳朴自然之趣，释放自己仕途劳顿的心灵；另一方面，以天下为己任的士大夫责任感令其关注乡村、体恤农人、关心现实，百姓的哀乐时时牵动着他的心。因此，身陷被谪贬、被投闲、生活困顿环境中的苏轼，才能够一见大雪纷飞，立刻从瑞雪兆丰年的联想中想象到丰收景象，为了百姓能够饱食而欢欣庆幸。字里行间显示其以天下为怀，关心民生疾苦的悲悯情怀，令人动容。

读后小思

在古诗词中，你还能想到哪些类似“但令人饱我愁无”的句子，试着与大家分享一下。

立秋日祷雨，宿灵隐寺，同周、徐二令

提示

熙宁六年（1073 年）立秋日，被贬杭州通判的苏轼奉知府之命带领县令周邠和徐畴求雨，作此诗。

正文

百重堆案掣[1]身闲，一叶秋声对榻眠。
床下雪霜[2]侵户月，枕中琴筑[3]落阶泉。
崎岖世味尝应遍，寂寞山栖老渐便。
惟有悯农心尚在，起瞻[4]云汉[5]更茫然。

注释

[1] 掣(chè)：牵引；拉拽。此处有在别人做事时从旁牵制阻挠的意思。

[2] 诗人把月色比作“雪霜”。

[3] 诗人把泉声比作“琴筑”之声。

[4] 瞻：往上看或往前看。

[5] 云汉：银河、浩瀚星空或宇宙之喻。

品读

这是一首七言律诗。首联“百重堆案”指案牍堆积文书之多，诗人因心忧百姓，撇下了繁忙的公事前来山寺祷雨，闻秋声而思国事。颔联词人把月色比作“雪霜”，表现其皎洁，把泉声比作“琴筑”之声，反衬夜晚的静谧。夜宿山寺的诗人，看着洒落床前的月光，躺着听着泉水之声，写的是他辗转反侧，思绪万千，难以成眠。颈联是面对此情此景的诗人不禁想到，自己已尝遍了崎岖坎坷的人世况味，随着年纪增长也越来越觉得在寂寞山林中幽居十分适宜，但为何会在此刻彻夜难眠呢？尾联揭示了答案：“惟有悯农心尚在，起瞻云汉更茫然”，辗转难眠原来是因为悯农之心，一心惦记着明日祷雨能否成功，起床仰望星河，心情茫然。郑玄笺云：“时旱渴雨，故宣王仰视天河，望其候焉。”写出了宣王忧国忧民之心。苏轼遭贬通判，年华渐逝，倍感世路艰辛，但他不为个人心事牵绊，却为百姓生计忧心，起看银河，长夜难眠。诗人对雨水的渴盼，对农事的关心，体现出他对百姓疾苦的深切关注和同情。

读后小思

宋代诗词中有不少祷雨、喜雨主题的作品，试选一首，进行品读。

补充阅读

喜　雨

〔宋〕苏　辙

夺官分所甘，年来禄又绝。

天公尚怜人，岁赍禾与麦。
经冬雪屡下，根须连地脉。
庖厨望饼饵，瓮盎思曲蘖。
一春百日旱，田作龟板拆。
老农泪欲堕，无麦真无食。
朱明候才兆，风雷起通夕。
田中有人至，膏润已逾尺。
继来不违愿，饱食真可必。
民生亦何幸，天意每相恤。
我幸又已多，锄耒坐不执。
同尔乐丰穰，异尔苦税役。
时闻吏号呼，手把县符赤。
岁赋行自办，横敛何时毕。

元丰行示德逢

〔宋〕 王安石

四山翛翛映赤日，田背坼如龟兆出。
湖阴先生坐草室，看踏沟车望秋实。
雷蟠电掣云滔滔，夜半载雨输亭皋。
旱禾秀发埋牛尻，豆死更苏肥荚毛。
倒持龙骨挂屋敖，买酒浇客追前劳。
三年五谷贱如水，今见西成复如此。
元丰圣人与天通，千秋万岁与此同。
先生在野故不穷，击壤至老歌元丰。

喜 雨 歌

〔宋〕 陆 游

不雨珠，不雨玉，六月得雨真雨粟。
十年水旱食半菽，民伐桑柘卖黄犊。
去年小稔已食足，今年当得厌酒肉。
斯民醉饱定复哭，几人不见今年熟！

流民叹

提示

黄庭坚(1045—1105),字鲁直,自号山谷道人,晚号涪翁,洪州分宁(今江西省九江市修水县)人,北宋著名文学家、书法家、江西诗派开山之祖。黄庭坚擅诗词、文章,尤工书法。黄庭坚以诗文受知于苏轼,为“苏门四学士”之一,其诗风格奇拗瘦硬,力摈轻俗之习,开一代风气,为“江西诗派”开山鼻祖。黄庭坚工书法,兼擅行、草,自成风格,为“宋四家”之一。在文学界,黄庭坚生前与苏轼齐名,时称“苏黄”。与杜甫、陈师道和陈与义素有“一祖三宗”(黄庭坚为其中一宗)之称。

正文

朔方频年无好雨,五种[1]不入虚春秋[2]。

迩来后土中夜震,有似巨鳌复戴三山游[3]。

倾墙摧栋压老弱,冤声未定随洪流。

地文[4]划劙[5]水觱沸[6],十户八九生鱼头。

稍闻澶渊[7]渡河日数万,河北不知虚几州。

累累[8]襁负襄叶间,问舍无所耕无牛。

初来犹自得旷土,嗟[9]尔[10]後至将何怙[11]。

刺史[12]守[13]令[14]真分忧,明诏哀痛如父母。

庙堂[15]已用伊吕徒[16],何时眼前见安堵。

疏远[17]之谋未易陈,市上三言或成虎[18]。

祸灾流行固无时,尧汤水旱[19]人不知[20]。

桓侯之疾初无证[21],扁鹊入秦始治病。

投胶盈掬[22]俟[23]河清,一箪岂能续民命。

虽然[24]犹愿及[25]此春,略讲周公十二政。

风生群口方出奇,老生常谈[26]幸[27]听之。

注释

[1] 五种:黍、稷、菽、麦、稻五种谷物,此泛指粮食。

[2] 虚春秋：虚度春秋。

[3] 巨鳌复戴三山游：传说渤海之东有无底深谷，中有五山，互不相随波上下往还，天帝命禹强使巨鳌十五，轮流举首而戴之，五山始峙。

[4] 地文：地面的形状（山岳河海丘陵平原之类）。

[5] 划劙(lí)：分割，割裂。

[6] 滭(bì)沸：水翻涌的样子。

[7] 澶渊(chán yuān)：中国的古地名，在今河南省濮阳县西南。

[8] 累累：一个接一个，接连不断

[9] 嗟：叹。

[10] 尔：你们。

[11] 怙：依赖。

[12] 刺史：州郡行政长官。

[13] 守：大宋、宋代太守非正式官名，但仍习称知府、知州为太守。

[14] 令：知县。

[15] 庙堂：朝廷。

[16] 伊吕徒：伊吕这类人，指辅佐君王、主持国政的大臣。伊指伊尹，吕是吕望。为商初、周初的宰辅。

[17] 疏远：粗疏，不切实际。此为作者自谦。

[18] 市上三言或成虎：典出《战国策·魏策二》："庞葱与太子质于邯郸，谓魏王曰：'今一人言市有虎，王信之乎？'王曰：'否。''二人言市有虎，王信之乎？'王曰：'寡人疑之矣。''三人言市有虎，王信之乎？'王曰：'寡人信之矣。'庞葱曰：'夫市之无虎明矣，然而三人言而成虎。'"《韩非子·内储说上》亦载此事。城镇贸易的地方本自没有老虎，但传说有老虎的人多了，就会使人信以为真。后遂用"三人成虎""三言成虎"等比喻流言蜚语可以惑众，能以假乱真，无中生有。

[19] 尧汤水旱：出自《汉书·食货志》："故尧禹有九年之水。汤有七年之旱。"

[20] 知：预知。

[21] 证：征兆。这两句说，对于灾害，应防患于未然。

[22] 掬：用双手捧取。盈掬即满捧。

[23] 俟：等待。

[24] 虽然：虽然这样，但是……。

[25] 及：趁着。

[26] 老生常谈：老书生常说的话，没有新意思。比喻听惯了听厌了的话。出自《三国志·魏志·管辂传》："飏曰：'此老生之常谭。'辂答曰：'夫老生者见不生，常谭者见不谭。'"南朝·宋·刘义庆《世说新语·规箴》："此老生之常谈。"

[27] 幸：希望

品读

宋英宗治平四年(1067年),二十二岁的黄庭坚考中进士,任汝州叶县(今天河南叶县)县尉,这是黄庭坚仕途生涯的第一站。上任后不久,河北连年干旱,接着又发生强烈地震,震后又发生大涝,大批难民纷纷涌入叶县。黄庭坚积极组织救援,主持赈济和安置工作。灾民迁徙流移、哀鸿遍野的惨状,给他带来了巨大的震撼,遂使他赋诗感叹,作就《流民叹》。

这是一首杂言诗,全诗可分为两部分。在诗歌的第一部分,诗人记叙了当时的地震灾情以及震后洪水泛滥、百姓流离失所的景象。河北一带本就灾情频发,几年来没有好好下过雨,导致春秋两季颗粒无收。雪上加霜的是,近来,半夜突发强烈的地震,"有似巨鳌复戴三山游""倾墙摧栋压老弱":好像巨鳌又头顶着三座大山在海上游走,房屋倾塌,压死老弱。惊魂未定的人们,呼救的声音还没来得及停下,随即又是洪水泛滥,波浪翻滚,"十户八九生鱼头",人们十有八九失去了性命。诗人将灾情突发,百姓惨状,写得触目惊心。"累累襁负襄叶间,问舍无所耕无牛":听说在澶渊地区,每日有几万名逃难的百姓渡过黄河南下,来到襄城叶县之间,他们要住无屋,要耕无牛,流离失所,无以为生。早到此地的人还能得到荒地耕种,唉!你们后来的人要靠什么谋生度日、养家糊口呢?在此句中,诗人关心耕牛即是关心灾民的粮食生产问题,这是他关心国事民生的生动反映,也是他重农爱民的有力证据。

诗歌的第二部分,诗人从灾情描写转入关于赈灾救民的议论,地方官们尽心尽力办事,为皇帝分忧。皇帝下了诏令,为百姓的苦难感到哀痛,就像父母一样关怀他们。朝廷已经任用伊吕这样的人,什么时候才能见到百姓过上安定平和的日子?"疏远之谋未易陈,市上三言或成虎":因职微言轻,我的救灾计划,即使献上去也很难被采纳。即使被采纳,人们传播开来,很容易就歪曲变样了。灾祸的流行,是没有确定的时间的。无论唐尧时的水灾,还是商汤时的旱灾,人们都是无法预先知道的。"桓侯之疾初无证,扁鹊入秦始治病":齐桓侯的病,起初是没有症状的,等扁鹊到了秦国才想要医治,已经病入膏肓、无药可医了。诗人引用"尧汤水旱""讳疾忌医"等典故,言辞恳切,忧心如焚。"投胶盈掬俟河清,一箪岂能续民命":当下应对灾害的措施,好比将一把胶投到黄河中,等河水澄清下来。极少的饭食,怎能救得了如此多灾民的命?诗人的看法是治国必须未雨绸缪,这样人民才能安生度日。"虽然犹愿及此春,略讲周公十二政。风生群口方出奇,老生常谈幸听之":尽管如此,还是希望能赶得及在今年春天,制定出切实有效的救灾办法。请大家议论起来,集思广益,尽快提出可行的办法。就算这是老生常谈,也希望高居庙堂之上的执政者能好好听一下。此番议论,其实是对当权者无视人民的疾苦,没有行之有效的预防灾害和赈济灾民的措施表达了不满,表现了作者对民生疾苦的深切关注和同情,在忧国忧民之中又寓含了对当权者的委婉讽谏。黄庭坚曾对属官们说,我等身为朝廷命官,要忠于职守,体察百姓困苦,不可扰民,民安才能国安。从这首诗歌中,我们可以触摸到黄庭坚那亲民为民的仁爱之心,感受他那将普通灾民视作自己亲人的真情真意。

读后小思

“累累襁负襄叶间，问舍无所耕无牛。”此句谈及耕牛，古代中国属于男耕女织的农业社会，耕牛是乡土田园生活必不可缺的角色。黄庭坚的诗歌创作中常常出现耕牛这一意象，请谈谈你的理解。

补充阅读

牧童诗

〔宋〕 黄庭坚

骑牛远远过前村，短笛横吹隔陇闻。

多少长安名利客，机关用尽不如君。

次韵晁元忠西归十首(其十)

〔宋〕 黄庭坚

开田望食麦，春陇无秀色。深耕不偿勤，牛耳徒湿湿。

丰凶谁主张，坐令愁煎迫。河清会有时，得酒洒胸臆。

次韵子瞻与舒尧文祷雪雾猪泉唱和

〔宋〕 黄庭坚

老农年饥望人腹，想见四溟森雨足。

林回投璧负婴儿，岂闻烹儿翁不哭。

未论万户无炊烟，蛛丝蜗涎经杼轴。

使君闵雪无肉味，煮饼青蒿下盐菽。

岂云剪爪宜侵肌，霜不杀草仍故绿。

幽灵癭贔西山雾，牲肥酒香神未渎。

得微往从董父豢，宁当罪系葛陂渊。

卜择祠官齐博士，暴露致告苍崖颠。

请天行泽不汲汲，尔亦枯鱼过河泣。

生鹅斩颈血未乾，风马云车坐相及。

百里旌旗洒玉花，使君义动龙蛇蛰。

老农欢喜有春事，呼儿饭牛理蓑笠。

博士勿叹从公疲，明年麦饭滑流匙。

薄薄酒二章(其二)

〔宋〕 黄庭坚

薄酒终胜饮茶，丑妇不是无家。

醇醪养牛等刀锯，深山大泽生龙蛇。

秦时东陵千户食，何如青门五色瓜。
传呼鼓吹拥部曲，何如春雨池蛙。
性刚太傅促和药，何如羊裘钓烟沙。
绮席象床琱玉枕，重门夜鼓不停挝。
何如一身无四壁，满船明月卧芦花。
吾闻食人之肉，可随以鞭朴之戮；
乘人之车，可加以鈇钺之诛。
不如薄酒醉眠牛背上，丑妇自能搔背痒。

悯　农[1]

提示

杨万里(1127—1206)，字廷秀，号诚斋，吉州吉水(今江西省)人，南宋著名诗人。绍兴二十四年(1154年)进士，官至宝谟阁学士，主张抗金，关心民生疾苦，多次上书批评朝政。晚年家居，因忧愤国事病死。杨万里与陆游、范成大、尤袤并称“南宋四家”“中兴四大诗人”。杨万里的诗歌大多描写自然景物，且以此见长。他也有不少篇章反映了劳动人民的生活，表达了他对民生的关心及对劳苦人民的同情。如《悯农》《观稼》《农家叹》《秋雨叹》《悯旱》《竹枝歌》《插秧歌》等，思想性和艺术性都比较高。其诗风格质朴纯真，语言平易浅近，构思新巧，有幽默感，吸收了不少俚语俗谚，号为“诚斋体”。杨万里一生作诗两万多首，传世作品有四千二百首，著有《诚斋集》，被誉为一代诗宗。

正文

稻云[2]不雨不多黄，
荞麦[3]空花早着霜。
已分[4]忍饥度残岁，
更堪[5]岁里闰添长！

注释

[1] 悯农：哀怜农民。

[2] 稻云：稻田连成片望之如云。不多黄：黄熟的不多。

[3] 荞麦：粮食作物。一年生草木，花白或淡红，籽粒呈三棱卵圆形，可食。着霜：遇到下霜。

[4] 已分：早已料定。残岁：岁末，一年的残余岁月。

[5] 更堪：更何堪。闰添长：农历有闰月，比常年多一个月。

品读

《悯农》是一首七言绝句。这首诗写于宋孝宗隆兴二年(1164 年)，其年闰十一月，杨万里因父亲病重由杭州返回江西吉水老家，见农田遭灾，农民食不果腹，深感忧虑，即时而作。此诗前两句描述当时的灾情：由于久旱无雨，稻田缺水，秧苗大半枯死；后两句揭示农民忧心如焚的心理活动：本来早已料到今冬要忍饥挨饿，谁知偏偏又遇上闰年，日子更加难过。此诗语言朴实自然，层层渲染，步步加深，将农村的灾情描写得十分真实可感，字里行间流露出诗人对农家苦难的深切同情。

中国文学史上，悯农诗渊源久远。关注农耕、忧心农事的悯农之作以现实主义的创作手法，以质朴的语言，真实记录下遭受天灾、兵祸、赋税徭役之苦的农人的不幸遭遇，并将作者对农人的哀悯、同情、钦佩等诸多情感寄寓其中。杨万里这首诗就是落笔于满目疮痍的现实，刻画了处于饥寒交迫之中的农民生活。

开首两句以对偶的句式叙述了作者亲眼所见的灾情，水田因久旱无雨，一眼望去，如云的稻子难以成熟泛黄。“云”，形容庄稼连片，一望如云，连片不黄，足见旱情造成的损失惨重。而旱田的庄稼又偏遇冻灾，荞麦早遭霜冻，颗粒无收。两句诗以写实的笔法，展现出农村天灾歉收的境况，难以想象农人面对接二连三的打击要如何度日。

三、四两句“已分”与“更堪”相互呼应，推进一层，强化了农家的苦难。面临灾年，无可奈何的农人已做好忍饥挨饿的打算，谁知这一年又偏偏是闰年(是年夏历闰十一月)，比平常年头又多出一个月来。“忍饥度残岁”的灾荒已不堪忍受，何况今年又特别长，真是度日如年，难以为继。这两句揭示了农人忧心如焚的内心世界，流露出作者对农民疾苦的深切同情，诗题“悯农”之意也由此点题了。

这首诗在艺术表现上极有特色。首先，它用递进的写法，层层渲染了农人面对灾年的苦不堪言。前两句仅用叙述手法描写了两个场景，已使灾年饥荒之严重力透纸背，这本就难以忍受了，还遭逢闰年，从“已分”到“更堪”，犹如雪上加霜，岁月添长，愁苦加深，农人已然被逼至走投无路的困境。其次，作者不只停留于一般地写灾年荒景，作者对于农人的疾苦体察入微，捕捉到农人面对灾年的真实心境。全诗(特别是后两句)既是农民面对连绵灾难的内心呼号和悲苦之音，也是作者发自肺腑的悲悯哀恸之辞。作者将细致入微的观察、情真意切的哀悯与农民的生活遭遇紧密联系，使这首诗产生了一种如泣如诉的艺术感染力。

读后小思

你还读过哪些悯农题材的诗作？不妨试着将其与本诗进行比较，谈谈你的感受。

夏日田园杂兴十二首(其七)

提示

范成大(1126—1193)字至能,晚号石湖居士,平江府吴县(今江苏省苏州市)人,南宋名臣、文学家。范成大才华横溢,素有文名,尤工于诗,与杨万里、陆游、尤袤合称南宋"中兴四大诗人",又称"南宋四大家"。他的诗歌题材丰富,风格多样。他广泛学习前代的诗人,博采众长,诗风清丽轻巧,精致婉峭。他的田园诗成就最高。

范成大退隐石湖十年间,创作了许多田园诗,其中以《四时田园杂兴》最为著名,其引言称"野外即事,辄书一绝,终岁得六十篇"。《四时田园杂兴》(题意:四个时节田园的各种兴致)共六十首,宛如农村生活的长幅画卷。该组诗歌号称"四时",自是以时间为序,分为"春日田园杂兴""晚春田园杂兴""夏日田园杂兴""秋日田园杂兴"和"冬日田园杂兴"五个部分,每一部分十二首绝句。组诗分别描写了四个季节田园生活中生产、风景、人物、民俗等各方面,生动绘制了一幅幅田园农作动态图。《四时田园杂兴》把自晋代陶渊明以来至唐代王维、孟浩然、韦应物等描写农村田园的诗歌传统,以及自《诗经·豳风·七月》以来直到唐代"新乐府"诗派着力反映农村社会现实的诗歌传统融合起来,变古体为七言,无论内容和形式,都体现出卓越的创造性,被誉为"中国古代田园诗的集大成者"(钱钟书语)。《苍润轩碑跋》说:"此诗盖谢事后所作,曲尽吴中郊居风土民俗。"

正文

昼出耘田[1]夜绩麻[2],
村庄儿[3]女[4]各当家[5]。
童孙[6]未解供[7]耕织,
也傍[8]桑阴学种瓜。

注释

[1] 耘田:锄地。

[2] 绩麻:把麻搓成绳,搓麻绳。

[3] 儿:男人(农夫)。

[4] 女:女人(农妇)。

[5] 各当家:每人都负有专责,独当一面。

[6] 童孙:幼童。

[7] 供：从事参与。

[8] 傍：靠近。

品读

这首诗画面感极强，宛如电影镜头一般，记录了初夏时节农人生活劳作的场景。首句“昼出耘田夜绩麻”是说：初夏，农忙时节，水稻田里秧苗需要除草了。男人们白天下地干活，耕田除草，妇人们在白天干完别的活后，晚上就搓麻线，再织成布。首句用昼和夜对比，向我们展现乡村男耕女织、日夜忙碌的图景。次句“村庄儿女各当家”，指年轻男女都不得闲，一家人既有分工，又有合作，诗人热情地赞颂了农人勤劳肯干、紧张繁忙的劳动生活。后两句生动描写了农村儿童参加力所能及的劳动的情形。“童孙未解供耕织”，“童孙”指那些孩子们，他们年纪尚小，不懂耕田织布，却因耳濡目染，喜爱劳动，于是孩子们就在茂盛成荫的桑树底下学着种瓜秧子呢！结句表现了农村儿童的天真情趣，流露出诗人对儿童的喜爱。这些富于生活情趣的乡村场景，不熟悉农村生活的人是写不出来的。

诗人善于捕捉农村生活中富有情趣、弥足动人的素材，用清新淡雅的笔调，对农村初夏时的繁忙劳作氛围进行细腻的刻画，读来意趣横生。全诗语言通俗浅白，没有丝毫刻意雕饰的痕迹，文笔轻巧、流畅，犹如淡淡水粉画笔绘制了一幅生动的农村风俗画卷，字里行间充溢着江南乡村浓郁的质朴气息与盎然生机。

凭借组诗《四时田园杂兴》，范成大成为可与陶渊明比肩的田园诗人，但范成大的田园诗却自有其风格。在古代诗歌史上，涉及乡村农人生活的诗作要么是陶渊明、王维、孟浩然等诗人创作的田园诗，这些作品大多是“人生在世不称意”的士大夫们自抒隐逸情怀的创作外化，他们重在写意，而不在于摹象，民风淳朴、远离纷争的乡野是他们情感的栖息地。他们笔下的田园，融入更多的是自己的感受与精神追求，作品中出现的渔夫、樵夫、农人也往往被赋予隐士的性格。要么就是如杜甫、李绅、张籍等将视角专注于封建时代农民承受的种种压迫与疾苦的诗作，这些诗的主角虽是农人，但诗中没有田园风光的描写，严格意义上来说，不能被称作田园诗。范成大创造性地把上述两种传统合二为一，他全面、真切地描写了农村生活的各种细节，农人取代士大夫、隐士，成为田园诗名副其实的主角。因家庭变故，范成大早早涉世，久居农村，对农家生活极为熟悉、感触颇深，加之他大半生的仕途生涯，漂泊不定，回家成为其最大的念想。1186 年，受疾患困扰的范成大多次请辞不成，只得暂时闲居石湖，终于如愿以偿地过起了农村生活。他仿佛回到了孩童时代，目光灵动地观察着乡村的一切，满怀童趣地描绘着一幅幅画卷。由此，范成大成功地实现了对传统题材的改造，使田园诗成为名副其实的反映农村生活之诗，给人最大的感受用今天的词语来形容那就是接地气、亲民。他全方位地描绘充满烟火气的田家生活，在他的诗作中我们既看到农家生活的忙碌、艰辛、困苦的一面，也看到农人勤劳、坚韧、淳朴的一面。他的创作展现了宋代农村生活的风貌，也拓宽了田园诗的境地，为后世的田园诗创作带来了很大的影响。

请结合你所读过的作品，谈谈范成大与陶渊明在田园诗创作风格上有何异同？

补充阅读

四时田园杂兴（其一）

柳花深巷午鸡声，桑叶尖新绿未成。
坐睡觉来无一事，满窗晴日看蚕生。

四时田园杂兴（其十五）

蝴蝶双双入菜花，日长无客到田家。
鸡飞过篱犬吠窦，知有行商来买茶。

四时田园杂兴（其二十五）

梅子金黄杏子肥，麦花雪白菜花稀。
日长篱落无人过，惟有蜻蜓蛱蝶飞。

四时田园杂兴（其四十四）

新筑场泥镜面平，家家打稻趁霜晴。
笑歌声里轻雷动，一夜连枷响到明。

四时田园杂兴（其四十五）

租船满载候开仓，粒粒如珠白似霜。
不惜两钏输一斛，尚赢糠核饱儿郎。

蝶恋花·春涨一篙添水面

提示

南宋王朝在政治上软弱妥协，农业工业却发展很快，许多爱国之士都因政见与朝堂相左而隐居于世，范成大也是其中一员，此词是范成大退居石湖期间所作，写的是苏州附近的田园风光。范成大是描写农村田园生活的高手，此作描绘了江南水乡初春的秀丽景色，反映出农村劳动生活给人们带来的快慰和愉悦，透露出作者热爱大自然和与劳动人民同甘共乐的思想感情和生活态度。

正文

春涨一篙[1]添水面。芳草鹅儿，绿满微风岸。画舫夷犹湾百转。横塘塔[2]近依前远。

江国[3]多寒农事晚。村北村南，谷雨[4]才耕遍。秀麦[5]连冈桑叶贱。看看尝面收新茧。

注释

[1] 篙(gāo)：推船用的长木杆。

[2] 横塘塔：塔为明代名臣方孝孺所建，位于横塘风景区之中。

[3] 江国：中国东南沿江、沿海一带的地区。

[4] 谷雨：春季的最后一个节气。谷雨节气的到来意味着寒潮天气基本结束，气温回升加快，大大有利于谷类农作物的生长。古人有“雨生百谷”之说，谷雨时节是播种的最佳时节。

[5] 秀麦：指春麦，出穗扬花的麦子。“面”当为炒面，将已熟未割的麦穗摘取下来，揉下麦粒炒干研碎，取以尝新。

品读

词作上阕描绘了一幅早春水乡图，前两句写眼前近观的水面风光。“春涨一篙添水面。芳草鹅儿，绿满微风岸。”春水涨了，满了，绿水盈盈一直浸润到岸边的芳草。鹅儿一摇一晃行走在芳草如茵的水边，微风吹拂下，鲜嫩的草色染绿了整个堤岸。“一篙”，形容水深程度，“添水面”，有两重意思，一是水深了，二是水涨后整个河道面积扩大了。“鹅儿”，嫩黄色的小鹅，“绿”就是早春时节“绿柳才黄半未匀”那样的色调。河边景色写得色彩和谐，生机勃勃，静中有动。“画舫夷犹湾百转，横塘塔近依前远。”上阙后二句写乘船远眺，动中有静。画船轻摇橹桨，绕着九曲水湾游转，抬头望去，横塘高塔，在眼前很近，却又像船启动时那样遥远。“夷犹”，犹豫迟疑，这里是指船行悠闲缓慢。“横塘”，在苏州西南，是个大塘。江南水乡河渠纵横，湾道也多。作者乘坐画船向横塘方向游去，船行很慢，河道迂回，看着前方的塔近了，其实还远。这两句写船行，带出了沿岸景致，更带出了游船人盎然的兴味，也为下阙视野转向岸边高地做了铺垫。

词作下阕由观景转向了农事。“江国多寒农事晚”，“江国”即江南水乡。“寒”指水冷。旱地早已种植或翻耕了，水田要晚些，江南农谚曰：“清明浸种（稻种），谷雨下秧。”“村北村南，谷雨才耕遍。”“耕遍”正是时候。着一“才”字，这不紧不慢的节奏现出农事的轻松，农作的井然有序。“村北村南”耕过的水田，一片连着一片，真是“村南村北皆春水”、“绿遍山原白满川”，一派水乡特有的耕种风光现于读者面前，虽然农事紧张或更可说繁重，但农民们各得其乐，一切进行得有条不紊。“秀麦连冈桑叶贱。看看尝面收新茧。”水稻虽然刚刚下种，但春麦已出穗扬花随风起伏连岗成片。山岗上桑木枝叶稠茂，足供饲蚕之需，蚕儿正在吐丝作茧。蚕眠，桑叶也便宜了。“雉麦苗秀，蚕眠桑叶稀”（王维《渭川田家》），农桑丰收在望。所以下面写道:“看看尝面收新茧”。“看看”,即将之意,透着满怀期待、喜迎丰收的神情。农人们转眼就可以品尝新面,收取新茧。想到农人越忙碌越欢喜,越欢喜越期待,词人心中必是满是愉悦。词人不止流连水乡美景,他还写田园,写农事,流露出对农家生活的熟悉度、认同感与满足感。词人这种同劳动人民休戚与共的思想情感,实在难能可贵。

读后小思

你还读过哪些与谷雨这一节气有关的诗词?试与大家分享一下。

农谣五首

提示

方岳(1199—1262),字巨山,号秋崖,新安祁门(今属安徽)人,南宋诗人、词人。方岳出身于一个世代耕读之家,七岁能赋诗,时人称其为神童,理宗绍定五年(公元1232年)中进士,曾为文学掌教,后任袁州太守,官至吏部侍郎。因其刚直不阿,不畏权贵,敢于斗争,多次遭到权奸贪吏的诬陷和打击,仕途坎坷。方岳的诗歌创作多描写农村生活与田园风光,反映他罢职乡居时的心情和感慨,诗风质朴自然。清吴焯评其诗“不失温厚和平之旨,力矫江西派艰涩一路,学者当知之”(《绣谷亭薰习录·集部》“秋崖小稿”条)。其词作多抒发爱国忧时之情,风格慷慨悲壮,属辛弃疾派。

正文

其　一

春雨初晴水拍堤,村南村北鹁鸪啼[1]。

舍风宿麦青相接[2],刺水柔秧绿未齐[3]。

其　二

问舍求田计未成[4],一蓑锄月每含情。

春山树暖莺相觅,晓陇雨晴人独耕。

其　三

小麦青青大麦黄,护田沙径遶羊肠[5]。

秧畦岸岸水初饱,尘甑家家饭已香[6]。

其　四

雨过一村桑柘烟，林梢日暮鸟声妍[7]。
青裙老姥遥相语[8]，今岁春寒蚕未眠。

其　五

漠漠余香着草花[9]，森森柔绿长桑麻[10]。
池塘水满蛙成市，门巷春深燕作家。

注释

[1] 鹁鸪：鸟名，又名鹁鸠等。

[2] 宿麦：年前种下的麦，即冬麦。

[3] 刺水柔秧绿未齐：露出水面的嫩秧苗叶尖还没有全绿。

[4] “问舍求田”语出《三国志·魏志·陈登传》，刘备讥讽许汜在国家危难之际，却忙着置办自己的田产房舍，毫不关心国事。

[5] 遶(rào)羊肠：象羊肠一样又细又长围绕着。遶：通“绕”。

[6] 尘甑(zèng)：《后汉书·范冉传》说，范冉，字史云，曾为莱芜县令，有气节，家贫，有时绝食，而穷居自若，闾里为之歌曰：“甑中生尘范史云，釜中生鱼范莱芜。”后来以“甑尘釜鱼”形容贫苦人家。甑：一种瓦制炊具。

[7] 妍(yán)：美好，指鸟声好听。

[8] 老姥：老年妇女。遥相语：相隔老远地对话。

[9] 漠漠：弥漫的样子。

[10] 森森：繁密的样子。

品读

《农谣》是由五首七绝组成的一组农事风光诗。每首诗取一景一事，既自成篇章，又文脉相连。第一首描绘春雨初霁后的农村田野风光。一、二句，春雨过后，春水渐涨轻拍着河堤，村落南北四处鹁鸪啼鸣。“拍”“啼”二字从听觉写，写出了刚刚那场春雨规模不小，鹁鸪在天刚放晴时就咕咕叫唤的野趣。三、四句，诗人将视野从河堤、村庄转到了田野。春雨催生万物，冬麦在和煦的春风吹拂下，已泛出青绿色，片片相接；水田里的嫩秧刚刚刺破水面，虽然还没有长齐，却显出勃勃生机。作为组诗的开端，全诗笔调明快，有声有色地描绘了田园春光，满含蓬勃生机，令人赏心悦目。

第二首描写的是春日农忙的情景。“问舍求田”语出《三国志·魏志·陈登传》，本意是讥讽那些毫不关心国事，只知广置田产房舍的人。诗人方岳是有识之士，因屡忤权要，罢官居乡，曾自吟“吾贫自无家，客户寄村疃”（《秋崖先生小稿·燕来巢》），又曾说“仕宦已忘如隔世，力田断不似逢时”（《山中》）。所以这里用“问舍求田”的典故，是反其意用之，暗示自己已然无心国事，只想“求田问舍”，居然都不可得，为此只能辛勤劳动、维持生计。尽管在雨后初霁的拂晓时分，就要披着蓑衣戴月夜锄，却每每感受到躬耕自足之乐，实为意外之喜。况且还有怡人的美景和黄莺相伴，愈发不觉得独自“力田”有什么辛苦和寂寞。

第三首写收获时节的田野风光及农家的欣喜之情。首句化用汉桓帝时童谣：“小麦青青大麦枯”，描写田野里的小麦虽然还是一片青葱，而大麦则已枯黄。次句运用比喻的手法，写稻田周围有一条条弯弯曲曲的沙路环绕着。第三句“秧畦岸岸水初饱”照应第一首末句“刺水柔秧绿未齐”，以“岸岸”形容一畦畦秧苗高高的长势，预示着今年的好收成。第四句写自己怀着喜悦的心情，日暮归村，一路上闻到了各家各户新麦饭的香气。“尘甑”，典出《后汉书·独行传》“甑中生尘范史云”。这里以“尘甑”指代贫苦人家，说他们平时无米为炊，锅里落满灰尘，现在家家都有米煮饭了。全诗使用“青青”“岸岸”“家家”叠字，洋溢着浓郁的生活气息，欢脱的气氛极富感染力。诗人将丰收的景象及农家收获后的喜悦描绘得真切动人。只有亲身参加了劳动，并体会着劳有所获欣喜之情的人，才能写出这样的诗篇。

第四首写村中蚕事。首两句描写春雨过后，家家户户都在烧柴烘烤桑叶，烟雾弥漫着整个村子。到了黄昏时分，烟雾散去，悦耳的鸟鸣在林梢响起。诗人好奇为什么村中会出现这样的景象，于是大声询问一名青裙白发的老妪，老妪遥遥作答道：因为今年春寒，蚕宝宝还没有入眠需要饲喂，所以只好烘烤桑叶。问答之间，犹显浓郁活泼的生活气息。

第五首描写春深的景色：花草的清香、青葱茂密的桑麻、蛙声阵阵的池塘、还归旧巢的燕子，都是乡间春日的寻常景物，经过诗人的意象组合，构成一幅恬淡闲适的乡居画面。“漠漠余香着草花”：“漠漠”原是烟云密布的样子，这里用来形容香气浮动，极其形象。“余香”者，残余之花香也。这既有不忍春光离去的恋恋不舍，又能联想到此前春光烂漫的宜人景色。下句一转，春虽不能不去，但眼前的“森森柔绿长桑麻”的景象亦自喜人。“森森”二字形容桑麻繁茂浓密，预示着一个美好的丰收年景就在眼前。诗的三四句，笔触由静物及动物，由无声的草花和桑麻转到喧闹不绝的青蛙和呢喃不停的春燕。一场春雨过后，青蛙群集田间，鼓噪轰鸣，这是多么欢腾的春日景象！“门巷春深燕作家”，最后一句尤其妙绝。一方面，诗人未花笔墨，只选取燕子衔泥垒巢这一意象，就写出门巷春深，乡人农事更忙，村中少人；另一方面，以燕子作巢收结全组诗，淡淡一笔，象征了诗人淡泊自适、安于此乡的心情。

诗人用歌谣体，绘乡村小景，着墨清淡而细节生动，语言既新鲜活泼、通俗质朴，又清新别致、对仗工整。诗人历经仕途险恶，终能于山村田园间放牧身心，还能躬耕于田亩之间，体验到农事劳动的甘苦，更是别有一番滋味。

读后小思

本诗虽着力描绘乡村风光的美好，但与一般田园诗中常表达的那种追求超脱、向往隐逸的情感截然不同，试着分析一下不同之处在哪里。

小园(四首选二)

·提示·

陆游(1125—1210),字务观,号放翁,越州山阴(今浙江绍兴)人,南宋文学家、史学家、爱国诗人。陆游生逢北宋灭亡之际,少年时即深受家庭爱国思想的熏陶,自幼立志杀胡救国。高宗时应礼部试,为秦桧所黜。孝宗时赐进士出身。中年入蜀,投身军旅生活,官至宝章阁待制。陆游始终坚持抗金,在仕途上不断受到当权派的排斥打击,晚年长期蛰居山阴,但收复中原的信念始终不渝。陆游一生笔耕不辍,诗词文俱有很高成就。其诗语言平易晓畅、章法整饬谨严,兼具李白的雄奇奔放与杜甫的沉郁悲凉,尤因饱含爱国热情对后世影响深远。词与散文成就亦高,刘克庄《后村诗话续集》谓其词"激昂慷慨者,稼轩不能过"。

淳熙七年,陆游在江西抚州任提举江南西路常平茶盐公事。当时江西发生水灾,他拨义仓粮赈济灾民,结果竟以"擅权"的罪名被免了官,奉祠(无职事,但拿俸禄)回乡。淳熙八年虽曾有新的任命,又被劾论罢。《小园》四首作于淳熙八年(1181年)四月,时陆游闲居故乡山阴(今绍兴)三山,正值麦熟季节,赋诗四首,写田园景色、躬耕体会及自身感怀。

·正文·

小园四首(其一)

小园烟草[1]接邻家,桑柘阴阴[2]一径斜。
卧读陶诗[3]未终卷,又乘微雨去锄瓜。

小园四首(其三)

村南村北鹁鸪[4]声,刺水[5]新秧漫漫平。
行遍天涯千万里,却从邻父学春耕。

·注释·

[1] 烟草:荒草。

[2] 阴阴:幽暗的样子。

[3] 陶诗:陶渊明的诗。陆游《读陶诗》:"我诗慕渊明,恨不造其微;雨余锄瓜垅,月上坐钓矶。"

[4] 鹁鸪(bógū):鸟名,即鹁鸠。

[5] 刺水新秧漫漫平:刚插的秧苗露出水面的尖叶几乎同水面一样平。

品读

《小园》(其一)写的是陆游回到家乡,委身田园,赶着小雨去种瓜,亲身务农的况味。诗作开篇先以“小园”二字点题,初夏麦熟时节,诗人自辟的小园中芳草萋萋,一直连接到邻家;弯弯曲曲的小径两旁布满了枝繁叶茂的桑树和柘木,“烟草”指烟云雾气氤氲中的野草,这两句神似陶渊明诗“孟夏草木长,绕屋树扶疏”(《读山海经》其一)“道狭草木长,夕露沾我衣”(《归园田居》其三)之意。后两句写自己躺着读陶渊明的诗,还未读完,又趁着点点小雨去瓜地松土锄草。想来诗人应是许久未有这样闲暇充裕的时光,如今闲居家中,歪在藤榻上,有滋有味地重读陶渊明的田园诗,现在读,景与情都极合适。细细品味间,许是受到“晨兴理荒秽,带月荷锄归”(《归园田居》其三)的感染,又见一场小雨下得极滋润,诗人放下没有读完的诗卷,赶紧去瓜园里劳作了。这首诗写了小园恬淡清静的风光,也写了春耕春种。小园虽小,却小中见大,字里行间无不满溢诗人对宁静清丽田园风光的喜爱,对农人的躬耕生活的向往。这首诗妙在田园生活与诗境的无间融合,悠然兴会。读诗锄瓜的诗人不知觉间成为田园风光的一部分,闲淡而有情致。诗篇中也处处可见诗人非常欣赏陶渊明,陶渊明和陆游这两位大诗人都醉心田园、热爱大自然,但两人田园生活的心境却不尽相同。陶渊明憎恶官场的黑暗,不为五斗米折腰,弃官归田;陆游则是抗金主张为当权者所不容,屡屡被免,而被迫闲居田园。这种不得已与不得志在《小园》(其三)中更为明显了。

春天里鸟语花香,村子周围到处都是斑鸠的咕咕啼叫声,田里的春水上涨,水面快要漫过刚长出的秧苗了。诗人宦海沉浮,曾经在朝廷和地方多处为官,可谓走过天涯海角,足迹遍天下。万万没想到,到头来“无才屏朝迹,有罪宜野处”(陆游《中夜起出门月露浩然归坐灯下有赋》)。拳拳之心备受挫伤的诗人,回到老家山阴,向邻居学习如何春耕播种。诗歌后两句明显有自嘲之意,诗人的抗金主张,得不到朝廷的采纳,搏杀中原、收复失地的愿望不仅不能实现,还屡屡受到权贵的弹劾与排挤,最终赋闲山居,报国无门,足以想见诗人内心之不甘与不平。

陆游的这组田园诗,表面读来,诗人退居乡里,环境改变,心境自是产生了变化,目之所及,一草一木皆可入诗,平淡中自显淳美与淡然。细品之,诗人并非一味地恬淡,不甘与忧愤之情时不时地溢于言表。“却从邻父学春耕”的闲适生活,绝非诗人本意,而实属无奈。看来,陆游的田园诗中亦有“二分梁甫一分骚”(龚自珍《已亥杂诗》三百十五首选四),这也是其一生忧国爱民言行发自肺腑、毫无矫饰的真切披露。

读后小思

请结合具体作品,谈谈陶渊明与陆游的田园诗有何异同。

补充阅读

《小园》(其二)

历尽危机歇尽狂，残年惟有付耕桑。麦秋天气朝朝变，蚕月人家处处忙。

《小园》(其四)

少年壮气吞残虏，晚觉丘樊乐事多。骏马宝刀俱一梦，夕阳闲和饭牛歌。

游山西村

提示

南宋诗人陆游，是一位爱国诗人，也是一位旅行家，他在三十岁前足迹已遍布祖国大好河山。陆游的诗中常常饱含对故乡山水的赞叹，尤其是在官场失意之时，他会寄情山水。《游山西村》就是一首纪游诗，此诗作于宋孝宗乾道三年(1167年)初春，当时陆游正罢官闲居在家。在此之前，陆游曾任隆兴府(今江西南昌市)通判，因在隆兴二年(1164年)积极支持抗金将帅张浚北伐，符离战败后，遭到朝廷中主和投降派的排挤打击。乾道二年(1166年)，以"交结台谏，鼓唱是非，力说张浚用兵"的罪名，从隆兴府通判任上罢官归里。陆游初回家乡时苦闷不已、激愤难平，但他并没有一味消沉、心灰意冷。"慷慨心犹壮"(《闻雨》)的爱国情怀，始终支撑着他，令他在蛰居生活中感受到希望和光明。同时，乡村的风情与乡民的淳朴治愈着他，他将这些感受都倾泻到了自己的创作里，《游山西村》即在故乡山阴(今浙江绍兴)所作。

正文

莫笑农家腊酒[1]浑，丰年留客足鸡豚[2]。

山重水复[3]疑无路，柳暗花明[4]又一村。

箫鼓[5]追随春社近，衣冠简朴古风存[6]。

从今若许[7]闲乘月，拄杖无时[8]夜叩门。

注释

[1] 腊酒：这里指腊月里酿造的酒。

[2] 足鸡豚(tún)：意思是准备了丰盛的菜肴。足：足够，丰盛。豚，小猪。

[3] 山重水复：一座座山、一道道水重重叠叠。

［4］柳暗花明：柳色深绿，花色红艳。

［5］箫鼓：吹箫打鼓。春社：古代把立春后第五个戊日作为春社日，拜祭社公（土地神）和五谷神，祈求丰收。

［6］古风存：保留着淳朴古代风俗。

［7］若许：如果这样。闲乘月：有空闲时趁着月光前来。

［8］无时：没有一定的时间，即随时。叩（kòu）门：敲门。

品读

首联诗人用“莫笑”二字开头，反客为主，向读者介绍家乡山西村的风土民情，渲染出丰收之年乡村一派热闹、喜庆的气象。“莫笑农家腊酒浑，丰年留客足鸡豚”：乡民淳朴，非常热情好客。千万不要笑话农家腊月里自酿的浊酒，在丰收的年头里，农家待客的菜肴可是相当的丰盛。“腊酒”，指去年腊月农家自酿的米酒。一个“足”字，将农家待客尽其所有的盛情表现得淋漓尽致。“莫笑”二字，则体现出了诗人对乡村民风淳朴的赞赏有加。

颔联写山中景致，写景中蕴含人生哲理，历来为人所称道。“山重水复疑无路，柳暗花明又一村”，读者仿佛可以看到诗人在连绵起伏的山峦间漫步，淙淙山泉曲折蜿蜒，草木越来越繁茂，山间小径也愈发依稀难寻。正在诗人迷茫彷徨之际，突然见到前方开阔花明柳暗，乡间茅舍炊烟袅袅，诗人顿感豁然开朗、喜形于色。这既是诗人此次纪游途中的实景描写，也是他被罢官回家后的心境外化。“疑”字一方面写出了山峦叠翠，路径难辨，另一方面写出了诗人陶醉美景沉迷自失的神态。“又”字渲染出诗人踌躇不前时突然发现秀美村庄的惊喜心情。其实有过山中游玩经历的人，这种情景相信并不会陌生：漫步山阴，信步而行，疑若无路，忽而开朗。对于诗人而言，这两句所表达的是他被罢官回家后，依然坚守信念，不言放弃，坚信自己会有为国建功的时候。而对于读者而言，人们不免联想到人生中随时可能遇到的困顿处境与彷徨心境，只要锲而不舍，继续前行，便会有豁然开朗，走出困境的那一刻。诗句既写出了人生的希望无处不在，又道出了物极必反、世间万物消长变化的道理，所以这一联被作为哲理名言，广为流传。

颈联笔锋由景色转入人事，对南宋年间农村祭社祈求丰收的乡土风俗进行了记录。“箫鼓追随春社近，衣冠简朴古风存”，“社”为土地神。春社，一般把立春以后第五个“戊”日叫“社日”，这是一种通过祭祀土地神，保佑五谷丰登的古节，最早可以追溯到春秋时期或者更早。陆游看到村民们在为迎“春社”做彩排。他们还穿上了简朴的古代礼服，使用起了古代的礼仪。农家吹着箫打起鼓，拜祭土地神，满怀丰收的期盼。苏轼《蝶恋花·密州上元》也说：“击鼓吹箫，却入俗桑社。”“衣冠简朴古风存”，诗人表达了对乡土风俗的赞美，以及对农村人民的关爱。

尾联“从今若许闲乘月，拄杖无时夜叩门”，诗人游玩了一整天后，此时明月高悬，淡淡的月光笼罩着静谧的大地，春社过后的村庄也回归了宁静，诗人却还意犹未尽，发出感叹：但愿今后，能不时乘月拄杖，轻扣柴扉，与父老乡亲把酒言欢，此情此景，乐哉美哉。乡民的热情自是诗人留恋的原因之一，更打动他的则是山西村古拙的风俗。乡民们吹箫、打鼓，穿着简朴的传统礼服，用的是传统的礼仪，互相问好，全无心机。在外面的世界，这样的景象已经很少了。

诗人被弹劾归乡，心中难免郁愤，但家乡淳美的风光、乡里传统的风俗和乡民真挚的情谊给予诗人许多慰藉，加之诗人虽蛰居乡里，仍心系国事，他从未丧失信心，深信总有一天能一展所长，为国效力。综观全诗，诗人用白描的手法，描摹了色彩明丽的农村风光，描写了农村的日常生活与习俗，向人们展示了乡村自然风景之美、乡民淳朴善良之美，并把自己热爱祖国、热爱人民、热爱生活、热爱自然的情操美融于其中。陆游一生爱国，心中长存"柳暗花明"希望的执着与豁达，感染、激励了一代又一代的读者。

读后小思

你还读过陆游其他的田园诗作吗？试选一篇，进行品读。

春日耕者

·提示·

苏辙(1039—1112)，字子由，一字同叔，号东轩长老，晚号颍滨遗老，眉州眉山(今属四川省)人。北宋时期官员、文学家、思想家。苏辙与父亲苏洵、兄长苏轼齐名，合称"三苏"，又名列"唐宋八大家"之一。其生平学问深受其父兄影响，以散文著称，擅长政论和史论，苏轼称其散文"汪洋澹泊，有一唱三叹之声，而其秀杰之气终不可没"。

·正文·

阳气先从土脉知，老农夜起饲牛饥。
雨深一尺春耕利，日出三竿晓饷[1]迟。
妇子同来相妩媚，乌鸢飞下巧追随。
纷纭政令[2]曾何补，要取终年风雨时。

·注释·

[1] 晓饷：送早饭到田间。
[2] 政令：当时王安石变法所颁布的各种法令。

品读

《春日耕者》是一首七言律诗，写于元丰二年（1079 年）初，当时苏辙在南京（今河南商丘）任应天府签判。首联写“筹春”。春耕尚未正式开始，富有经验的农人们已经从开冻变松的土壤中感受到万物生长之气，开始为春耕生产做起了准备。在农耕时代，牛是重要的生产工具。人非五谷不生，五谷非耕牛不长。农人们半夜三更起床，给耕牛添喂草料，正是为了养肥耕牛，以备春耕。颔联写“春忙”。正所谓“一年生计一春忙”（郭居敬《百香诗·其九十四·农》）。一年的收成，就看此时了。好雨知时节，当春乃发生。春雨淅沥连绵，地上积蓄了一尺来深的雨水，这正是犁田耙地的好时机。所以，农人们纷纷驱牛下田，开启一年的春耕播种模式。由于时间紧、任务重，日上三竿了，他们连早饭都顾不上吃。颈联写“春乐”。农人抢着播种，忙得不可开交，何来乐趣？“妇子同来相妩媚”。“妩媚”，就是前来慰问鼓励的意思。这句尤显诗人运笔之高妙，作为家庭劳动生产的主力，农人从“筹春”到“春忙”，紧锣密鼓、辛苦不已，农妇携子来到田间送饭，一家老小，相聚田间地头，借着片刻的休息时间有说有笑、相亲相爱，紧张的气氛得到了舒缓，诗歌的节奏也显得张弛有度。虽然辛苦，但是其情温馨，其乐融融。天上的乌鸦和鸢鸟，似乎也被这样温馨又忙碌的春耕生产画面所感动，飞上飞下巧妙相随，觅食米饭和谷种。好一幅生动细致的春耕图，有静有动，动静结合。尾联诗人发出感慨：纷纭多样的政令是无补于农事的，还是需要百姓在风雨适时的时机抓紧进行春耕生产活动，天下才能丰衣足食啊！诗中的“政令纷纭”，指的是北宋王安石的变法。诗人对农事生产有着细致入微的观察，其中“夜起饲牛”“日出三竿晓饷迟”的细节，非农事生产的亲历者是很难捕捉到的。全诗赞美了农家春日忙碌和辛勤劳作，为农家温馨与和睦生活感到高兴，对王安石变法后下令的繁多无用进行了嘲讽。

读后小思

你还读过哪些春耕题材的作品？试选一篇，进行品读。

田家妇

提示

陈藻（约 1189 年前后在世），字元洁，号乐轩，长乐（今福建长乐）人，侨居福清（今福建福清）之横塘，南宋经学家、文学家。陈藻是南宋中后期闽学传承的一位重要人物，屡举进士不第，一生困顿，布衣终身。陈藻师从林光朝高弟林亦之，并称城山三先生，复传门人林希逸，于福清海口开门授徒，其诗作、策问俱有可观。刘克庄曾发愿：“他日居魏文贞之地，秉

陈叔达之笔，当为河汾先生立传，无使天下后世有遗恨云。”亦终未成文。

正文

莳[1]秧郎婿晚归来，白面匀妆是乃妻。
笑说福唐[2]风俗恶，一田夫妇两身泥。

注释

[1] 莳：有移植、栽种的含义。《说文》莳，种也。
[2] 福唐：今福州福清县。

品读

在长期的农业生产过程中，民众会形成一系列有特定内涵和意味的行为方式，这就是民间风俗习惯。宋代田园诗《田家妇》就是一首记录福建福清当地民俗的作品。诗歌短小精悍，生动通俗。描写了日暮时分，一户农家的男女主人结束了一天的辛勤劳作后回到家中，看着彼此从头到脚都沾满了白天栽种秧苗时的田泥，夫妻二人乐不可支，互相打趣。在中国传统的农业社会中，家庭的劳动分工比较明确，一般是男耕女织各司其职，而“笑说福唐风俗恶”，指的就是福唐一带风俗独特，女子常与男子共同承担繁重的体力劳动。《福建通志》卷九福州条记载：“女率作同于男。”“福州……田则夫妇并力而合作，女作多于男。”（《闽书》卷38《风俗》）晋江：“妇女芒屩负担，与男子杂作；百工技艺，敏而善仿。”（清・乾隆《晋江县志》卷1《舆地志・风俗》）“一个农民夫妇两人泥”便是男女一起下田这种民俗的生动写照。

读后小思

你还读过哪些涉及民俗描写的诗歌？试选一篇，进行品读。

补充阅读

腊月村田乐府十首（其一）

宋代　范成大

冬舂行腊中储蓄百事利，第一先舂年计米；
群呼步碓满门庭，运杵成风雷动地。
筛匀箕健无粞糠，百斛只费三日忙；
齐头圆洁箭子长，隔箩耀日雪生光；
土仓瓦龛分盖藏，不蠹不腐常新香。

去年薄收饭不足，今年顿顿炊白玉；
春耕有种夏有粮，接到明年秋刈熟。
邻叟来观还叹嗟，贫人一饱不可赊；
官租私债纷如麻，有米冬春能几家。

西江月·夜行黄沙道中

提示

辛弃疾(1140—1207)，字幼安，号稼轩，山东东路济南府历城县(今山东省济南市历城区)人，南宋文学家、豪放派词人，有“词中之龙”之称；与苏轼合称“苏辛”，与李清照并称“济南二安”。

辛弃疾一生以恢复中原为志，以功业自许，却命运多舛，壮志难酬。但他始终没有动摇恢复中原的信念，而是把满腔激情和对国家兴亡、民族命运的关切、忧虑，全部寄寓于词作之中。其词艺术风格多样，以豪放为主，风格沉雄豪迈又不乏细腻柔媚之处，题材广阔又善化用典故入词，抒写力图恢复国家统一的爱国热情，倾诉壮志难酬的悲愤，对当时执政者的屈辱求和颇多谴责，也有不少吟咏祖国河山的作品。《四库全书总目提要》说：“其词慷慨纵横，有不可一世之概，于倚声家为变调，而异军突起，能于剪红刻翠之外，屹然别立一宗。”

正文

明月[1]别枝惊鹊，清风半夜鸣蝉[2]。稻花香里说丰年，听取[3]蛙声一片。

七八个星天外，两三点雨山前[4]。旧时茅店社林边[5]，路转溪桥忽见[6]。

注释

[1]“明月”句：意思是明亮的月光惊醒了睡在树枝上的喜鹊。语出苏轼《次韵蒋颖叔》诗：“月明惊鹊未安枝，一棹飘然影自随。”别枝，斜枝。

[2] 鸣蝉：蝉叫声。

[3] 听取：听。取：助词，表动态。

[4]“七八”二句：何光远《鉴诫录》卷五“容易格”条：“王蜀卢侍郎延让吟诗，多着寻常容易言语。有松门寺诗云：‘两三条电欲为雨，七八个星犹在天。’”

［5］旧时：往日。茅店：屋顶盖着茅草的小客店。茅，一作“茆”。社林：土地庙附近的树林。社：土地神庙。古时，村有社树，为祀神处，故曰社林。

［6］忽见：忽然出现。见，通“现”，显现，出现。

品读

西江月：唐教坊曲名，后用作词牌名。黄沙道：指的是从江西省上饶县黄沙岭乡黄沙村的茅店到大屋村的黄沙岭之间约20公里的乡村道路，南宋时是一条直通上饶古城的比较繁华的官道，东到上饶，西通铅山。

此词是辛弃疾最有名的一首田园词作。上阙前两句“明月别枝惊鹊，清风半夜鸣蝉”由六个名词词组组成，分别是六个意象，个个寻常，组合在一起，却别有韵味，在读者的脑海勾勒出极强的画面感。一幅乡村夏日夜景图活脱脱就在眼前：夏日宁静的夜空中，明月初升，投下如水的月光，惊起了枝头上的乌鹊。夜半时分，清风徐来，蝉虫的鸣叫声也被送了过来。词人的观察力可谓十分敏锐，只有曾在深夜亲历此景之人方能写出如此妙句。乌鹊对光线的变化非常敏感，月影晃过树枝，它们常常惊动起来，乱飞乱啼。此句与唐人张继在《枫桥夜泊》中描绘的“月落乌啼”、王维在《鸟鸣涧》中刻画的“月出惊山鸟”，有异曲同工之妙。“别枝”之意，众说纷纭，从对应“半夜”而言，“别”字更适合理解为修饰“枝”的形容词，可解释为“斜伸的树枝”。清风徐来，树枝轻晃，惊得沉睡的夏蝉也在深夜里鸣叫起来。“惊鹊”与“鸣蝉”，以动衬静，描绘出江南村落月夜的悄静与安然。

此时，词人并不急于赶路，而是优哉游哉地漫步于乡野的道路上，耳畔传来蝉鸣鹊声蛙唱，鼻尖袭来漫村遍野的稻花香气，不由联想到农家丰收的前景，内心充满了欢畅与甜蜜。明月、清风、惊鹊、鸣蝉、稻香、蛙声，词人所看、所听、所嗅、所触，无不源自于丰年景象带来的幸福感，江南村落夏夜的独有氛围和词人轻松愉悦的心境都被写活了。

下阙“七八个星天外，两三点雨山前”运用对仗的手法，寥落的疏星表示天快要亮了，又逢天意弄人，突落微雨，词人不由地加快了脚步。“七八个”“两三点”都与上阙清幽静谧的氛围相契合。或许是太过醉心于畅享丰年在望之乐，本对路径相当熟悉的词人，浑然没有察觉那个社庙旁树林边的茅店。走过溪桥，路转了方向，才忽然见到。“旧时茅店社林边，路转溪桥忽见”这个倒装句，把“忽见”的惊喜充分表现出来。不难想见，词人此时此刻的欢欣，足可堪比“山重水复疑无路，柳暗花明又一村”（陆游《游山西村》）。

辛弃疾素喜用典，有时不免有“掉书袋”之嫌。这首田园词中却没有一个典故，俯拾细微平凡的风光景致，平平淡淡，娓娓道出了细腻的人生感动。村野的秀美风光、乡民的淳朴情谊抚慰了他经年累月的失意，填满了他怨愤丛生的心田，令他自然而然地将自己的命运与乡村、与乡民联在了一起，与他们一起期待，一起坚守，一起收获，一起欢欣。屡遭贬官，蛰伏乡村的辛弃疾不仅将满腔的才气诉诸于田园词的创作，更欲为自己壮志难酬、内心郁结的人生谋求一种和解，在对自然、生命、人生发自内心的吟咏中，觅得了平静怡然的人生真谛。

苏轼与辛弃疾都创作过不少田园词，试比较二人词作风格的异同。

《石林治生家训要略》（节选）

提示

叶梦得（1077—1148），字少蕴，苏州吴县（今江苏苏州）人，两宋之交的名臣、著名学者、文学家。绍圣四年（1097 年）登进士第。靖康元年，知杭州。宋室南渡后，任建康（江苏南京）知府。宋高宗建炎二年（1128 年）授户部尚书，迁尚书左丞。晚年隐居湖州弁山玲珑山石林，故号石林居士，所著诗文多以“石林”为名。《石林治生家训要略》是叶梦得专门对家门子弟进行谋生教育的专论，共有十四条，虽篇幅不长，却是中国传统家训发展史上首次专门就治生问题，对家人进行教诲的家训著作。这篇家训既论述了治生的重要性与必要性，又具体论述了治生的方法和规范。

正文

一、人之为人，生而已矣。人不治生，是苦其生也，是拂其生也，何以生为？自古圣贤，以禹治水，稷之播种，皋之明刑，无非以治民生也。民之生急欲治之，岂己之生而不欲治乎？若曰圣贤不治生，而惟以治民之生，是从井可以救人[1]，而摩顶放踵[2]，利天下亦为之矣，非圣贤之概也。

二、治生不同。出作入息，农之治生也；居肆成事，工之治生也；贸迁有无，商之治生也；膏油继晷[3]，士之治生也。然士为四民之首，尤当砥砺表率，效古人，体天地，育万物之志，今一生不能治，何云大丈夫哉！

…………

五、要勤。每日起早，凡生理所当为者，须及时为之，如机之发、鹰之波，顷刻不可迟也。若有因循，今日姑待明日，则费事损业，不觉不知，而家道日耗矣。且如芒种不种田，安能望有秋之多获？勤之不得不讲也。

六、要俭。夫俭者，守家第一法也。故凡日用奉养，一以节省为本，不可过多。宁使家有盈余，毋使仓有告匮[4]。且奢侈之人，神气必耗，欲念炽而意气自满，贫穷至而廉耻不顾。俭之不可忽也若是夫。

七、要耐久。昔东坡曰:“人能从容自守,十年之后,何事不成?”今后生汲于谋利者,方务于东,又驰于西。所为欲速则不达,见小利则大事不成。人之以此破家者多矣。故必先定吾规模,规模既定,由是朝夕念此,为此必欲得此,久之而势我集、利我归矣。故曰善始每难,善继有初,自宜有终。

八、要和气。人与我本同一体,但势不得不分耳。故圣人必使无一夫不获其所,此心始足,而况可与之较锱铢[5],争毫末,以至于斗讼哉?且人孰无良心,我若能以礼自处,让人一分,则人亦相让矣。故遇拂意处,便须大著心胸,亟思自返。决不可因小以失大,忘身以取祸矣也。

九、有便好田产可买,则买之,勿计厚值。譬如积蓄,一般无劳经营而有自然之利,其利虽微而长久。人家未有无田而可致富者也。昔范文正公三买田地[6],至今脍炙人口。今人虽不能效法古人,亦当仰企为是。

…………

注释

[1] 从井救人:跳到井里去救人。原比喻徒然危害自己而对别人没有好处的行为。现多比喻冒险救人。出自《论语·雍也》。

[2] 摩顶放踵(mó dǐng fàng zhǒng):意思是从头顶到脚跟都擦伤了;形容不辞劳苦,不顾身体。出自《孟子·尽心上》。

[3] 膏油继晷(fén gāo jì guǐ):焚:点燃;膏:灯油或蜡烛;继:接续;晷:日影、日光。意思是点燃灯烛来接替日光照明,形容夜以继日地用功读书或努力工作。最早出自唐代韩愈的《进学解》。

[4] 匮:不足;缺少。

[5] 锱铢(zī zhū):古时银两的计量单位,汉语词汇,指很少的钱,也用来比喻很小的事情。

[6] 范文正公三买田地:“范文正公,苏人也,平生好施与,择其亲而贫、疏而贤者,咸施之。方显贵时,于其里中买负郭(靠近城郭)常稔(庄稼成熟)之田千亩,号曰义田,以养济群族之人。”文章表彰了范文正公,自奉俭约,购置义田,以养济群族之人的高风义行。出自宋代钱公辅《义田记》。

品读

《礼记·大学》中说:“古之欲明明德于天下者,先治其国;欲治其国者,先齐其家;欲齐其家者,先修其身。”身修而后家齐,家齐而后国治,国治而后天下平。“修身齐家治国平天下”是儒家学说的精髓所在，也是儒家传统知识分子遵奉的人生信条。“治国”“平天下”是理想，也是责任，而欲“治国”“平天下”，则必须从“修身”“齐家”做起。家训，是对子孙立身处世、持家治业的教诲，由家族自己制定，要求所有家族成员共同遵守。家训，是中国传统文化的一部分，在中国传统社会中所起的作用及对后世的影响力是不容忽视的。中国传统家训始于先秦，定性于两汉，成熟于隋唐，至宋代达到繁荣。

叶梦得在五十五岁时，效仿北齐颜之推《颜氏家训》的意旨，撰写《石林家训》与《石林治生家训要略》，首开家训教诲治生的先河，是中国传统家训中的名篇。

叶梦得说：“人之为人，生而已矣。人不治生，是苦其生也，是拂其生也，何以为生?”在他的观点里，治生的重要性不亚于禹之治水。“稷之播种，皋之明刑”，他认为古代圣贤，如治理滔天洪水的大禹、教民播种百谷的农耕始祖后稷、严明刑律的司法始祖皋陶，所作所为都是治民之生。既然“民之生急欲治之，岂己之生而不欲治乎”，生而为人，要治民之生，同样也不能忽视自己的生计问题，否则一个人是绝对成不了圣贤的。

治生虽然势在必行，但叶梦得不忘教诲子弟“治生不同”：出作入息的农民、居肆成事的工人、贸迁有无的商人、膏油继晷的士人，不同的人有不同的治生之法。日出而作，日落而息，是农家维持生计的办法；在作坊里打造物品，这是手工业者赖以生存的办法；把某地已有的事物运送到没有的地方去买卖，这是商户赚钱谋生的办法；夜以继日、埋头苦读，这是读书人出人头地的办法。叶梦得依照传统职业的划分，将治生分为士、农、工、商四类。他指出：“士为四民之首，尤当砥砺表率，效古人，体天地，育万物之志，今一生不能治，何云大丈夫哉!”虽然他有着士为四民之首的偏见，但他却持有不从流俗的观点。那就是读书人作为四民之首，尤其应该勉励自己以身垂范，效仿古人体察天地万物的志向，如今连一种生计也不能从事，还说什么大丈夫呢！自古以来，在劳心者治人，劳力者治于人的观念影响下，士大夫们对劳动和劳动者要么是采取鄙视不屑的态度，要么持非我族类的远观之姿，叶梦得谆谆教诲子弟要做治生的表率，实属难能可贵的不俗见解。

家训在治生的基本原则上，具体论述了治生的方法和规范。叶梦得提出了五条：一要勤，“每日起早，凡生理所当为才，须及时为之”，否则将于不知不觉间损耗家道。二要俭，“俭者，守家第一法也”，节俭，是守家的第一法则。因此凡是日常用度，奉养父母，一概以节省为本。宁可使家中多有盈余，也不能使粮仓有匮乏的时候。况且奢侈之人，他的精神气度一定有所消耗，欲望过于强烈而意气自满，贫穷到极点而不顾廉耻。三要耐久，不能目光短浅，汲汲于谋利，须知“欲速则不达，见小利则大事不成”，应该“先定吾规模，规模既定，由是朝夕念此，为此必欲得此”，如此则“势我集，利我归”。四要和气，不应总是与人较锱铢、争毫末，伤了和气，要相信人都是有良心的，“我若能以礼自处，让人一分，则人亦相让矣”。五要购田产，中国传统社会以农业生产为主，土地的地位不可替代，叶梦得告诫子弟有便好田产可买则买之，这样即使“无劳经营而有自然之利，其利虽微而长久”。

随着宋代商品经济的迅速发展，人们对经济利益的追求随之愈发强烈，关于治生的家训也就应运而生，叶梦得的《石林治生家训要略》开了先河，他承认治生的急迫性和必要性，但主张治生要择善而从，选择适合自己的治生之道，成为圣贤才是叶氏对子弟的最终期许。同时，他还为子弟制定了治生的方法和基本规范，字字珠玑，饱含良苦用心。自宋以来，吴中叶氏子孙不忘先祖《家训》“人人录一遍，置之几案，朝夕展味，心慕力行”的训示，不负祖训、严以律己，在科举、文学、商贾等领域均涌现出许多人才。叶氏家训对叶氏的兴旺与强盛起了很大的作用，同时也为后世带来了很多启示。

读后小思

你还读过哪些家训？试选一篇，进行品读。

补充阅读

石林治生家训要略

一、人之为人，生而已矣。人不治生，是苦其生也，是拂其生也，何以生为？自古圣贤，以禹治水，稷之播种，皋之明刑，无非以治民生也。民之生急欲治之，岂己之生而不欲治乎？若曰圣贤不治生，而惟以治民之生，是从井可以救人，而摩顶放踵，利天下亦为之矣，非圣贤之概也。

二、治生不同。出作入息，农之治生也；居肆成事，工之治生也；贸迁有无，商之治生也；膏油继晷，士之治生也。然士为四民之首，尤当砥砺表率，效古人，体天地，育万物之志，今一生不能治，何云大丈夫哉！

三、治生非必蝇营营逐逐，妄取于人之谓也。若利己妨人，非唯明有物议，幽有鬼神，于心不安，况其祸有不可胜言者矣，此岂善治生欤？盖尝论古之人，诗书礼乐与凡义理养生之类，得以为圣为贤，实治生之最善者也。

四、圣门若原宪之衣鹑，至穷也，而子贡则货殖焉。然论者不谓原宪贤于子贡，是循其分也。季氏之聚敛，陈子之螬李，俱为圣贤所鄙斥，由其矫情也。人知法此，治生当择其善者而从之，其不善者而改之。

五、要勤。每日起早，凡生理所当为者，须及时为之，如机之发、鹰之波，顷刻不可迟也。若有因循，今日姑待明日，则费事损业，不觉不知，而家道日耗矣。且如芒种不种田，安能望有秋之多获？勤之不得不讲也。

六、要俭。夫俭者，守家第一法也。故凡日用奉养，一以节省为本，不可过多。宁使家有盈余，毋使仓有告匮。且奢侈之人，神气必耗，欲念炽而意气自满，贫穷至而廉耻不顾。俭之不可忽也若是夫。

七、要耐久。昔东坡曰：“人能从容自守，十年之后，何事不成？”今后生汲于谋利者，方务于东，又驰于西。所为欲速则不达，见小利则大事不成。人之以此破家者多矣。故必先定吾规模，规模既定，由是朝夕念此，为此必欲得此，久之而势我集、利我归矣。故曰善始每难，善继有初，自宜有终。

八、要和气。人与我本同一体，但势不得不分耳。故圣人必使无一夫不获其所，此心始足，而况可与之较锱铢，争毫末，以至于斗讼哉？且人孰无良心，我若能以礼自处，让人一分，则人亦相让矣。故遇拂意处，便须大著心胸，亟思自返。决不可因小以失大，忘身以取祸矣也。

九、有便好田产可买，则买之，勿计厚值。譬如积蓄，一般无劳经营而有自然之利，其利虽微而长久。人家未有无田而可致富者也。昔范文正公三买田地，至今脍炙人口。今人虽不能效法古人，亦当仰企为是。

十、自奉宜俭，至于往来相交，礼所当尽者，当即使尽之，可厚而不可薄。若太鄙吝废礼，何可以言人道乎？面又何以施颜面乎？然开源节流，不在悭琐为能。凡事贵乎适宜，以免物议也。

十一、内人贤淑者难得，当交相儆戒，以闺门肃若朝廷为期。至于六婆尼师，最能耗家，须痛绝之。首饰衣服，虽宜从俗，而私居之时，亦不可华侈相尚。不唯消费难继，亦非所以惜福而传后也。

十二、无家教之族，切不可与为婚姻。娶妇固不可，嫁女亦不可。此虽吾惩往失痛之言，然正理古今不异。《礼记》者云："为子孙娶妻嫁女，必择孝悌，世世有行仁义者。"如是则子孙慈孝，不敢淫暴。党无不善，三族辅之。故曰："凤凰生而有仁义之意，狼虎生而有暴戾之心。"两者不等，各以其母。呜呼，慎戒哉！

十三、妻亡续娶，及娶妾生子，俱不幸之事，鲜有不至乖离酿成家祸者，切宜慎之。

十四、管家者，最宜公心，以仁让为先。且如他人尚不可欺，而况于一家至亲骨肉乎？故一年收放要算，分予要均。和气致祥，天必佑之。不然少有所私，神人公鉴，家道岂能长永而无虞乎？

予曾见《颜氏家训》，大约有一子则予田产若干，屋业若干，蓄积若干。有余，则每年支费。又有余，则以济亲友，此直知止知足者也。盖世业无穷，愈富而念愈不足，此于吾生何益？况人之分有限，踰分者颠。今吾膝下亦当量度处中，未足则勤俭以足之，既足则安分以守之。敦礼义之俗，崇廉耻之风，其于治生，庶乎近焉。

第六章　明清耕读诗文品读

本章所选经典耕读诗文作品共七篇，依次为宋濂《桃花涧修禊诗序》、徐光启《甘藷疏序》、祁彪佳《寓山注》（节选）、孔尚任《桃花扇·余韵》、汪中《哀盐船文》、龚自珍《说居庸关》、薛福成《振百工说》，均为明清文学中的名篇佳作。

“开国第一文臣”宋濂（1310—1381），文章为“明一代之冠冕”。元末天下大乱，文人因行道理想的失落，多选择了归隐山林而仍坚守儒者立场的“隐儒”身份，“追浴沂之风徽，法舞雩之咏叹”。《桃花涧修禊诗序》正是作于宋濂隐居龙门山时期。上巳节修禊的民俗传统植根于中华农耕文明，体现了感知自然的民族意识。宋濂上巳日和友人们前往桃花涧修禊游玩、流觞赋诗，在大自然中逍遥自适，作沂水舞雩之咏，情与境适，乐与道俱。崇祯朝位居吏部尚书兼文渊阁大学士、内阁次辅的徐光启（1562—1633），也是一位杰出的农学家，著有《农政全书》《甘薯疏》《农遗杂疏》《农书草稿》等农学著作。《甘藷疏》是我国最早研究甘藷种植技术的专著，是研究中国农业史、甘藷史的重要资料。《甘藷疏序》便是徐光启为《甘藷疏》所撰写的序文，旨在论证甘藷能在全国各地推广种植，同时也阐述了农作物引种的规律。徐光启逝世后的第二年，年仅三十二岁的祁彪佳（1603—1645）辞官归隐，在家乡绍兴营建寓山园，以寄寓个人艺术精神、性灵情志乃至生命意趣。祁彪佳是江南名宦、诗人、藏书家、造园家。《寓山注》是记述其卜筑寓山园林始末以及寓园景观布局的小品文集，所记凡四十九则，也即寓山四十九景。本章节选《寓山注》之《远阁》《丰庄》《豳风》三则，藉此感受晚明文人园林所体现的艺术精神和文人意识，以及园主人寄情林泉、终老田园的意趣追求。祁彪佳在明清易代之际殉节，而由明入清的文人们，或隐或仕，其亡国哀思却别无二致。孔尚任（1648—1717）《桃花扇·余韵》便借渔樵山野的明末艺人之慷慨悲歌，凭吊南明的覆亡，吟一曲悲悼沉重的挽歌。乾隆三十五（1770年）仪征盐船失火，这场大火吞噬了数以千计的生命，也摧毁了生存的一切物质基础。汪中（1745—1794）目击江面失火后写下《哀盐船文》哀悼遇难的船民，“状难写之情，含不尽之意”“惊心动魄，一字千金者”，成为清代骈体文的代表作。汪中为生民而悲痛至斯，源自于“为天地立心，为生民立命”这一中国传统读书人的民生关怀和社会担当。至于清代中晚期，内部矛盾和外部危机逐渐深化，龚自珍（1792—1841）写下《说居庸关》这一论述居庸关形势的舆地之作。居庸关固然险要，但间道的存在、城墙的失修都引发了龚自珍“险关不足恃”的隐忧，也反映了龚自珍一直以来重视边疆史地研究和国防建设。另一位受晚清经世实学思想影响的有识之士薛福成(1838—1894)，呼吁“提振百工”，“工商强国”，由此写下《振百工说》，是晚清由洋务派转向维新派的标志人物。

在中华文明的发展历程中，耕读文化的意涵，被一再丰富。所耕者，已不再囿于田园、乡野；所读者，也不止于经、史、子、集。以地球为陇亩，以寰宇为天地，以天下为经纬，从浅蓝到深蓝，从平原到大漠，从东亚到非洲、拉美，这也是人类命运共同体的价值和意义。

桃花涧修禊诗序

提示

本篇作于宋濂隐居龙门山著述时期。元顺帝至正十六年(1356年)上巳日，宋濂和郑彦真等诸贤士大夫，相携前往浙江浦江县城东的桃花涧游玩。桃花涧“夹岸皆桃花”“焰焰欲然”，沿涧有凤箫台、钓雪矶、翠霞屏、饮鹤川、五折泉、飞雨洞、蘂珠岩等林泉胜景。这篇诗序便是宋濂应友人郑彦真之请而写的。文章结构严谨，层次井然，重点描写了桃花涧的泉石之胜和文士们饮酒赋诗的各具情态，前者堪称一幅山水长卷，后者则是一幅定格了的曲水流觞赋诗图，形神兼备，简洁自然。

宋濂(1310—1381)字景濂，号潜溪，别号玄真子，元末明初文学家，浦江(今浙江金华浦江)人。元末，元顺帝征召宋濂为翰林编修，宋濂以奉养父母为由辞不应召，隐居龙门山著书十余年。朱元璋起兵攻占婺州，召见宋濂，任命他为五经师，由此入仕。洪武二年奉命修《元史》，为总裁官。官至学士承旨知制诰，被朱元璋誉为“开国文臣之首”，明朝立国之初的礼乐制度多由宋濂制定，朝廷祭祀、朝会、诏谕、封赐文章也大多由宋濂执笔。洪武十年，宋濂辞官回乡，后因长孙宋慎牵涉胡惟庸案，全家谪茂州，途经夔州时病死。正德中追谥“文宪”。宋濂在经史文献、心性理学、典章制度以及文艺理论等各方面均有卓越成就，道德文章，皆师表当世。宋濂与高启、刘基并称为“明初诗文三大家”，其散文或质朴简洁，或雍容纯正，其中以传记小品和记叙性散文最为出色，如《秦士录》《杜环小传》《李凝传》《记李歌》《王冕传》等，写景散文也颇多佳作，如《环翠亭记》《桃花涧修禊诗序》《看松庵记》等。《四库提要》评价宋濂：“根柢经训，发为文章，称明一代之冠冕。其文醇深演迤，不动声色，而二百余年之中，殚力翻新，终莫能先也。”

正文

浦江县东行二十六里，有峰耸然而葱蒨者，元麓山也。山之西，桃花涧水出焉。乃至正丙申[1]三月上巳，郑君彦真将修禊事于涧滨，且穷泉石之胜。前一夕，宿诸贤士大夫。厥明日，既出，相帅向北行，以壶觞随。约二里所，始得涧流，遂沿涧而入。水蚀道几尽，肩不得比，先后累累如鱼贯。又三里所，夹岸皆桃花。山寒，花开迟，及是始繁。旁多髯松，入天如青云。忽见鲜葩点湿翠间，焰焰欲然[2]，可玩。又三十步，诡石人立，高可十尺馀，面正平，可坐而箫，曰凤箫台。下有小泓[3]，泓上石坛广寻丈，可钓。闻大雪下时，四围皆璠树瑶林[4]，益清绝，曰钓雪矶。西垂苍壁，俯瞰台矶间，女萝与陵苕轇轕之[5]，赤纷绿骇[6]，曰翠霞屏。又六七步，奇石怒出，下临小窪，泉冽甚，宜饮鹤，曰饮鹤川。自川导水为蛇行势，前出石坛下，锵锵作环佩鸣[7]。客有善琴者，不乐泉声之独清，鼓琴与之争，琴声与泉声相和，绝可听。又五六步，水左右屈盘，始南逝，曰五折泉。又四十步，从山趾斗折入涧底，水汇为潭。潭左列石为坐，如半月。其上危岩墙峙，飞泉中泻，遇石角激之，泉怒，跃起一二尺，细沫散潭中，点点成晕，真若飞雨之骤至。仰见青天镜净，始悟为泉，曰飞雨洞。洞旁皆山，峭石冠其巅，辽敻幽邃，宜仙人居，日蘂珠岩。遥望见之，病登陟之劳，无往者。

还至石坛上，各敷茵席，夹水而坐。呼童拾断樵，取壶中酒温之，实桼觞中[8]。觞有舟[9]，随波沉浮，雁行下。稍前，有中断者，有属联者，方次第取饮。时轻飙东来，觞盘旋不进，甚至逆流而上，若相献酬状。

酒三行，年最高者命列觚翰[10]，人皆赋诗二首，即有不成，罚酒三巨觥。众欣然如约。或闭目潜思，或拄颊上视霄汉，或与连席者耳语不休，或运笔如风雨，且书且歌，或按纸伏崖石下，欲写复止，或句有未当，搔首蹙额向人，或口吻作秋虫吟，或群聚兰坡，夺觚争先，或持卷授邻坐者观，曲肱看云而卧，皆一一可画。已而诗尽成，杯行无算。迨罢归，日已在青松下。

又明日，郑君以兹游良欢，集所赋诗而属濂以序。濂按《韩诗内传》[11]，三月上巳，桃花水[12]下之时，郑之旧俗，于溱、洧两水之上，招魂续魄，执兰草以祓除不祥[13]。今去之二千载，虽时异地殊，而桃花流水，则今犹昔也。其远裔[14]能合贤士大夫以修禊事，岂或遗风尚有未泯者哉？虽然，无以是为也。为吾党者，当追浴沂之风徽，法舞雩之咏叹[15]，庶几情与境适，乐与道俱，而无愧于孔氏之徒。无愧于孔氏之徒，然后无愧于七尺之躯矣，可不勖[16]哉！

濂既为序其游历之胜，而复申以规箴如此。他若晋人兰亭之集[17]，多尚清虚[18]，亦无取焉。郑君名铉，彦真字也。

注释

[1] 至正丙申：元顺帝至正十六年(1356 年)。

[2] 然：通“燃”，形容花红如火。

[3] 泓：水潭。

[4] 璚、瑶：都是美玉，璚，通“琼”。形容大雪堆积在树枝上，晶莹洁白如美玉。

[5] 女萝：松萝，地衣类植物。陵苕：凌霄，又名紫葳，攀援藤本植物。轇轕(jiāo gé)，交错缠绕之状。轕通“葛”。

[6] 赤纷绿骇：红绿颜色错杂的样子，形容花叶繁盛，随风摇动。柳宗元《袁家渴记》：“每风自四山而下，振动大木，掩冉众草，纷红骇绿，蓊勃香气。”

[7] 环佩鸣，环佩：佩玉。柳宗元《至小丘西小石潭记》：“隔篁竹，闻水声，如鸣环佩。”

[8] 髹(xiū)觞：漆制的酒杯。

[9] 舟：酒杯的托盘。

[10] 觚(gū)翰：纸笔。觚：木简，借指纸。翰：毛笔。

[11]《韩诗内传》：西汉韩婴所著，《诗经》的训诂书，汉代《韩诗》学派重要著作。《韩诗内传》南宋后亡佚，清人有辑佚本。

[12] 桃花水：桃花汛。《汉书・沟洫志》：“来春桃华水盛，(黄河)必羡溢，有填淤反壤之害。”颜师古注：“《月令》：‘仲春之月，始雨水，桃始华。’盖桃方华时，既有雨水，川谷冰泮，众流猥集，波澜盛长，故谓之桃华水。”华，通“花”。

[13]“郑之旧俗”四句：《宋书・礼志二》：“《韩诗》曰：郑国之俗，三月上巳，之溱(zhēn)、洧(wěi)两水之上，招魂续魄，秉兰草，拂不祥。”春秋郑国，今河南中部，都城为河南新郑县。溱水和洧水，都在郑国境内。《诗・郑风・溱洧》：“溱与洧，方涣涣(春水盛貌)兮。士与女，方秉蕑(兰草)兮。”祓除，古代三月三日至水边戒浴，以除不祥。

[14] 远裔：后世子孙，指郑彦真。

[15]“当追浴沂”二句：沂(yí)，水名，源出山东邹县东北，西流经曲阜与洙水合，汇入泗水。风徽：风范。舞雩(yú)：祈雨的坛。古代求雨之祭叫“雩祭”，又因有巫在坛上歌舞，故称“舞雩”。《论语・先进》：“(曾皙)曰：‘暮春者，春服既成，冠者五六人，童子六七人，浴乎沂，风乎舞雩，咏而归。’夫子喟然叹曰：‘吾与点也。’”《水经注・泗水》：“沂水北对稷门，亦曰雩门。门南隔水有雩坛，坛高三丈，曾点所欲风舞处也。”

[16] 勖(xù)：勉励。

[17] 兰亭之集：东晋穆帝永和九年(353 年)三月三日，王羲之与谢安、孙绰等四十一人，在会稽(今浙江绍兴)兰亭“修禊事”，其间各人作诗，王羲之作《兰亭集序》。

[18] 尚清虚:崇尚道家的清静无为。

品读

修禊,是中国古代具有民俗特色的祭祀、祈福、游览活动。《周礼》中有"女巫:掌岁时祓除、衅浴"的记载,祭司们祓除疾病的仪式常选在"三月上巳"或者"巳日"这样的特定日子;《论语》中的"浴乎沂,风乎舞雩,咏而归",讲的也是沐浴驱灾的活动;《后汉书·礼仪志上》载:"是月(三月)上巳,官民皆絜(洁)于东流水上,曰洗濯祓除,去宿垢疢(病),为大絜。"魏晋时期,上巳节的宗教色彩淡化,多了娱乐性的趣味,人们会在农历的三月初三春游踏青、祭祖祈福、洗垢濯污、宴饮聚会。在修禊活动中,人们或如春秋郑人,在溱、洧二水之上"执兰招魂,祓除不祥",或"士人并出水,为流杯曲水之饮"《荆楚岁时记》卷二)。至于唐代长安,三月上巳,倾城招饮,流觞于曲江之上。"曲水流觞"成为中国古代重要的传统民俗,并衍生出文人墨客宴饮雅集的文学典故。

永和九年的上巳日,会稽山阴的兰亭群贤毕至、少长咸集,王羲之、谢安、孙绰等东晋名士在此修禊雅集,流觞赋诗,留下了文学史、书法史上的传世之作《兰亭集序》。千余年后,元顺帝至正十六年(1356 年),宋濂、郑彦真等人在浦江元麓山畔的桃花涧修禊雅集,写下《桃花涧修禊诗序》。桃花涧修禊在文学史上的知名度虽稍逊于兰亭雅集,但宋濂这篇《诗序》却生动自然地展现了桃花涧的泉石之盛,将雅集众人的游观趣味、情态神韵、林泉风致一一呈现,文中有画,情景相融,风采卓然。

《桃花涧修禊诗序》全文分三部分。第一部分,呈现桃花涧修禊的自然环境。宋濂按着他们的游玩路线,带我们一一观览了桃花涧这一林泉胜地的各处景点。第二部分,涧水流觞和招饮赋诗,展现"修禊"风俗的同时,也表现了诸贤士们在大自然中脱略形迹、发舒身心的逸然情态和魏晋风度。第三部分,桃花涧修禊对韩诗传统、孔门遗风的继承。三部分由物态到人情,最后归结到雅集精神和先贤遗风,"乐与道俱"。

浙江浦江县元麓山畔的桃花涧虽并不出名,却多山林野趣、泉石之胜,因此有必要做一导览攻略。宋濂移步易景,记述了沿桃花涧探幽访胜的过程。"水蚀道几尽,肩不得比,先后累累如鱼贯""又三里所,夹岸皆桃花""及是始繁",桃花涧的得名也随之而来。探访桃花涧时的曲径通幽又豁然开朗,似曾相识,很自然地联想到陶渊明误入桃花源的情境。涧水桃花生意盎然,桃红松翠相互辉映,确是一处世外桃源之所在。

随后,宋濂为我们一一介绍了桃花涧周边景点:凤箫台、钓雪矶、翠霞屏、饮鹤川、五折泉、飞雨洞、蘂珠岩。这些林泉山石的题名很可能来自宋濂等人此次的修禊活动。修禊雅集,必得有兼具自然景致和人文意蕴的场域环境。作为审美客体的桃花涧与作为审美主体的雅集贤士,在游观的过程中趋于物我相融。"凤箫台"的仙人之姿、"饮鹤川"的高逸风致,"不乐泉声之独清,鼓琴与之争"所蕴藉的高山流水觅知音的意境,都超越了物与我的边界而臻于和谐之化境。相携探幽访胜、雅集赋诗的诸贤士们固然是知音相逢、琴声与泉声的合奏对话,又何尝不是世间丝竹清音与自然天籁之声的知音相逢。

诸贤士在曲水流觞、招饮赋诗时的吟哦姿态，或静或动，风神各异，相映成趣，场面精彩。“或闭目潜思”“或拄颊上视霄汉”“或句有未当，搔首蹙额向人”等，是画龙点睛式的细部表情刻画；“或与连席者耳语不休”“或运笔如风雨，且书且歌”“或持卷授邻坐者观，曲肱看云而卧”等，是赋诗构思过程的动态展演。诸贤士“各适其所适”，吟哦情态“皆一一可画”，他们脱略形迹、潇洒不羁的神采风韵，也显示了这次桃花涧修禊的基调——“情与境适，乐与道俱”，俯仰天地，体味自然，涵咏性情，修养德操。

宋濂在诗序中溯源了“于溱、洧两水之上，招魂续魄，执兰草以祓除不祥”的先秦民俗，但对此不以为意。他将这次桃花涧修禊的意义解释为“追浴沂之风徽，法舞雩之咏叹”，是对儒家理想的追慕、效仿和践行。宋濂以“孔子之徒”自勉，不仅在大自然中逍遥自适，作沂水舞雩之咏，还践行着孔子“邦有道则仕，邦无道则隐”的仕隐理念。元末天下大乱，文人因入仕而难有作为的行道理想失落，多选择了归隐山林而仍坚守儒者立场的“隐儒”身份，如杨维桢、许汝霖、王茂、陈介、李祁、王章、何淑、方道睿、孔旸、鲁渊、戴良、王逢、舒頔、丁鹤年等。隐居龙门山著书的宋濂，自然也在“隐儒”之列。与杨维桢他们不同的是，宋濂在明初百废待兴时选择入仕，参与制定礼乐制度，奉命主修《元史》，成为“开国文臣之首”。宋濂在元明易代之际的进退出处，反映了对儒家道统的坚守，正如他在诗序所说的“无愧于孔氏之徒，然后无愧于七尺之躯”。

既然选择了“隐儒”身份，宋濂对“尚清虚”的魏晋玄风自然不太感冒。昔日兰亭雅集的参与者王羲之、谢安、孙绰等东晋名士，同时也是玄学思想的代表人物。王羲之在《兰亭集序》中感叹“修短随化，终期于尽”，流露出委缘随化、清虚无为的情绪。事实上，元明之际涌现出很多“逸民”，知名者如倪瓒、吴子中、杜敏、吴惟谅、程焕文、僧隐中山、郭梅岩等，他们大都远离世俗纷争而高蹈远举，对各方政治势力均采取一种旁观者立场。宋濂在诗序中规箴友人“当追浴沂之风徽，法舞雩之咏叹”，既是强化自我的儒者立场，也有对当下遁世之风“拨乱反正”之意。

上巳日修禊的民俗传统植根于中国农耕文明，体现了感知自然的民族意识。三月是春耕时节，人们祭祀祖先，祈求福祉，准备春耕。暮春三月，乍暖还寒，季节更替，容易生病，因此人们相约到水边洗濯祓禊，去除灾病。修禊之外，“令会男女”“临水浮卵”“水上浮枣”等也是上巳节的习俗。农耕文明与星象文化传统使中国人善于“顺天时”。人们认为，春天与生命相关，是万物勃发的季节，也是人类繁衍的时令。三月三之“三”，在一定意义上也是天、地、人结合的体现。《周礼》载：“中春之月，令会男女。于是时也，奔者不禁。”上巳节作为官方指定恋爱日——中国最早的情人节、女儿节、桃花节，青年男女被允许与自己情投意合的人相会，以歌舞定情，并互赠信物。“上巳良辰近，三春淑气妍。秾花轻著雨，细柳淡笼烟。燕翦当风掠，莺梭拂露穿。”这是中国古人独有的浪漫。

读后小思

(1) 宋濂的这篇《桃花涧修禊诗序》明显受到柳宗元游记散文的影响,请结合文章内容具体分析。

(2) 现在仍然保留下来的上巳节传统民俗活动有哪些?不同地区、不同民族的上巳节习俗有何区别?

甘藷疏[1]序

提示

本篇是明代科学家徐光启为他的农学著作《甘藷疏》所撰写的序文,旨在论证甘藷能够在全国各地推广种植。序文从大处着眼,阐述农作物引种的规律,指出只要耕作栽培措施得当,许多植物都能显示出很强的适应性。《甘藷疏》是我国最早研究甘藷种植技术的专著,是研究中国农业史、甘藷史的重要资料。高产作物甘藷的种植和推广,对明、清两代的人口激增有着重要影响。

徐光启(1562—1633),字子先,号玄扈,天主教圣名保禄,上海县法华汇(今上海市)人,崇祯朝官至礼部尚书兼文渊阁大学士、内阁次辅,谥号"文定"。徐光启是我国历史上杰出的科学家,在科学研究中重视实践,提倡实验,其研究涉及数学、天文、历法、水利等多个领域。在农学方面,徐光启从传统"治国治民"的农本思想出发,既重视农政措施,也重视农业技术。他在编著农业百科全书《农政全书》之前,曾为推广本地和外地的高产作物和救灾备荒,撰写过《甘藷疏》《芜菁疏》《吉贝疏》。这"三疏"后来散佚,《甘藷疏》《芜菁疏》在徐乾学的《传是楼书目》中有著录。徐光启还是中西文化交流的先行者,引进了望远镜、时辰钟、西洋火炮,和意大利传教士利玛窦合作翻译了《几何原本》《大测》(平面三角学和球面三角学)《割圜八线表》(三角函数表)《泰西水法》《测量法义》等多部科学著作。

正文

方舆[2]之内,山陬海澨[3],丽土之毛[4],足以活人者多矣。或隐弗章[5]。即章矣,近之人习用之,以为泽居之鱼鳖、山居之麋鹿[6]也,远之人逖[7]闻之,以为逾汶之貉、逾淮之橘也[8],坐是[9],两者弗获相通焉。

余不佞[10]独持迂论[11],以为能相通者什九[12],不者什一。人人务[13]相通,即世可无虑不足,民可无道殣[14]。或嗤笑之,固陋之心,终不能移。

每闻他方之产可以利济人者，往往欲得而艺[15]之，同志者或不远千里而致[16]，耕获菑畬[17]，时时利赖其用，以此持论颇益坚。

岁戊申[18]，江以南大水，无麦禾，欲以树艺佐[19]其急，且备异日也。有言闽越之利甘藷者[20]，客莆田[21]徐生为予三致其种，种之，生且蕃[22]，略无异彼土。庶几哉橘逾淮弗为枳矣。余不敢以麋鹿自封[23]也，欲遍布之，恐不可户说[24]，辄以是疏先焉。

注释

[1] 疏(shù)：古代文学体裁，臣下向君主分条陈述事情的文章。

[2] 方舆：大地，引申为"领域"之意。

[3] 山陬海澨：山角水滨。陬(zōu)：隅，角落。澨(shì)：水滨。

[4] 丽土之毛：生长在地上的植物。丽：附属。毛：草，植物。

[5] 章：通"彰"，显。

[6] "以为泽居"句，认为某种生物只能生长在特定地区，如鱼鳖只能生活在水里，麋鹿只能生活在山里。

[7] 逖(tì)：遥远。

[8] "以为逾汶"句：《周礼·考工记》："橘逾淮而北为枳，鸜鹆不逾济，貉逾汶则死，此地气然也。"汶：汶水，在山东中部。貉(hé)：兽名，长相似狸，锐头尖鼻，毛色斑驳。又《晏子春秋·杂下》："橘生淮南则为橘，生淮北则为枳。叶徒相似，其实味不同。所以然者何？水土异也。"淮：淮河，源出河南桐柏山，东流经皖北、苏北。

[9] 坐：因为。

[10] 不佞(nìng)：谦辞，犹言不才。

[11] 迂论：迂阔而不切实际的言论。此为徐光启自谦之语。

[12] 什九：十分之九。

[13] 务：谋求，致力于。

[14] 道殣(jǐn)：饿死在路上(的人)。殣，饿死(的人)。

[15] 艺：种植。

[16] 致：送给，给予。

[17] 菑(zī)：开垦一年的土地叫"菑"。畬(yú)：开垦两年的土地叫"畬"。菑畬，引申为开荒、耕耘。《易·无妄》："不耕获，不菑畬，则利有攸往。"

[18] 戊申：明神宗万历三十六年(1608 年)。1608 年 6 月，长江以南从南京到镇江、苏州、松江，都发生大水灾。

[19] 树艺：种植，栽培。《周礼·地官·大司徒》："辨十有二壤之物，而知其种，以教稼穑树蓺。"佐：救助。

[20]“有言闽越”句：闽，福建。越，浙江。甘藷：就是今天的红薯，原产于美洲的作物，明万历十年至二十一年(16世纪八九十年代)自广东、福建等地传入。

[21]莆田：今福建莆田。

[22]蕃：茂盛，蕃茂或繁多。

[23]麋鹿自封：“麋鹿之说自封”的省略词。“麋鹿之说”即前文“山居之麋鹿也”的说法。

[24]户说：一户一户人家去游说。

品读

明万历三十五年(1607年)至三十八年(1610年)，徐光启因父丧回乡丁忧。三年间，他在家乡上海开辟“双园”，进行农业试验，总结农作物种植、引种、耕作经验，撰写了《甘藷疏》《芜菁疏》《吉贝疏》《种棉花法》《代园种竹图说》等农业著作。甘藷，就是今天的红薯，也叫红苕，朱薯，白薯，番薯，地瓜、山芋等，原产于美洲中部，公元16世纪八九十年代由吕宋(今菲律宾)引种到中国南部沿海地区。它不仅单位面积产量高，而且耐干旱、耐贫瘠、耐风雨，抗病害能力强。万历三十六年(1608年)，长江以南发生大水灾，百姓无麦禾可以充饥。徐光启听闻闽越地区在灾荒年景曾依靠甘藷度过饥馑，于是在上海试种甘藷，“生且蕃，略无异彼土”，由此撰写《甘藷疏》上呈万历帝，希望可以在江南推广种植。可惜《甘藷疏》今已失传，仅序文有幸保存在了《群芳谱·谷谱》一书中。

徐光启撰写《甘藷疏序》旨在论证甘藷能够推广种植。序文从大处着眼，阐述农作物引种的规律，指出只要栽培措施得当，许多植物都显示出很强的适应性。为了论述这个观点，徐光启先摆出了当时的一种习惯性认知：近之人“以为泽居之鱼鳖、山居之麋鹿”，远之人“以为逾汶之貉、逾淮之橘”，即某种生物只能生长在特定地区，生长环境的改变会导致生物品种和性状的改变。针对这种认识，他既不嘲讽，也不诘责，而是心平气和地亮出自己的观点：只要善于“耕获菑畬”，“他方之产”就能够“时时利赖其用”。而后摆出自己的实验结果：多年来，“每闻他方之产可以利济人者”，就千方百计“得而艺之”，而且颇有收获。实践证明，天底下的农作物百分之九十都可以引种栽培成功，反驳了“泽居之鱼鳖、山居之麋鹿”的惯性认知，揭示出农作物引种栽培的一般规律。接着徐光启又用自己引种甘藷“生且蕃，略无异彼土”的成功案例，再次论证“橘逾淮弗枳矣”。以此鼓励人们不断积极尝试，不要故步自封、墨守成规。

这篇小序论点明确，论证充分，逻辑严谨。作为我国历史上著名的农学家，徐光启具有善于发现问题、解决问题的敏锐科学意识与大胆假设、小心求证的严谨科学精神。当甘藷最初在闽、浙一带繁育时，徐光启就敏锐地把这一农作物新品种纳入研究视野。他将甘藷引种到上海，栽培成功，撰写《甘藷疏》上奏朝廷，以期在江南地区推广种植这一耐干旱、耐水涝、耐贫瘠的优质高产农作物。当时，大多数人们仍然认为生物依赖于生长地的土壤、气候，倘若异地种植就会改变其品种和性状，这一保守而片面的观点极大地妨碍了农作物的推广种植，阻碍了农业生产力的发展。徐光启鉴于此，提出农业生产技术的重要性，指出只要栽培措施合适，绝大部分农作物都可以进行推广种植。在农业实践中，徐光启充分认识到科学实验的重要性。明万历四十一年（1613 年）秋至四十六年（1618 年）闰四月，徐光启来到天津开垦，进行第二次农业试验。明天启元年（1621 年）又两次到天津，进行更大规模的农业试验，写出了《北耕录》《宜垦令》和《农遗杂疏》等著作，为他日后编撰《农政全书》奠定了基础。

徐光启不仅重视农业生产技术，对农政也有着深入的思考。崇祯十二年（1639 年），由徐光启编撰、陈子龙整理修订的《农政全书》付梓出版。全书分为十二目，共六十卷，五十余万字。十二目包括农本三卷、田制二卷、农事六卷、水利九卷、农器四卷、树艺六卷、蚕桑四卷、蚕桑广类二卷、种植四卷、牧养一卷、制造一卷、荒政十八卷。《农政全书》以“农”“政”辩证关系为基础，较为全面地展现了经济、技术与农业生产部门相统一的“大农业”系统观和生态观。徐光启打破以往农书聚焦农业科学技术的局限，着眼于更为长远的政治生态，将农政措施和农业技术相结合，表达了以农治国的农业生态观。更为值得关注的是，在《农政全书》中，“荒政”作为一目，有十八卷之多。目中对历代备荒的议论、政策作了综述，对水旱虫灾作了统计，对救灾措施及其利弊作了分析，最后附草木野菜可资充饥的植物四百一十四种。这在其他大型农书中是鲜少见到的，汉《氾胜之书》、北魏《齐民要术》，偶有谈及一两种备荒作物，元王祯《农书》“百谷谱”开始出现“备荒论”，却也不足两千字。徐光启关于“荒政”的探讨、策论，反映了他求真务实的科学精神，更展现了他高瞻远瞩、利济天下的政治眼界和胸襟。

徐光启对甘藷的引种、推广，功在当世，更在千秋。时至今日，我国已成为世界最大的甘藷生产国，产量占全世界的百分之八十三。民以食为天。在漫长的历史长河中，甘藷帮助我们度过了一次次的灾荒和饥馑。在古代以及饱经苦难的近现代中国，甘藷种植对山地和瘠土的有效利用，提高了原本低下的农业生产力，推动了杂粮种植的多样化，对人口的繁衍、人类的发展乃至中华文明的生生不息具有重要意义。

“耕”是民以食为天的前提，是家庭与国家的物质基础，“读”是个人、家庭、国家的精神面貌的底蕴，“耕”与“读”相互需要，互为促进。徐光启从甘藷这一农作物种植的农事上，提出“引种栽培”的农业生产技术，引申出对中国传统思想过于保守的思考，也是将“耕”的实践与“读”的理论结合得最为紧密的一种表达，更是明以后知识分子开始对个体价值赋予新的内涵的体现。

读后小思

（1）除了甘藷，中国农业发展史上还有哪些引种作物对饮食结构和人口格局产生了重要影响？

（2）历史上重要的中西方文化交流有哪些？在当下“一带一路”时代语境下，有什么现实启示和借鉴意义？

寓山注(节选)

·提示·

寓山园是文人园林艺术发展至巅峰时期所创造的一座典型的文人园林。受元明文人画的影响,明清园林除了像宋代文人园林一样,满足游赏、吟咏、宴乐、读书、收藏、品茗等生活要求,还寄寓了文人的艺术精神、性灵情志、生命意趣、瓶隐追求。园林和诗、画乃至中国传统哲学、美学思想等全面渗透,融入文人意识,确立了写意创作的主导地位,是“士流园林的全面文人化”时期。《寓山注》便是晚明文人祁彪佳在营造寓山园的过程中完成的小品文。

祁彪佳(1603—1645),浙江山阴(今属绍兴)人,天启二年(1622年)三甲进士,集名宦、诗人、散文家、戏曲家、造园家、藏书家于一身。祁彪佳仕途中三仕三隐,尤其钟情于戏曲、园林。祁彪佳三十二岁辞去苏松巡按一职,回到家乡绍兴,游历越中二百余座园林,著有《越中园亭记》传世。后又卜筑寓山园林,寓园建成后,曾吸引两百多位文士,题咏诗文上千首,其中包括张岱、柳如是、陈洪绶、陈子龙等晚明江南极具艺术成就和文化声誉的人。祁彪佳将文士们的寓园吟咏结集成《寓山志》,又著《寓山注》记述卜筑寓山园的始末以及主要景观的布局。《寓山注》所记凡四十九则,也即寓山四十九景,著名者如水明廊、读易居、呼虹幌、让鸥池、远阁、柳陌、友石榭、丰庄、豳圃等。本书节选《寓山注》三则,藉此感受晚明文人园所体现的艺术精神和文人意识,以及园主人寄情林泉、终老田园的意趣追求。

·正文·

远　阁

阁以远名,非第[1]因目力之所极也。盖吾阁可以尽越中诸山水,而合诸山水不足以尽吾阁,则吾之阁始尊而踞于园之上。阁宜雪、宜月、宜雨,银海澜回,玉峰高并;澄晖弄景,俄看濯魄冰壶[2];微雨欲来,共诧空濛山色。此吾阁之胜概也。然而态以远生,意以远韵。飞流夹巘[3],远则媚景争奇;霞蔚云蒸,远则孤标秀出;万家灯火,以远,故尽入楼台;千叠溪山,以远,故都归帘幕。若夫村烟乍起,渔火遥明,蓼汀[4]唱欸乃之歌,柳浪闻睆睆[5]之语,此远中之所孕含也。纵观瀛峤[6],碧落苍茫,极目胥江[7],洪潮激射,乾坤直同一指,日月有似双丸,此远中所变幻也。览古迹依然,禹碑鹄峙[8],叹霸图已矣,越殿乌啼,飞盖西园[9],空怆斜阳衰草,回觞兰渚,尚存修竹茂林[10]，此又远中之所吞吐，而一以魂消、一以怀壮者也。盖至此而江山风物，始备大观，觉一壑一丘，皆成小致矣。

丰　庄

庄与园，似丽[11]之而非也。既园矣，何以庄为？予筑之为治生[12]处也。出园北折，渡小桥，迎堤而门，绿畴[13]在望。每对田夫相慰劳，时或课[14]妇子挈壶榼[15]往饷之。取所余酒食啖[16]野老，共作田歌，呜呜互答。堂之后，为场圃。十月纳禾稼，邻火相舂[17]，荐新粳，增老母一匕箸[18]。及蚕月，偕内子以居焉，采桑采蘩，女红有程课[19]。场圃旁各数楹[20]，栖耕作者。养鸡、牧豕、鸣吠之声，达于四野。学稼学圃[21]，予将以是老矣。堂之西有丙舍[22]三，他日为儿子读书处，读书于此，兼欲令其知农家苦。

豳　圃

让鸥池之南，有余地焉。衡可二百赤，纵不及衡者半，以五之三[23]种桑，其二种梨、橘、桃、李、杏、栗之属。庄奴颇率职，溉壅三之，芟薙五之[24]，于树下栽紫茄、白豆、甘瓜、樱粟，又从海外得红薯异种，每一本[25]可植二三亩，每亩可收得薯一二车。以代粒，足果百人腹。常咏陶靖节诗："欢然酌春酒，摘我园中蔬"，有似乎烹葵剥枣之风[26]焉，故以名吾圃。

注释

[1] 第：只，只是

[2] 濯魄冰壶：比喻洁白的月亮。濯：洗；冰壶：借指月亮或月光。李白《杂则》："夜来月下卧醒，花影零乱，满人衿袖，疑如濯魄于冰壶也。"

[3] 巘(yǎn)：小山，山顶。《诗・大雅・公刘》："陟则在巘，复降在原。"《毛诗正义》："巘，小山，别於大山也。"

[4] 蓼(liǎo)汀(tīng)：指生长着蓼草的小洲。

[5] 睆睆(huàn)：鸟鸣声。《诗・邶风》："睆黄鸟，载其好音。"

[6] 瀛：池泽；峤：高而尖的山。

[7] 胥江：传说伍子胥死后为浙江潮神，故浙江潮也称胥涛，浙江也称胥江。浙江富春段称富春江，下游杭州段又称钱塘江。

[8] 禹碑鹄峙：禹碑高高矗立。禹碑：传说夏禹曾在衡山(又称岣嵝山)得金简玉书，后人便伪造碑文，附会为夏禹治水时所刻。鹄：即鹤，鹤颈长，故以鹄立状高耸。峙：耸立。

[9] 西园：汉代上林苑的别称，这里泛指园林。

[10] 修竹茂林：化用王羲之《兰亭集序》的意境。永和九年上巳日，王羲之与友人在会

稽郡山阴的兰亭集会,“饮酒赋诗”“畅叙幽情”,写下《兰亭集序》,序文中有“崇山峻岭,茂林修竹”之语。

[11] 丽:成双成对,也写成“俪”。

[12] 治生:经营生产。

[13] 畴:泛指田野。

[14] 课:督促。

[15] 榼:古代盛酒或贮水的器具。

[16] 啖(dàn):吃或给人吃。

[17] 邻火相舂(chōng):新稻收成之后,家家户户都在舂米。

[18] 荐新粳,增老母一匕箸:用新米给老母亲加餐。匕箸:食具,羹匙和筷子,指饮食。

[19] 程课:犹课程,规定的学业内容和进程。

[20] 楹:厅堂前的柱子,也作量词,房屋一间为一楹。

[21] 学稼学圃:樊迟请学稼,子曰:“吾不如老农。”请学为圃,子曰:“吾不如老圃。”

[22] 丙舍:旁屋。

[23] 五之三:五分之三。

[24] 溉壅三之,芟薙五之:家仆三不五时地经常去灌溉、除草。壅:指水被壅塞而成的池沼;芟薙:刈除。

[25] 本:草木的根,这里指红薯块根。

[26] 烹葵剥枣之风:诗经豳(bīn)风。《诗经·豳风·七月》有“六月食郁及薁,七月烹葵及菽。八月剥枣,十月获稻”。豳风,是《诗经》十五国风之一,共七篇,多描写豳地的农家生活以及辛勤劳作的情景,是中国最早的田园诗。卫宗武《用韵再作》有“熙熙田畯争荐喜,烹葵剥枣追豳风”。

品读

祁彪佳辞官返乡后,致力于卜筑寓山别业,经营二载有余,使寓山由一培塿小丘变为亭台池榭、蔚为大观的文人园林。他认为筑园“如名手作画,不使一笔不灵;如名流作文,不使一笔不韵”。寓山四十九景,祁彪佳一一题名作记而成《寓山注》,文章隽秀灵逸,意韵幽远,甚为精妙,是园林小品的经典之作。

“远”和“幽”体现了祁彪佳的园林境界。景必以远观方妙,悠悠天地,极目放眼,方见万千气象。远阁“踞于园之上”,是登高远眺的好去处。晚明文人张岱以为亭榭楼台、曲径回廊可以使山水风月益增其妙。远阁之所以以“远”为名,不是因为此地可以目力之所极,而是因为越中山水形胜可尽收眼底。祁彪佳建阁于园之上,“尊而踞”。常言说,阁必高踞,榭必临水。我们游览颐和园,必定要登上佛香阁,才能看到昆明湖烟波浩渺,玉带桥一飘如带,远可见玉泉山,近可收石舫、长廊。王勃登临滕王阁,方见“鹤汀凫渚,穷岛屿之萦回”,更有“桂殿兰宫,即冈峦之体势”。这里,祁彪佳为我们带来了不同时节、不同气象下登临远阁的游观体验。飞雪时，则银海澜回，玉峰高并；皓月夜，有澄晖弄景，濯魄冰壶；微雨天，见烟雨霏霏，山色空濛。总之，远阁四时皆宜。景色要“远”观才能尽其妙处，如祁彪佳所说：“态以远生，意以远韵。”

对于“远”的审美追求是寓园为人称道的地方。“远”既指有限空间内的距离之远，又指超越有限空间的审美意境上的高远，也指性灵世界中人的精神的超越超脱。远阁之“远”，首先是一种视觉感受，越中山水尽收其中的高远旷阔；其次还在于“心远”，陶渊明“心远地自偏”的超脱境界。当人抛却了功利心，融于天地万物，以空灵的无我之心，聚万象之美，飞流夹巘、霞蔚云蒸、万家灯火、千叠溪山、村烟乍起、渔火遥明、蓼汀歌声、柳浪絮语，都含蕴在远阁的楼台之景中，人和世界亦遥相呼应。远阁因“远心”“远意”而成大美之境。当从眼前的视觉世界超脱，极目浩远的时间和空间，远阁之“远”又贯通了古今，通晓了变换。祁彪佳抚今追昔，凭吊古迹，禹碑鹄峙而叹霸图已矣，越殿乌啼空怆斜阳衰草。会稽山是大禹当年会盟诸侯共商治水大计的地方，也是他的埋葬地。当大禹的宏图大业已消逝在历史的烟尘之中，王羲之与友人修禊事的兰亭尚有茂林修竹在。人事的短暂和自然的永恒，两相对比，“一以魂消，一以怀壮”。江山风物汇聚在远阁之中，于此“远”中所吞吐，一壑一丘，皆成小致，都将融归于无限广袤的宇宙。至此，祁彪佳将寓山园景扩至更加广阔的时间和空间，并在时空的极目纵横驰骋中通达宇宙之无限，将“吾生之须臾”升华为“长江之无穷”。

在中国古典美学中，无论诗境、画境，还是园林景致，乃至在观景、观剧以及阅读欣赏文学作品的过程中，对于“远”的意境追求和审美心理几乎都是一致的，如司空图《诗品》所言：“生气远出，不着死灰，妙造自然，伊谁与裁。”这涉及中国人“远观”背后的潇洒风神。得意尽兴也好，凄凉悲慨也罢，往往以淡远出之，人的潇洒自适始终如一，景观也在淡远和悠闲之中物化为一种独特的审美情绪和人生观照，透出相当繁复的历史和人生的生动气质。这与西方审美经验大不相同。宗白华说：“希腊神话里水仙之神（Narciss）临水自鉴，眷恋着自己的仙姿，无限相思，憔悴以死。中国的兰生幽谷，倒影自照，孤芳自赏，却有春风微笑相伴，一呼一吸，宇宙息息相关，悦怿风神，悠然自足。”祁彪佳在《远阁》中流露出来的审美意识，值得我们在“中西精神的差别”范畴下细细品读。

相比于《远阁》的文人化审美意趣，《丰庄》为我们展现了一幅其乐融融的农家生活画面。一入丰庄，绿畴在望。稻田一片欣欣向荣、丰盈茁壮。祁彪佳在《丰庄》中劝农劝桑，学稼学圃，课子责子；和野老亲切互动，共作田歌；还另作同题诗《丰庄》：“为爱农家乐，庄居筑圃场。秧针沾雨足，稻子过风香。北郭依桑树，东皋接藕塘。主人多种秫，春酒足壶觞。”这些都是农庄生活的真实写照。丰庄里“养鸡、牧豕、鸣吠之声，达于四野”，也有畅想中的耕读之乐。祁彪佳把儿子们以后读书的地方安排在丰庄，耕读文化在此处有了最为具象化的呈现。祁彪佳家族也确实堪称“耕读传家，诗书济世”的典范。明清鼎革之际，祁彪佳身死殉节，夫人商景兰带着子女们居住在幸免于战火的寓山园中，门风肃整，诗书之声朗然，风华依旧冠盖江南。

祁彪佳在《豳圃》中吟咏陶渊明"欢然酌春酒，摘我园中蔬"，直抒归园田居的人生志趣。作为陶渊明的追慕者，"桃李罗堂前，桑榆荫后檐"自是必不可少。此外，豳圃还种有紫茄、白豆、甘瓜、樱粟等蔬果。祁彪佳又特别提到："从海外得红薯异种，每一本可植二三亩，每亩可收得薯一二车。以代粒，足果百人腹。"红薯的高产，令祁彪佳想到可将其作为救荒之用："前人常把洋芋作为救荒农作物，为何却没有提到红薯呢？"这个问题，徐光启在《甘藷疏序》中已经给出了答案。祁彪佳的疑惑，不仅反映了红薯作为备荒农作物进入晚明有识之士的视野，也反映了祁彪佳本人的民生关怀。我们常说，范仲淹"先天下之忧而忧，后天下之乐而乐"建构了中国读书人的精神坐标。祁彪佳厌倦了官场生涯，欲寻一清凉境界，濯数年尘埃。他投身园林以寄托生命情志，避世于桃源却仍不能全然忘却修齐治平的初心情怀。《豳圃》以"烹葵剥枣之风"结语，点出"豳圃"得名的由来，也再次升华了寓园主人的田园志趣。豳风是《诗经》十五国风之一。《诗经·豳风·七月》是中国最早的田园诗，依四时节气铺叙豳地农桑稼穑之事，逐月展开春耕、秋收、冬藏、采桑、染绩、缝衣、狩猎、建房、酿酒、劳役、宴飨等农耕社会的诸多生活场景，其中就有对农家烹葵、剥枣情景的描写："六月食郁及薁，七月烹葵及菽。八月剥枣，十月获稻。"卫宗武《用韵再作》有"熙熙田畯争荐喜，烹葵剥枣追豳风"句，陆游《闲中信笔二首其一追和陈去非韵》也有"烹葵剥枣及时序，烂醉黍酒歌邠风"之语。不管是祁彪佳，还是卫宗武、陆游，"豳风"都代表了他们理想中的桃源世界。

读后小思

(1) 除了文中提到的远阁、佛香阁、滕王阁，中国还有哪些名阁？与之相关的历史文化典故有哪些？

(2) 祁彪佳的林泉志趣在晚明是否具有一定的普遍性？试探讨其背后的社会成因、文化思潮。

桃花扇（节选）

提示

本篇选自孔尚任《桃花扇》续四十出《余韵》。《桃花扇》以秦淮名妓李香君和复社文人侯方域的悲欢离合为主线，写南明朝的一代兴亡。桃花扇剧名的由来，出自李香君力拒田仰逼婚时，以头撞向屋柱，血溅扇上，杨文骢加以点染，绘成折枝桃花，寄给侯方域的故事。《桃花扇》的最后一出戏《余韵》，写柳敬亭、苏昆生归隐山林，以渔樵为生，偶遇老赞礼携酒同饮，各自慷慨悲歌。这是一段长长的"渔樵话"，由【问苍天】【秣陵秋】两支曲子以及【哀江南】套曲组成。剧中分别由老赞礼唱【问苍天】曲，由当时著名说书艺人、易代后为渔夫的柳敬亭唱【秣陵秋】曲，由当时著名唱曲家、明亡后入山为樵夫的苏昆生唱【哀江南】套曲。孔尚任《余韵》一出中借渔樵山野的明末艺人之口，凭吊南明的覆亡，是一曲悲悼沉重的挽歌，寄寓了绵绵不绝的亡国哀思。

孔尚任(1648—1717)，字聘之，号东塘、岸塘，又称云亭山人，清初著名传奇作家。孔尚任是孔子六十四代孙，曾读书于曲阜北石门山中。37岁时被举荐入仕，为康熙帝讲解《大学》，破格擢为国子监博士，历任户部主事、户部广东司员外郎等，晚年回到故乡曲阜重过隐居生活。

正文

【问苍天】　新历数，顺治朝，岁在戊子；九月秋，十七日，嘉会良时。击神鼓，扬灵旗，乡邻赛社；老逸民，剃白发，也到丛祠。椒作栋，桂为楣，唐修晋建；碧和金，丹间粉，画壁精奇。貌赫赫，气扬扬，福德名位；山之珍，海之宝，总掌无遗。超祖祢[1]，迈君师，千人上寿；焚郁兰[2]，奠清醑[3]，夺户争墀[4]。草笠底，有一人，掀须长叹：贫者贫，富者富，造命奚为[5]？我与尔，较生辰，同月同日；囊无钱，灶断火，不啻[6]乞儿。六十岁，花甲周，桑榆暮矣；乱离人，太平犬[7]，未有亨期[8]。称玉斝[9]，坐琼筵，尔餐我看；谁为灵，谁为蠢，贵贱失宜。臣稽首[10]，叫九阍[11]，开聋启瞶[12]；宣命司，检禄籍[13]，何故差池[14]？金阙远，紫宸高，苍天梦梦[15]；迎神来，送神去，舆马风驰。歌舞罢，鸡豚收，须臾社散；倚枯槐，对斜日，独自凝思。浊享富，清享名，或分两例；内才多，外财少，应不同规。热似火，福德君，庸人父母；冷如冰，文昌帝[16]，秀士宗师[17]。神有短，圣有亏，谁能足愿？地难填，天难补，造化如斯。释尽了，胸中愁，欣欣微笑；江自流，云自卷，我又何疑。

【秣陵秋】　陈隋烟月恨茫茫，井带胭脂土带香[18]；骀荡[19]柳绵沾客鬓，叮咛莺舌恼人肠。中兴朝市[20]繁华续，遗孽儿孙[21]气焰张；只劝楼台追后主[22]，不愁弓矢下残唐[23]。蛾眉越女才承选，燕子吴歈[24]早擅场；力士签名搜笛步[25]，龟年协律奉椒房[26]。西昆词赋新温李[27]，乌巷冠裳旧谢王。院院宫妆金翠镜，朝朝楚梦雨云床[28]。五侯[29]阃外空狼燧，二水洲边自雀舫[30]，指马谁攻秦相诈[31]？入林都畏阮生狂[32]。春灯已错从头认[33]，社党重钩无缝藏[34]；借手杀雠长乐老[35]，胁肩媚贵半闲堂[36]。龙钟阁部啼梅岭[37]，跋扈将军噪武昌[38]；九曲河流晴唤渡，千寻江岸夜移防[39]。琼花劫到雕栏损，玉树歌终画殿凉[40]；沧海迷家龙寂寞，风尘失伴凤傍徨[41]。青衣啣璧何年返[42]？碧血溅沙此地亡[43]！南内汤池[44]仍蔓草，东陵辇路[45]又斜阳。全开锁钥淮扬泗[46]，难整乾坤左史黄[47]。建帝飘零烈帝惨[48]，英宗困顿武宗荒[49]；那知还有福王一[50]，临去秋波泪数行。

【哀江南】【北新水令】 山松野草带花挑，猛抬头秣陵重到。残军留废垒，瘦马卧空壕；村郭萧条，城对着夕阳道。

【驻马听】 野火频烧，护墓长楸[51]多半焦。山羊群跑，守陵阿监[52]几时逃。鸽翎蝠粪满堂抛，枯枝败叶当阶罩；谁祭扫，牧儿打碎龙碑帽。

【沈醉东风】 横白玉八根柱倒，堕红泥半堵墙高，碎琉璃瓦片多，烂翡翠窗棂少，舞丹墀燕雀常朝，直入宫门一路蒿，住几个乞儿饿殍。

【折桂令】 问秦淮旧日窗寮，破纸迎风，坏槛当潮，目断魂消。当年粉黛，何处笙箫。罢灯船端阳不闹，收酒旗重九无聊。白鸟飘飘，绿水滔滔，嫩黄花有些蝶飞，新红叶无个人瞧。

【沽美酒】 你记得跨青溪半里桥，旧红板没一条。秋水长天人过少，冷清清的落照，剩一树柳弯腰。

【太平令】 行到那旧院门，何用轻敲，也不怕小犬哰哰[53]。无非是枯井颓巢，不过些砖苔砌草。手种的花条柳梢，尽意儿采樵；这黑灰是谁家厨灶？

【离亭宴带歇拍煞】 俺曾见金陵玉殿莺啼晓，秦淮水榭花开早，谁知道容易冰消。眼看他起朱楼，眼看他宴宾客，眼看他楼塌了。这青苔碧瓦堆，俺曾睡风流觉，将五十年兴亡看饱。那乌衣巷不姓王，莫愁湖鬼夜哭，凤凰台栖枭鸟。残山梦最真，旧境丢难掉，不信这舆图换稿[54]。诌一套【哀江南】，放悲声唱到老。

注释

[1] 祢(nǐ)：对已奉祀在宗庙中的亡父的称谓。

[2] 郁兰：气味浓郁的香料。

[3] 清醑(xǔ)：美酒。

[4] 夺户争墀：形容祭赛者的拥挤。墀：阶沿。

[5] 造命：造物主。奚为：为何之意。

[6] 不啻(chì)：无异于，如同。

[7] 乱离人、太平犬：谚语有“宁作太平犬，莫作乱离人”。

[8] 亨期：幸运的日子。亨：通达，顺利。

[9] 称玉斝(jiǎ):举起酒杯。玉斝:原为玉制的酒器,后引申为酒杯、美酒。

[10] 稽首:以头叩地顿首拜,是至为恭敬的行礼。

[11] 九阍(hūn):九天之门,亦指九天,喻朝廷。

[12] 瞶(guì):有目无光曰“瞶”。

[13] 禄籍:天命所定的福禄簿册。

[14] 差池:参差不齐。

[15] “金阙”句:金阙、紫宸,均指天帝的宫殿。梦梦:昏乱,不明。

[16] 文昌帝:也称梓潼帝君,传说中主管科举功名的神。

[17] 秀士:秀才。

[18] 井带胭脂:胭脂井。隋军破金陵城,陈后主携张、孔二贵妃躲藏在景阳宫的井中,胭脂井由是得名。

[19] 骀(dài)荡:舒缓荡漾的样子,多形容春天的景色。

[20] 中兴朝市:南明福王。

[21] 遗孽儿孙:阮大铖等阉党余孽。

[22] 后主:陈后主陈叔宝。陈后主纵情声色,醉心于诗酒,终成亡国之君。这句是指马、阮之流一味劝诱福王纵情享乐、荒怠政事。

[23] 残唐:五代南唐。这句借宋太祖灭南唐故事,讽喻福王沉溺享乐,置南下清军于不顾。

[24] 燕子:阮大铖所作传奇《燕子笺》,因属昆曲演唱,故称吴歈。

[25] 力士:唐玄宗时太监高力士,此处泛指太监。笛步:南京地名,为教坊所在地。

[26] 龟年:唐开元时著名乐师李龟年,此处泛指内廷教习。

[27] 西昆词赋:“西昆体”是宋初诗坛上声势最盛的一个诗歌流派,以杨亿、刘筠、钱惟演等馆阁文人为代表,艺术上大多师法李商隐、温庭筠,诗风靡丽,内容空泛。此处喻弘光朝文学艺术上的靡靡之音。

[28] 楚梦雨云:宋玉《高唐赋序》谓楚襄王尝游高唐,梦与巫山神女欢会。此处讽刺弘光帝纵情淫乐。

[29] 五侯:宁南侯左良玉等。左良玉是南明朝廷的将领,手握重兵,因弘光朝廷内部的激烈斗争,在清军南下的关键时刻,起兵叛变,传檄讨伐马士英。

[30] 二水洲:南京白鹭洲。李白有诗:“二水中分白鹭洲”。雀舫:朱雀舫,华美的游船。

[31] 指马谁攻秦相诈:借赵高指鹿为马的故事,指斥马士英专擅朝政,群臣一味阿附,无敢反对者。

[32] 阮生狂:西晋名士阮籍,与嵇康等七人友善,时人以“竹林七贤”称之。阮籍恃才傲物,放荡不羁,人多畏其狂。

[33] 春灯:阮大铖曾作传奇《春灯迷》,又名《十错认》,此处借指阮大铖的猖狂。

[34] 社党:东林与后起的复社。钩:株连之意。阮大铖依附马士英重新得势后,再度拘

捕东林复社人士，意欲一网打尽。

[35] 长乐老：五代时冯道为宰相，历仕唐、晋、汉、周诸朝而不自耻，复自号“长乐老”。

[36] 半闲堂：南宋奸相贾似道曾在西湖葛岭建半闲堂。此句与“长乐老”句均讽刺阮大铖谄事马士英。

[37] 龙钟阁部：史可法。兵部尚书史可法督师扬州，率领三千之众奋抗清兵十万之师，兵败殉国，葬于梅花岭。

[38] 跋扈将军：左良玉。

[39] 九曲：黄河迂回之势。寻：八尺为一寻。这两句指的是，马士英、阮大铖为堵截左良玉东下的军队，竟将驻防黄河的黄得功等诸镇兵马尽行撤移，致使黄河一线空虚，清兵遂得以挥戈南下。

[40] “琼花”二句：借用隋炀帝到扬州看琼花和陈后主制《玉树后庭花》，喻南明福王荒淫亡国。

[41] “沧海迷家”二句：描述了南明覆亡之际，帝王子孙仓皇奔窜、流离失所的狼狈处境。“龙”“凤”指明朝皇室子孙。

[42] 青衣啣璧：典出晋怀帝故事。青衣：古时以为贱者之服。晋怀帝被俘后，匈奴刘聪命他穿青衣斟酒侍宴，以示侮辱。古时国君亡国投降，要口衔璧玉，自缚双手。啣：通“衔”。此处借指南明弘光帝被掳。

[43] 碧血溅沙：南明靖南侯黄得功，因南京失守、福王出走而自杀殉节。

[44] 南内：南京明故宫。汤池：温泉。

[45] 东陵：南京城东的明孝陵。辇路：天子车驾所经之路。

[46] 淮扬泗：淮阴、扬州及泗阳。意即江北诸地，次第失守。

[47] 左史黄：左良玉、史可法、黄得功

[48] 建帝：建文帝朱允炆。成祖攻破南京时，朱允炆出逃，后下落不明。烈帝，指明思宗朱由检，李自成攻占北京时，朱由检自缢于煤山。

[49] 英宗：朱祁镇。正统十四年（1449 年），朱祁镇亲征瓦剌，兵败被俘。武宗：朱厚照，明代最荒淫的皇帝。

[50] 福王一：福王朱由崧在位仅一年。应喜臣《青燐屑》载：“思宗御极之元年，五凤楼前获一黄袱，内裹小画一卷，题云：‘天启七，崇祯十七，还有福王一。’”

[51] 长楸：茎干高耸的乔木。

[52] 阿监：太监。

[53] 哰（láo）哰：犬吠声。

[54] 舆图：地图。舆图换稿即江山易主之意。

品读

孔尚任的《桃花扇》是一部历史剧，借离合之情，写兴亡之感。《桃花扇》在末出第四十

出《入道》之后增加了"续四十出"《余韵》。梁廷楠《藤花亭曲话》对此评论说:"《桃花扇》以《余韵》折作结,曲终人杳,江上峰青,留有余不尽之意于烟波缥缈间,脱尽团圆俗套。"《入道》写侯方域、李香君在张薇的经坛前重逢,受张薇指点而双双入道,至此算是剧终了。孔尚任却意犹未尽又续写《余韵》一出作为尾声,评点历史兴衰。

《余韵》写明亡后以渔樵为生的柳敬亭、苏昆生偶遇老赞礼,他们携酒同饮,各自慷慨悲歌。这是一段"渔樵话"。在明清戏曲中,"渔樵耕牧"形象及"渔樵话"已形成了一种内容相对固定的特殊意象,意在表现一种散淡闲适、超然物外的情致,反映了自由超脱、潇洒不羁、与世无争、自得其乐的文人理想境界。江渚渔樵,田园牧歌,议古论今,笑谈英雄。"渔樵话"大多关注个人命运和人生境遇。《余韵》则有显著不同,其立意更高远,格局更开阔,旨在抒发历史兴废,寄寓亡国哀思。

苏昆生本是教唱曲的师傅,明亡后在南京附近的牛首山、栖霞岭砍柴为生。柳敬亭原是说书艺人,明亡后在龙潭江上捕鱼度日。他们两人经常相会闲话。顺治五年九月十七福德星君生日这天,他们相会时遇见刚刚在福德神祠做完祭祀的老赞礼。三人一起喝酒,共话沧桑。

首先是老赞礼自弹弦子唱神弦歌【问苍天】。老赞礼的身分是祭师,这首神弦歌是为福德神祠祭祀所写,用巫腔演唱,曲词用"三三四"型的"十字句"式,其体例来自乐府里的神弦曲,内容主要是祭神时对神的祝祷以及对人生命运无常和社会世道不公的感慨,诸如"贫者贫,富者富,造命奚为?我与尔,较生辰,同月同日;囊无钱,灶断火,不啻乞儿。六十岁,花甲週,桑榆暮矣;乱离人,太平犬,未有亨期。称玉斝,坐琼筵,尔餐我看;谁为灵,谁为蠢,贵贱失宜"。老赞礼在曲中表达了对世情人事的不满,结尾又回到"渔樵"心境,不平和愁烦化入了清风白云,尽皆释怀。

其次是柳敬亭自弹弦子唱【秣陵秋】。柳敬亭以盲女弹词的方式演唱,叙述南明由建都南京至败亡的历史,感叹国家兴亡。【秣陵秋】曲前还有柳敬亭、苏昆生和老赞礼三人的一番对话:"(丑)既然《汉书》太长,有我新编的一首弹词,叫做【秣陵秋】,唱来下酒罢。(副末)就是俺南京的近事么?(丑)便是!(净)这都是俺们耳闻眼见的,你若说差了,我要罚的。(丑)包管你不差。"明确了唱的是"南京的近事",也就是南明王朝短暂的兴亡史,并回顾了明朝历史上一些皇帝的惨烈经历。这首由"渔夫"柳敬亭唱的曲文,以陈后主亡国故事开篇。当年隋军攻破南京城时,陈后主和张、孔二贵妃藏身景阳宫内的枯井,一个朝代覆亡,六朝金粉消逝。时隔千年,历史重演,同样是在南京城,仅勉力支撑了一年的南明王朝,在一片畸形繁华中落幕。尽管有左良玉、史可法、黄得功等将领,仍无力回天,惟留福王被掳北上时的"秋波泪数行"。对于刚刚经历过这一易代世变的遗民们来说,长恨悠悠,余韵绵绵。

最后是苏昆生自敲云板唱【哀江南】套曲。苏昆生对柳敬亭和老赞礼说,他自从同侯方域、李香君分别后,三年没有去过南京。前不久忽然兴起,进城卖柴,路过明孝陵、明故宫、秦淮河畔,满目蒿莱,一片萧条,因此感慨伤心,自编一套北曲,名为【哀江南】。【哀江南】共七支曲子，以弋阳腔演唱。第一支曲【北新水令】唱的是苏昆生挑柴到南京城沿途所见："残军留废垒，瘦马卧空壕；村郭萧条，城对着夕阳道。"南京城经历了改朝换代的动荡，已不是旧模样。第二支曲【驻马听】和第三支曲【沉醉东风】分别凭吊明孝陵和明故宫。孝陵是明代开国皇帝朱元璋的陵墓，现已无人祭扫，荒废残破；明故宫也是断垣残壁、红泥剥落，成了燕雀栖息处和乞丐落脚地。第四、五、六支曲子【折桂令】【沽美酒】【太平令】凭吊秦淮河畔长桥、旧院等遗迹。长桥一带在明代是人文蕴藉、风景如画的所在，旧院是教坊名伎聚集之地。《桃花扇》女主角李香君是秦淮名妓，苏昆生曾教她唱曲，经常在旧院这一带行走。如今故地重临，昔日的歌舞繁华地、绮靡温柔乡，今已人去楼空、魂消梦断，佳人丽景皆已成过眼云烟，恍如隔世。这三支曲子描写秦淮旧院一带的荒凉破败景象，和《桃花扇》开始时《传歌》《访翠》《眠香》中的繁华场景形成了鲜明对照。第七支曲【离亭宴带歇指煞】总结了南明灭亡和南京的兴衰。苏昆生作为明朝遗老，曾经生活在南京城，亲眼目睹过明故宫的辉煌和秦淮风月的繁华，如今又亲眼目睹了南京的残破与萧条，正是："眼看他起朱楼，眼看他宴宾客，眼看他楼塌了。"五十年间，南京城经历了改朝换代的剧烈动荡，风流梦断，英雄魂消，乌衣巷、莫愁湖、凤凰台等名胜经历了血与火的浩劫，也记下了历史的迁逝、朝代的兴替。五十年兴亡盛衰的巨大反差，在苏昆生心中形成深沉的亡国哀思和历史感怀，并凝聚到他自编的这一套【哀江南】套曲中。全剧的离合之情、兴亡之感至此渲染到了极致。【哀江南】曲词典雅工丽，深沉婉转，艺术品位也达到了顶峰，不仅是《桃花扇》全剧中的绝妙好词，也是古典戏曲作品中难得的上乘之作。

读后小思

（1）《桃花扇》借离合之情，写兴亡之感。剧中人苏昆生、柳敬亭都是明朝遗老，在《余韵》一出中慷慨悲歌，尽抒亡国哀思，令闻者涕零。《桃花扇》的家国兴亡之感在当时的文人群体中引发了集体的情感共鸣。试思其背后的社会环境和文人心态。

（2）易代之际文人的进退出处，往往和国族意识、民族气节、文化道统等密切关联，他们有的殉国，如祁彪佳、杨文骢；有的归隐，如顾炎武、傅山、恽南田；也有的入仕新朝，如钱谦益、龚鼎孳、吴梅村，也因此有了遗民和贰臣的分野。对此你怎么看？

哀盐船文

·提示·

本文是汪中目击仪征江面失火后写的哀吊文，名为"哀盐船"，实为哀遇难的船民。文章以骈体的形式，详实地描绘了盐船失火、船人俱焚的惨状，融注了深沉的哀悼之情，具有报告文学的一些基本要素。文章“状难写之情，含不尽之意”，受到安定书院掌院杭世骏的赞誉，称其“可谓惊心动魄，一字千金者矣”，随即传诵一时，成为清代骈文的代表作品。

汪中(1745—1794)，字容甫，江都(今江苏扬州)人，清代著名学者，扬州学派代表人物。汪中“少苦孤露，长苦奔走，晚苦痛疢”，曾“鬻书于肆，日与书贾借阅群经，十行并下”，得以遍读经史百家，博考先秦图籍，对古代学制兴废、文字、训诂以及金石等均有博问切究，卓然成家，遂为通人。《哀盐船文》之外，汪中的另一成名作是勘校《荀子》，他用严密的逻辑和精准的文字考辨荀子学说，确立了《荀子》的学术地位。作为研究先秦诸子学说的权威，汪中还著有《春秋释义》《尚书考异》《大戴礼记正误》《广陵通典》《述学》等多部著作。

正文

乾隆三十五年十二月乙卯[1]，仪征盐船火[2]，坏船百有三十，焚及溺死者千有四百。是时盐纲皆直达[3]，东自泰州[4]，西极于汉阳，转运半天下焉。惟仪征绾其口[5]。列樯蔽空[6]，束江而立，望之隐若城郭。一夕并命[7]，郁为枯腊[8]，烈烈厄运[9]，可不悲邪！

于时，玄冥告成[10]，万物休息，穷阴涸凝[11]，寒威凛栗[12]，黑眚拔来[13]，阳光西匿。群饱方嬉，歌咢宴食[14]。死气交缠，视面惟墨[15]。夜漏始下[16]，惊飙勃发[17]。万窍怒号[18]，地脉荡决[19]。大声发于空廓，而水波山立。于斯时也，有火作焉。摩木自生[20]，星星如血[21]，炎光一灼，百舫尽赤。青烟睒睒[22]，熛若沃雪[23]。蒸云气以为霞，炙阴崖而焦爇[24]。始连楫以下碇，乃焚如以俱没[25]。跳踯火中，明见毛发，痛謈田田[26]，狂呼气竭。转侧张皇，生涂未绝[27]。倏阳焰之腾高，鼓腥风而一吷[28]。洎埃雾之重开，遂声销而形灭[29]。齐千命于一瞬，指人世以长诀。发冤气之焄蒿[30]，合游氛而障日。行当午而迷方[31]，扬沙砾之嫖疾[32]。衣缯败絮[33]，墨查炭屑[34]，浮江而下，至于海不绝。

亦有没者善游，操舟若神。死丧之威，从井有仁[35]。旋入雷渊，并为波臣[36]。又或择音无门，投身急濑[37]。知蹈水之必濡，犹入险而思济[38]。挟惊浪以雷奔，势若隮而终坠[39]，逃灼烂之须臾，乃同归乎死地。积哀怨于灵台[40]，乘精爽而为厉[41]。出寒流以浃辰，目睊睊而犹视[42]。知天属之来抚[43]，憖流血以盈眦[44]。诉强死之悲心[45]，口不言而以意[46]。若其焚剥支离[47]，漫漶莫别[48]。圜者如圈，破者如玦[49]。积埃填窍，攦指失节[50]。嗟狸首之残形[51]，聚谁何而同穴[52]！收然灰之一抔[53]，辨焚余之白骨。

呜呼哀哉！且夫众生乘化，是云天常[54]。妻孥环之，绝气寝床。以死卫上，用登明堂[55]。离而不愆，祀为国殇[56]。兹也无名，又非其命[57]。天乎何辜，罹此冤横[58]！游魂不归，居人心绝[59]。麦饭壶浆，临江呜咽。日堕天昏，凄凄鬼语。守哭迍邅[60]，心期冥遇[61]。惟血嗣之相依，尚腾哀而属路[62]。或举族之沉波，终狐祥而无主[63]。悲夫！丛冢有坎，泰厉有祀[64]。强饮强食，冯其气类[65]。尚群游之乐，而无为妖祟。

人逢其凶也邪？天降其酷也邪？夫何为而至于此极哉！

注释

[1] 乾隆三十五年乙卯：乾隆三十五年（1770 年）十二月十九日。

[2] 仪征：今江苏省仪征市，由扬州市代管。

[3] 盐纲：盐帮。旧时成批运输货物的组织称为纲，如盐纲、茶纲、花石纲、生辰纲等，这里指往来于长江和运河中的运盐船队。

[4] 泰州：今江苏省泰州市。

[5] 绾（wǎn）：联结，统扼。

[6] 束江而立：沿江聚集排列。

[7] 并命：同时丧命。

[8] 郁为枯腊（xī）：此句见《汉书·杨王孙传》，意思是由于烈火的焚烧，人的尸体变成焦枯的干肉。郁：积聚。腊：干肉。

[9] 烈烈：火盛貌。

[10] 玄冥告成：冬季快要结束了。《礼记·月令》："季冬之月，其神玄冥。"

[11] 穷阴涸凝：岁末严冬极阴冷的天气好像把天地万物都冻结了。穷阴：极阴。涸凝：凝结。

[12] 凛栗：因寒冷而战栗。

[13] 眚（shěng）：目生翳，引申为黑色的云雾。拔：迅疾。

[14] 咢（è）：只击鼓不歌唱。《诗·大雅·行苇》："或歌或咢。"

[15] 死气：迷信的说法认为人有凶兆，必有死气出现。墨：晦色。

[16] 夜漏始下：刚入夜。漏：古时的滴水计时器。

[17] 惊飙（biāo）勃发：狂风突起。

[18] 万窍怒号：千孔万穴怒声号叫。《庄子·齐物论》："是惟无作，作则万窍怒号。"

[19] 地脉：地上的河流。荡决：震荡决口。

[20] 摩木自生：语出《庄子·外物》："木与木相摩则然（燃）。"

[21] 星星如血：火刚起来，点点如星，颜色似血。

[22] 睒睒（shǎn）：火焰闪烁的样子。

[23] 熛（biāo）若沃雪：迸飞的火焰像用沸水浇雪似的。熛（biao）：火焰。枚乘《七发》：

"如汤沃雪。"

[24] 炙阴崖而焦爇(ruó):背阴的崖岸也被烤得烧着了。爇(ruó):烧灼。

[25] 下碇(dìng):停船抛锚。

[26] 痛謈(bò):痛楚的喊叫声。田田:状捶胸的象声词。

[27] 生涂:生途,生路。

[28] 呹(xuè):微小的声音。

[29] 洎(jì):及,到。

[30] 焄(xūn):气。蒿:指气的蒸发。

[31] 迷方:迷失方向。

[32] 嫖(piáo)疾:轻捷迅疾。

[33] 衣缯(zēng):这里指衣服碎片。缯:丝织品的总称。

[34] 墨查:焦黑的木头。查:通"楂"。

[35] 从井有仁:赴水救助别人。语见《论语·雍也》:"仁者虽告之曰:井有仁焉,其从之也!"孔注:"仁者必济人于患难,故问有仁者堕井,将自投下从而出之不乎?欲极观仁者忧乐之所至。"

[36] 雷渊:古代神话中的水名,指水底。波臣:古人设想江海的水族也有君臣,其被统治的臣隶称为"波臣",后亦称被水淹死者为"波臣"。

[37] 择音无门:逃生无路。音:通"荫",指可托庇处。急濑(lài):急流。

[38] 濡:沾湿,这里指淹没。

[39] 隮(jī):通"跻",上升。

[40] 灵台:内心。《庄子·庚桑楚》:"不可内于灵台。"

[41] 精爽:魂魄。厉:祸祟,恶鬼。

[42] 浃辰:十二天。古代以干支纪日,自子至亥一周十二日为浃辰。

[43] 天属:至亲,有血缘关系的亲属。

[44] 慭(yìn):伤痛。眦(zì):眼眶。

[45] 强死:犹言暴亡。

[46] 口不言而以意:语见《汉书·贾谊传》:"口不能言,请对以意。"意:胸臆。

[47] 支离:分散,残缺。

[48] 漫漶(huàn):模糊不清。

[49] 圜(yuán):环绕。玦(jué):玉之如环而缺者,比喻残缺不全。

[50] 攦(lì):折断。节:骨节。

[51] 貍首:形体不全。韩愈《残形操》序:"曾子梦见一狸,不见其首作。"

[52] 谁何:谁人,何人。

[53] 然:通"燃"。一抔(póu):一把,一捧。

[54] 且夫:发语词。乘化:顺遂自然(而死去)。天常:自然界的常规现象。

［55］“以死”句：因保卫君主而死可在明堂受到封赏。上：君主。明堂：古代策功序德之处。

［56］离：身首异处。不惩：不制止，不戒惧，犹言不悔。国殇，为国牺牲的烈士。

［57］“兹也无名”句：这些人死得毫无价值，没有意义，又非善终。

［58］罹(lí)：遭受。

［59］居人：家中亲人。

［60］迍邅(zhūnzhān)：难行貌。徘徊，進退不決的樣子。

［61］冥遇：在阴司地府相遇。

［62］腾哀：高声哀泣。属路：沿途，相续于路。

［63］狐祥：孤伤，犹言无子无孙。《战国策·楚策》：“鬼狐祥而无食。”《史记·春申君列传》引作“孤伤”。无主：無人祭祀。

［64］丛冢：乱坟场。坎：指墓穴。泰厉：古代帝王七祀之一，所祀之主为帝王无后之鬼。

［65］冯：通“凭”。气类：指气味相同的人。

品读

北宋张载《横渠四句》“为天地立心，为生民立命，为往圣继绝学，为万世开太平”表达了先儒也是宋儒的政治理想，建构起中国读书人的永恒精神坐标。汪中《哀盐船文》为生民而悲痛至斯，便源自这根植于中国文化传统的深切民生关怀和社会担当。在漫长的耕读文化流变中，所“耕”者已扩及社会生活中所有关涉生存的物质要素。一场大火吞噬了数以千计的生命，也摧毁了生存的一切物质基础。

《哀盐船文》以骈文形式来写当时老百姓关切的重大事件，在之前极为少见。这篇骈文兼具新闻性和文学性，包含了一篇报告文学所应具有的基本要素。杭世骏在序中说：“中目击异灾，迫于其所不忍，而饰之以文藻。当人心肃然震动之时，为之发其哀矜痛苦。”汪中家住扬州，与仪征近在咫尺。按照杭世骏的说法，汪中亲眼看到这场火灾。从“迫于其所不忍”与“当人心肃然震动之时”看来，汪中在事件发生不久，便命笔为文。正当人们热切关注、谈论之际，它以浓墨重彩和炽热哀情，展现了灾难事件的经过，引发强烈的社会反响，于是文以事显，事因文彰。

文章开篇直入主题，简洁明了交代火灾的时间、地点、环境，特别提到“坏船百有三十，焚及溺死者千有四百”这一骇人听闻的悲惨后果。仪征是盐纲运输的水路要津，此处江面上盐船“列樯为蔽”“束河而立”，一朝火起，便从“星星如血”迅速蔓延，紧接着“百舫尽赤”，船民奔走狂呼，而后烟消火灭，“齐千命于一瞬，指人世以长诀”“衣缯败絮，墨杳炭屑，浮江而下，至于海不绝”。大火迅速蔓延的惨烈场景，经汪中的大笔勾勒，哀愤之情激荡于字里行间。关于这次重大火灾发生的日期，《嘉庆扬州府志》记载的是乾隆三十六年十二月，《重修仪征县志》说是乾隆三十六年十二月十九日。《哀盐船文》所言“乾隆三十五年十二月乙卯”应是汪中一时笔误或是后人刊误。

在重大灾难现场，宏观的全景报道远没有局部的微观呈现更震颤人心。灾难面前最扣人心弦、最令观者闻者心神俱裂的，永远是生民的命运。船民们“跳踯火中，明见毛发，痛謈田田，狂呼气竭，转侧张皇，生涂未绝”的仓皇奔窜呼救和奋力逃生挣扎，终敌不过无情的大火和滚滚波涛。死难者们的尸体模糊残缺、触目惊心：“出寒流以浃辰，目睊睊而犹视。知天属之来抚，慭流血以盈眦。诉强死之悲心，口不言而以意。若其焚剥支离，漫漶莫别。圜者如圈，破者如玦。积埃填窍，攦指失节”。原本“群饱方嬉，歌咢宴食”的鲜活生命，一瞬间化为枯腊。死者长已矣，生者常戚戚。死难者的家人亲友“麦饭壶浆，临江呜咽”“守哭迍邅，心期冥遇”，何其悲戚，何其绝望，这引发了汪中感同身受的极致哀恸。他在篇末直抒胸臆，反复悲叹这“烈烈厄运”，悲哀的叹息之声又包含着愤怒的抗争之意，船民们实是“天乎何辜，罹此冤横”！

汪中对灾难中百姓命运的深切悲悯，在另一首《过龙江关》诗中也有反映：“井邑千家夹岸喧，浮桥列楫望关门。鱼盐近市商人喜，鼓吹临江榷吏尊。春水蛟龙浮旧窟，夕阳乌雀下荒村。华衣掾史须眉老，会计雄心长子孙。”龙江关所在的繁华南京“井邑千家”“浮桥列楫”，有鱼盐之利，是商人、税官的天堂，却也是穷苦百姓的地狱。水灾淹没了千村万落的破旧屋舍，灾后荒芜的村庄成为乌雀栖息之所。如此灾难面前，身着华服的掾史们须发皆白，算计钱财的“雄心”仍然不减。汪中这首诗的画面感极强，勾勒出十八世纪的南京一边是繁华街市、一边是萧条荒村的那种真实的社会画卷，具有深刻的讽喻力量。

汪中诗文作品中对民生疾苦的关怀，对社会现实的批判，和其身处社会底层、阅尽人间百态、饱受炎凉之痛的个人境遇和生活阅历有关，也是清初文学强调社会意义和功用的价值导向。清初思想家抛弃了晚明文学表现自我、个性解放、率真浅俗的理论观念，重新重视文学的社会功用，关注国运民生。这种对文学实用性的追求，也正是“耕读”思想的表现之一。“读”不能脱离“耕”而单独存在，“读”是对“耕”的精神外化，也是儒家“入世观”的直接体现。

乾嘉时期，扬州、泰州文风鼎盛，学术氛围浓厚，并各自形成流派——扬州学派和泰州学派，二者都以“经世致用”为己任。汪中正是扬州学派的代表人物，是一位在经学、史学、诸子学、文学、音韵、地理以及古籍的校勘、辑佚、辨伪等方面多有成就的“通儒”。与此同时，受文化学术思潮的复古倾向以及汉学兴盛的学风影响，清初骈文开始复兴，其文学底蕴就是要求恢复文章艺术之美。到了乾嘉时期，骈文大盛，形成了与桐城派古文分庭抗礼的文坛局面，兼有思想性和艺术性的《哀盐船文》便应运而生，代表了清代骈文的最高成就。

读后小思

(1) 提到骈体文，我们往往想到的是词藻华丽、内容繁缛，汪中的这篇《哀盐船文》是否破除了这个偏见，带给你什么启发？

(2) 清代扬州的学术氛围和艺术氛围浓厚，涌现出一批成就极高的布衣文人、布衣画家，背后的社会动因是什么？

(3) 结合汪中的个人际遇和学术成就，谈谈对“穷而后工”的理解。

说居庸关

·提示·

《说居庸关》不只是一篇描写生动、饶有趣味、深含寓意的纪游散文，更是一篇论述居庸关形势的舆地之作。道光十六年(1836年)，龚自珍友人王元凤在陈州知府任上获谴，被发配往张家口军台戍边。龚自珍请假五日，送友人到居庸关，逾八达岭而返，返京后便写了《说居庸关》《说张家口》《说昌平州》等文。《说居庸关》概述了居庸关的位置走向、具体形制、历史遗迹、自然环境等，又因外族的归顺、间道的存在、城墙的失修而生发出险关不足恃的隐忧。

龚自珍(1792—1841)，字瑟人，号定盦，浙江仁和人，清末思想家、文学家，改良主义的先驱者，曾任内阁中书、礼部主事等。其文奥博纵横，诗作瑰丽奇肆，不拘一格，自成一家，有"龚派"之称，辑有《龚自珍全集》。梁启超评价说："晚清思想之解放，自珍确与有功焉。光绪间所谓新学家者，大率人人皆经过崇拜龚氏之一时期；初读《定盦文集》，若受电然。"

·正文·

居庸关者，古之谭[1]守者之言也。龚子曰："疑若可守然"。何以疑若可守然？曰："出昌平州，山东西远相望，俄然而相辏[2]、相赴以至相蹙[3]。居庸置其间，如因[4]两山以为之门，故曰疑若可守然。关凡四重，南口[5]者下关也。为之城，城南门至北门一里；出北门十五里，曰中关，又为之城，城南门至北门一里；出北门又十五里，曰上关，又为之城，城南门至北门一里；出北门又十五里，曰八达岭[6]，又为之城，城南门至北门一里。盖自南口之南门，至于八达岭之北门，凡四十八里。关之首尾具制如是，故曰疑若可守然。下关最下，中关高倍之。八达岭之俯南口也，如窥井形然，故曰疑若可守然。"

自入南口，城甃[7]有天竺字、蒙古字。上关之北门，大书曰："居庸关，景泰二年修。"八达岭之北门，大书曰："北门锁钥[8]，景泰三年建。"自入南口，流水啮[9]吾马蹄，涉之，琮然[10]鸣；弄之，则忽涌忽洑而尽态；迹之，则至乎八达岭而穷。八达岭者，古隰余水[11]之源也。自入南口，木多文杏，苹婆[12]，棠梨[13]，皆怒华[14]。自入南口，或容十骑[15]，或容两骑，或容一骑。蒙古自北来，鞭橐驼[16]，与余摩臂[17]行，时时橐驼冲余骑颠[18]，余亦挝[19]蒙古帽，堕于橐驼前，蒙古大笑。余乃私叹曰：“若蒙古，古者建置居庸关之所以然，非以若[20]耶？余江左[21]士也，使余生赵宋世，目尚不得睹燕、赵，安得与反毳[22]者相挝戏乎万山间？生我圣清中外一家之世，岂不傲古人哉！”蒙古来者，是岁克西克腾、苏尼特[23]，皆入京，诣理藩院[24]交马[25]云。自入南口，多雾，若小雨。过中关，见税亭焉。问其吏曰：“今法网宽大，税有漏乎？”曰：“大筐小筐，大偷橐驼小偷羊。”余叹曰：“信[26]若是，是有间道[27]矣！”自入南口，四山之陂陀[28]之隙，有护边墙数十处。问之民，皆言是明时修。微[29]税吏言，吾固知有间道出没于此护边墙之间。承平之世，漏税而已；设生昔之世，与凡守关以为险之世，有不大骇北兵自天而降者哉！

降[30]自八达岭，地遂平，又五里曰坌道[31]。

注释

[1] 谭：通“谈”，谈论。居庸关建在居庸山上，两山夹峙，形势险要，《淮南子》等已提到“天下九塞，居庸其一”。

[2] 辏(còu)：车轮上的辐条集中于毂上。引申为聚集。

[3] 蹙：迫促，局促。形容重叠，挤在一起。

[4] 因：凭借。

[5] 南口：关沟之南入口。居庸关所在的关沟狭长40余里，两山壁立，树木葱郁，一水旁流，其隘如线。欲过关沟，南口为必经之地，过南口城后地势开始抬升，才真正进入关沟之中。八达岭为关沟之北口，从北门城楼两侧，延伸出蜿蜒起伏的长城。

[6] 具制：具体的体制、格局。

[7] 甃(zhòu)：城墙的砖石。

[8] 锁钥：关键、要塞。北宋寇准御边时所作比喻。

[9] 啮(niè)：咬。这里用拟人手法。

[10] 琮(cōng)然：佩玉的响声，形容涉水的声音。

[11] 隰(xí)余水：古水名，即今之榆河，又名湿余河，自居庸关南流，经过昌平县。

[12] 苹婆：果木名，俗称凤眼果。

[13] 棠梨：杜梨。又名甘棠、白棠。

[14] 怒华：怒放，花盛开。华：通“花”。

[15] 容十骑：并列容纳十四马。

[16] 橐(tuó)驼：骆驼。

[17] 摩臂：擦臂。

[18] 颠:倒,坠。

[19] 挝(zhuā):通“抓”。

[20] 若:汝,你。

[21] 江左:江东。引申为江南。

[22] 反毳(cuì):毛朝外反穿皮衣。北方少数民族常反穿毛皮衣帽,此处专指蒙古人。毳:兽的细毛。

[23] 克西克腾:蒙古族部落,属昭乌达盟,在今内蒙古自治区克什克腾旗。苏尼特:蒙古族部落,属锡林郭勒盟,在今内蒙古自治区苏尼特左、右旗。

[24] 理藩院:清代官署名,掌管内、外藩蒙古、回部、额鲁特等诸番部的封授、朝贡、征发等政务,设尚书一人、侍郎二人,皆由满人及蒙古人充任。

[25] 交马:贡马。

[26] 信:果然

[27] 间(jiàn)道:偏僻、少有人知道的小路。

[28] 陂陀(pō tuó):倾斜不平貌。

[29] 微:无,非。

[30] 降:下。意即出八达岭下山而行。

[31] 坌(bèn)道:今名岔道口,延庆岔道口村即是此地。

品读

居庸关,旧称军都关、荆门关,位于北京昌平区西北部,是长城要口之一。《吕氏春秋》《淮南子》列天下九大关,居庸关皆居其一。传说秦始皇修长城时将强征来的民夫士卒徙居于此,故名取“徙居庸徒”之意。

《说居庸关》既是纪游散文,也是一篇简明的地理志。龚自珍首先概述了居庸关的险要地势、位置走向及关城规制。居庸关设置有下、中、上、八达岭共四重关城,关城均一里见方,关关相距十五里。从下关南口至最上面的八达岭共四十八里,建筑雄伟,设防严谨。居庸关四重关城高差很大,重重倍增,从位于最高处的八达岭俯视下关南口,如窥探井口一般。如此居高临下之势,看来“疑若可守”。其次描写了居庸关道中所见。以四个“自入南口”领起:其一是文字遗迹。有元时所刻的梵文及蒙古文,有明景泰二年所书“居庸关”,明景泰三年北门上所书“北门锁钥”。“北门锁钥”是宋代寇准防御辽兵时对居庸关的称喻。这些文字遗迹,暗示着历史上风云叠起的民族冲突和狼烟烽火,以及居庸关边防要塞的重要位置。其二是关沟流水,水声琮然,忽涌忽洑。其三是果木,杏、柿、棠、梨,花开绚烂。居庸关不仅形势险要,且风景优美,山间林木蓊郁,有“居庸叠翠”之景。水声花影也暗示了当时边塞平静、暂无干戈,与历史上的刀光剑影形成对照。其四是在居庸道中与蒙古人相遇的情形。在狭窄山道上,龚自珍遇见蒙古人赶着成群的骆驼,擦肩而过时,骆驼撞了龚自珍的马,龚自珍就抓过蒙古人的帽子扔在骆驼前,蒙古人大笑。这一与蒙古族兄弟戏谑于万山间的情景，传神而风趣。面对昔日兵戎相见的北方少数民族，龚自珍今日竟能在原本用来防御他们的军事要塞居庸关道中与之戏谑、打闹，这让他不禁感叹自己生活在统一的多民族朝代，足以傲视古人。

边境的平静往往引起边防的懈怠。过中关时，龚自珍与税吏交谈，了解到“大筐小筐，大偷橐驼小偷羊”的漏税情况，进一步佐证了自己的判断：年久失修、杂乱荒芜的几十处护边墙中，有隐秘的间路可以通行。这些间路在太平年代只不过会造成漏税，若是在战争年代便是国家边防安全的重大隐患。元太祖八年，铁木真集结大军入野狐岭，大败金军十余万，追击至居庸关，采用迂回包抄战术，内外夹攻，居庸关失守。龚自珍由漏税现象引入边防安全，也对开篇“疑若可守然”的提问作出了回应。

这篇游记，反映了当时清政府统一管辖下各民族正常交往的情景，也表达了龚自珍对边防松懈的隐忧。居庸关固然险要，但城墙的失修、间道的存在，都暗示了险关不足恃。中央到基层的忧患意识，才是险关“可守”的关键。龚自珍历来注重史地研究和边防建设，曾先后写了《西域置行省议》《上镇守吐鲁番领队大臣宝公书》《御试安边绥远疏》《北路安插议》等文，提出了“移民实边”“足食足兵”和“以边安边”的积极建议，目的在于巩固边防，防备殖民主义者，尤其是沙俄的侵略。龚自珍还洞察到了东南沿海的危机。1838 年林则徐赴广东禁烟前，龚自珍写了《送钦差大臣侯官林公序》，建议林则徐对食烟、贩烟和造烟者均处以极刑，对反对禁烟而造谣惑众的人要“杀一儆百”；还阐述了这次自卫战争的正义性：“此守海口，防我境，不许其入”并非“开边衅”，而是为了应对殖民者的入侵，必须整兵备战，加强海防。

读后小思

(1) 龚自珍继承了清初唯物主义思想家黄宗羲、顾炎武等人的“致用”传统，并在新的历史条件下发展了“经世致用”的文学观。“经世致用”作为中华优秀传统文化的重要思想理念，包含有哪些丰富内涵？和西方自然科学实证精神相比，有何异同？

(2) 相比于艺术成就，龚自珍诗文的思想性更为振聋发聩。他以政论作诗，在诗文中关怀民生、针砭时弊，主张“更法”“改图”。请结合自身体验，谈谈对“文以载道”的理解。

振百工说

提示

“百工”是中国古代主管营建制造的工官名称，后沿用为手工业者和手工业行业的总

称。韩愈《师说》有言:“巫医、乐师、百工之人,不耻相师。”“百工”在中国传统文化语境里常被视为下品、末流。晚清经世实学思潮勃兴,薛福成从“振百工”的角度为危机深重的清王朝开药方,便有了这篇《振百工说》。薛福成指出社会百工不振的根源在于科举制度及其带来的社会歧视,并以泰西各国鼓励工业的情形作为本国改革之参考。

薛福成(1838—1894),字叔耘,号庸庵,江苏无锡人,近代散文家、外交家,洋务运动的主导人之一,资本主义工商业的发起者。薛福成致力于经世实学,一生撰述甚丰,有《庸庵文编》四卷、《续编》二卷、《外编》四卷、《庸庵海外文编》、《筹洋刍议》十四卷、《出使四国日记》六卷、《出使公牍》十卷等。光绪十五年(1889 年)五月,清廷对薛福成赏二品顶戴,以三品京堂候补的身份担任出使英、法、意、比四国大臣。薛福成是晚清由洋务转入维新的标志性人物。

正文

古者圣人操制作之权以御天下,包牺、神农、黄帝、尧、舜、禹、[1]周公,皆神明于工政者也。故曰:备物致用立,成器以为天下利,莫大乎圣人。圣人之制,四民并重,而工居士农商之中,未尝有轩轾之意存乎其间。虞廷飏拜垂殳[2],斯伯与禹、皋、夔、稷、契同为名臣[3]。《周礼·冬官》虽阙,而《考工》一记,精密周详。足见三代盛时,工艺之不苟。周公制指南针,迄今海内外咸师其法。东汉张衡,文学冠绝一时,所制仪器,非后人思力所能及。诸葛亮在伊尹伯仲之间,所制有木牛流马,有诸葛灯,有诸葛铜鼓,无不精巧绝伦。

宋、明以来,专尚时文帖括[4]之学,舍此无进身之途。于是轻农工商而惠重士。又惟以攻时文帖括者为已尽士之能事,而其他学业,瞢然罔省,下至工匠,皆斥为粗贱之流,浸假[5]风俗渐成,竟若非性粗品贱不为工匠者。于是中古以前智创巧述之事,阒[6]然无闻矣。

泰西风俗以工商立国,大较恃工为体,恃商为用,则工实尚居商之先。士研其理,工致其功,则工又必兼士之事。吾尝审泰西诸国勃兴之故,数十年来,何其良工之多也!铁路、火车之工,则创其说者,曰罗哲尔,曰诺尔德,而后之研求致远者,不名一家。火轮舟之工,则引其端者,曰迷路耳,曰代路尔,曰基明敦,而后之变通尽利者,不专一式。电报之工,最阐精微者,则有若嘎刺法尼,若佛尔塔,若倭斯得,若倭拉格,若安其尔。炼钢之工,最擅声誉者,则有若西门子,若马丁,若别色麻,若陪尔那,若回特活德。制枪之工,则有若林明敦,若芸者士得,若毛瑟,若亨利马梯尼。制炮之工,则有若克鲁伯，若阿模士庄，若荷乞开司，若那登飞。其他造船、造钢甲之工，则有德之伏尔铿，英之雅罗，法之科鲁苏。造鱼雷、造火药之工，则有奥之怀台脱，德之刷次考甫，德之杜屯考甫。泰西以人姓为人名，自炼钢以下，大抵以人名为厂名，即以厂名为物名者居多。当其创一法，兴一厂，无不学参造化，思通鬼神。往往有读书数万卷，试练数十年，然后能亘古开一绝艺者。往往有祖孙父子，积数世之财力精力，然后能为斯民创一美利者。由是国家给予凭单，俾独享其利，则千万之巨富可立致焉。又或奖其勋劳，锡[7]以封爵，即位至将相者，莫不与分庭抗礼，有欿[8]然自视弗如之意，则宇宙之大名可兼得焉。夫泰西百工之开物成务[9]，所以可富可强，可大可久者，以朝野上下敬之慕之，扶之翼之，有以激厉之之故也。若是者，人见谓与今之中国相反，吾谓与古之中国适相符也。中国果欲发愤自强，则振百工以预民用，其要端[10]矣。欲劝百工，必先破去千年以来科举之学之畦畛[11]，朝野上下，皆渐化其贱工贵士之心，是在默窥三代上圣人之用意，复稍参西法而酌用之，庶几风气自变，人才日出乎。

注释

[1] 包牺、神农、黄帝、尧、舜、禹：都是上古著名的贤明帝王。包牺：又作庖牺，即伏羲。

[2] 飏（yáng）拜垂殳（shū）：朝仪之盛。飏拜：群臣拜舞。殳：木杖。

[3] 垂伯：舜臣，管百工。皋：皋陶，管刑狱。夔：管音乐。稷：后稷，周始祖，农官。契：别称阏伯，商始祖，主管火正。

[4] 帖括：泛指科举应试文章，此处指八股文。

[5] 浸假：逐渐。

[6] 阒（qù）：形容寂静。

[7] 锡：通“赐”

[8] 欿：不自足。

[9] 开物成务：通晓万物的道理并按此行事而获得成功。《易·系辞上》：“夫《易》开物成务，冒天下之道，如斯而已者也。”孔颖达疏：“言《易》能开通万物之态，成就天下之务。”

[10] 要端：重要事项，要点。

[11] 畦畛（qí zhěn）：界限，限制。

品读

在近代的改革声浪中，涌现出很多“变法”“维新”“改制”的政论文章。它们大多托古言事，如康有为《孔子改制考》假借孔圣人之口谈自己变法改制的观点。《振百工说》也是如此。薛福成从上古圣贤讲起，他们建立物资储备制度，发明器具，为天下百姓谋福利。当时士、农、工、商地位平等，掌管百工者都是贤明之士，《周礼·考工记》就精密周详地记载了百工技术。不仅上古三代盛世时百工技艺很受重视，后世名臣如周公、张衡、诸葛亮等也都擅长工艺发明。然而，宋明以来科举八股时文之学成了唯一的进身之途，百工沦为下品，虞、夏中古以前那些充满智慧巧思的发明创造，再难复现。

科举流弊，百工不振，清末深刻的内部矛盾和外部危机使得当时的有识之士开始思变、图强。薛福成便是这样一位有识之士，活跃于晚清的政治、思想和外交界，早年作为曾国藩、李鸿章的幕僚参与洋务运动，后出使英、法、意、比四国。经过思考调研，薛福成将问题的症结归于科举制度及其带来的社会生态。一直以来，中国文化"万般皆下品，唯有读书高"的思想认识根深蒂固。韩愈《师说》将"百工"与"巫医""乐师"并称，用于反衬"士大夫"超然的社会地位，就是基于此种社会意识。以至于当世界工业革命的浪潮已起，近代西方已用船坚炮利打开了中国的门户，士大夫们的认知仍然普遍停留在"万国衣冠拜冕旒"的天朝荣光和中国中心主义的世界想象。他们认为，所谓坚船利炮、工业制造，不过是奇淫巧计；至于西方的政治社会、历史地理，更是一派茫然。有这么一个流传甚广的逸闻故事：清末新政改革科举，为了迎合旨意，有学堂在考试内容中增加了中外政治历史，考官出题时把拿破仑塞了进去，因粗略知道拿破仑与中国的项羽一样，是个以失败而告终的英雄，便出了一道中外比较试题：《项羽拿破仑论》。出题的考官赶时髦，可来自全国的八股考生哪里跟得上？于是就闹出了笑话。一位考生一开笔就写道：夫项羽，拔山盖世之雄，岂有破轮而不能拿哉？使破轮自修其政，又焉能为项羽所拿者？拿全轮而不胜，而况于拿破仑也哉？

作为较早一批"睁眼看世界"的有识之士，薛福成所知者，当然不只拿破仑。他从西方诸国的国本讲起，"恃工为体，恃商为用"，"工"与"士"相辅相成，甚至"工"也能起到"士"的作用。这里的"士"可以理解为科研人员。他把西方之盛归功于优秀的工程技术人员，并列举了一长串我们今天的数理化课本上仍然会出现的名字，他们在两次工业革命里开创的现代化之路，至今嘉慧全人类。他们在知识积累和研发创造方面固然"学参造化，思通鬼神"，但其成就同样离不了国家政策的支持。薛福成还注意到了"专利"现象，国家保护知识产权和专利发明，民间也鼓励、扶植个人或企业研发。在这一政策导向下，通过创新发明可以获得异常丰厚的经济利润和比肩王侯的政治地位。薛福成由此认为，中国要自强，必须振"百工"，也就是发展近现代工业科技；而要"振百工"，必须从废科举开始。

值得一提的是，薛福成这样一个专注于"中学为体，西学为用"的洋务派，其晚年出访四国之后，观念有了一定的变化。1889年，薛福成接替三年任期已满的刘瑞芬，担任出使英、法、意、比四国大臣。薛福成曾前往英国议会亲身体会，切实考察国家上下议院互相牵制、议院与君权互相牵制的情形；也目睹了西方教育的兴盛，尤其是义务教育、女子教育。此前，薛福成重在呼吁"提振百工""工商强国"，1885年所撰《筹洋刍议》通篇谈论工商、矿业、火车、兵制等，明确指出"西人之谋富强者，以工商为先"。出使四国后，除了"工商强国"的观念得到强化，他开始思考中国政治体制问题，完成了从"器"的层面到"制"的层面认识西方、认识世界的转变。由此，也让我们感受到，清代至近代，传统耕读思想受到了西方思想的冲击，1905 年，清朝最后一届科举取士之后，随着延续 1300 年的科举制度的结束，传统士大夫“进为仁宦退为农”的耕读之路也一并消亡。即便如此，耕读观念也未远去，虽然式微，但作为华夏五千年文明的重要组成部分，耕读一直与我们的生活休戚与共。当下，弘扬耕读文化已经形成共识。新时代背景下，如何传承弘扬耕读文化、如何突出耕读文化的新时代特性是值得每个人思考的问题。

读后小思

(1) 近代以来救亡图存的改革浪潮中，有哪几个重要转折点？

(2) 洋务自强运动前后三十余年，促进了西方近代军事技术和工商业技术在中国的传播和发展。除了薛福成，你还了解哪些洋务运动的主导人物和中坚力量。你所在的城市有哪些与之相关的文化遗产和历史古迹？

参 考 文 献

[1] 曹瑞娟.宋代生态诗学研究[M].北京:中国社会科学出版社,2019.
[2] 程俊英.诗经译注[M].上海:上海古籍出版社,2020.
[3] 储光羲.储光羲诗集[M].上海:上海古籍出版社,1992.
[4] 大生.耕读传家[M].西安:陕西师范大学出版社,2018.
[5] 戴伟华.文化生态与中国古代文学丛论[M].北京:人民出版社,2011.
[6] 葛晓音.山水田园诗派研究[M].沈阳:辽宁大学出版社,1993.
[7] 龚自珍.龚自珍全集[M].上海:上海古籍出版社,1999.
[8] 黄灵庚.楚辞集注[M].上海:上海古籍出版社,2022.
[9] 李赓扬.苏轼生态伦理简论[M].广州:广东人民出版社,2020.
[10] 李玉洁.黄河流域的农耕文明[M].北京:科学出版社,2010.
[11] 林万龙.耕读教育十讲[M].北京:高等教育出版社,2021.
[12] 刘昫,等.旧唐书[M].北京:中华书局点校本,1975.
[13] 刘志华.经济视野下的唐代文学[M].济南:山东人民出版社,2011.
[14] 卢政.中国古典美学的生态智慧研究[M].北京:人民出版社,2016.
[15] 吕薇芬.古典剧曲鉴赏词典[M].武汉:湖北辞书出版社,2004.
[16] 缪启愉.齐民要术校释[M].北京:中国农业出版社,2009.
[17] 欧阳修,宋祁.新唐书·文艺下[M].北京:中华书局,1975.
[18] 彭定求.全唐诗[M],北京:中华书局,1960.
[19] 田汉云点校.新编汪中集[M].扬州:广陵书社,2005.
[20] 汪绍楹.搜神记[M].北京:中华书局,1979.
[21] 王利器.颜氏家训集解[M].北京:中华书局,2014.
[22] 王先谦.合校水经注[M].北京:中华书局,2009.
[23] 王重民辑校,徐光启集[M].北京:中华书局,1963.
[24] 魏耕原.先秦两汉魏晋南北朝诗歌鉴赏辞典[M].北京:商务印书馆,2023.
[25] 杨伯峻.论语译注[M].北京:中华书局,2015.

[26] 叶嘉莹. 唐宋词十七讲[M]. 北京:北京大学出版社,2006.
[27] 俞平伯. 唐诗宋词鉴赏辞典[M]. 上海:上海辞书出版社,2013.
[28] 袁世硕. 中国古代文学史[M]. 北京:高等教育出版社,2019.
[29] 袁啸波. 古诗源[M]. 上海:上海古籍出版社,2023.
[30] 周啸天. 元明清诗歌鉴赏辞典[M]. 北京:商务印书馆,2013.
[31] 朱东润. 中国历代文学作品选[M]. 上海:上海古籍出版社,2008.
[32] 朱惠国. 中华经典诗文之美:元明清诗文[M]. 上海:上海人民出版社,2017.
[33] 朱金城笺校. 白居易集笺校[M]. 上海:上海古籍出版社,1988.